CONTES
ET
NOUVELLES

PAR MÉRY

DEUXIÈME ÉDITION

PARIS
LIBRAIRIE DE L. HACHETTE ET Cie
RUE PIERRE-SARRAZIN, N° 14

1860

Droit de traduction réservé

CONTES
ET
NOUVELLES

PARIS. — IMPRIMERIE DE CH. LAHURE ET Cie
Rues de Fleurus, 9, et de l'Ouest, 21

A M. GEORGES BELL.

Mon cher ami,

Autrefois, je veux parler d'une vingtaine d'années, un livre ne paraissait jamais sans être précédé d'une préface. Les libraires l'exigeaient, et les auteurs profitaient de cette exigence pour s'expliquer sur leurs théories littéraires. Quelques-unes de ces préfaces sont restées et resteront célèbres. Elles le méritent à tous égards. Ce sont les plus belles pages d'esthétique que je connaisse.

Aujourd'hui vous me demandez quelques mots pour mettre en tête de ce volume de *Contes et Nouvelles*. Je vous envoie cette lettre en guise de préface. Elle me permet de rendre publics les remercîments que je vous dois pour les soins que vous avez pris de ce volume. S'il paraît dans une tenue convenable, c'est à vous qu'il le devra, à vous, qui avez bien voulu en corriger les épreuves et vous occuper de tous les tracas matériels.

Le conte et la nouvelle sont deux formes littéraires charmantes que j'ai toujours beaucoup aimées. Elles ont tout l'attrait du roman, et n'ont aucun de ses inconvénients. Pour ma part, je regrette vivement qu'on les cultive moins aujourd'hui qu'il y a vingt ans. Je me représente sans cesse le succès inouï qu'obtint, à la fin du dernier siècle, M. de Florian, avec ses *Nouvelles nouvelles*. Personne ne lit ce livre aujourd'hui, et pour cause. On a tant écrit depuis vingt ans, que tous les littérateurs, nos confrères, ont au moins cinq ou six volumes bien supérieurs à celui de M. de Florian. Je ne parle ici que des Nouvelles; si je parlais des romans, je serais obligé de dire que jamais époque ne fut, autant que la nôtre, féconde en chefs-d'œuvre.

Au reste, c'est une justice à rendre à notre temps : au milieu d'une production sans égale, il s'occupe à produire sans cesse du nouveau ; jamais on ne vit littérature plus laborieuse, et, dans quelques années, on s'étonnera, avec juste raison, de cette prodigieuse fécondité. Les générations qui nous suivent sont déjà toutes surprises de trouver derrière elles tant d'œuvres admirables, dont on ne leur a jamais parlé dans ce qu'on appelle les cours d'éducation.

C'est pour elles que nous travaillons. Si nous voulons que les luttes soutenues par nous dans notre première jeunesse ne restent point stériles, nous devons sans cesse nous tenir à l'avant-garde des hardis pionniers de l'avenir. Déjà nous avons fait surgir de nombreuses phalanges de gens pleins de goûts et d'esprit, qui portent dans leurs jugements sur les œuvres intellectuelles une saine indépendance entièrement ignorée de nos pères. C'est un premier progrès dont nous devons nous réjouir, mais nous ne devons pas en rester là. En multipliant les lecteurs, en les formant, pour ainsi dire, nous avons créé des exigences qui n'existaient pas, et ces exigences nous tiennent sans cesse en haleine.

J'augure bien de l'avenir quand je vois le présent difficile. Plus le lecteur demandera à un auteur, plus celui-ci lui donnera. Notre époque en est la preuve incontestable. Rien n'était aussi facile aux poëtes qui surgirent de 1820 à 1830 que de marcher sur la trace de leurs devanciers. Si leurs devanciers venaient aujourd'hui et s'ils n'apportaient pas autre chose que ce qu'ils ont fait de leur temps, ils seraient bientôt réduits au silence, comme tant d'autres.

Notre époque a restauré trois grandes choses : le vers, le récit, le drame. Vous avez jugé convenable de rassembler quelques-uns de mes récits et de les grouper en volume, je vous en remercie encore une fois.

Votre ami dévoué,

MÉRY.

Novembre 1852.

INFORTUNES AMOUREUSES

DES ÉLÉPHANTS.

Un soir de juillet 1851, nous dînions, Anglais et Français, tous naturalistes, excepté moi, à l'hôtel des Princes, rue Richelieu ; c'était juste une heure après une longue visite faite à la galerie zoologique du boulevard du Temple. On est heureux de trouver au potage un sujet de conversation ; le nôtre se présentait naturellement.

« Que dit votre naturaliste Buffon de l'éléphant ? me demanda tout à coup sir Charles Darlimple, mon voisin de droite.

— Buffon, répondis-je, dit que l'éléphant est le plus grand être de la création, qu'il a une trompe, deux larges oreilles, deux défenses d'ivoire, qu'il est très-intelligent, très-sobre, très-susceptible d'éducation, très.... »

Sir Charles m'interrompit par un léger mouvement de sa fourchette, et me dit avec un sourire poli qui corrigeait la brusquerie de l'interruption :

« Je connais cette définition de l'éléphant ; elle est

en anglais dans notre Saavers, de la Société royale de Londres; elle est même partout.... Avez-vous encore quelque auteur qui parle de l'éléphant?

— Oui, je connais l'*Abrégé de la nature* du docteur Magnin, de Montpellier; il consacre à l'éléphant ces deux vers :

Jadis les éléphants portaient d'énormes tours;
Dans elles, les guerriers passaient de tristes jours.

— Et après ces deux vers, me demanda sir Charles, qu'ajoute le docteur Magnin?

— Il passe au léopard, auquel il ne consacre que cet alexandrin :

Le léopard est un des animaux silvestres.

— Vraiment! s'écria le colonel Feneran, qui depuis quelques jours à peine était arrivé de Ceylan, où il commande un des régiments de la compagnie des Indes. Vous avez des naturalistes de cette force-là. Ils donnent deux vers à l'éléphant et un seul au léopard! Le savant zoologue indien Peno-Peï consacre cent pages au kandjil, animal grand comme ma main, et que personne ne connaît.

— Et combien de pages consacre-t-il à l'éléphant? demandai-je au colonel.

— Ce grand naturaliste a écrit sur l'éléphant un ouvrage spécial qu'il n'a pas voulu terminer. *Je laisse à d'autres*, a-t-il dit, *le soin de compléter mon œuvre, si elle peut être terminée; ce que je ne crois pas. On écrira le dernier mot sur l'homme; sur l'éléphant, jamais.*

— Je reconnais du vrai dans cette exagération,

remarqua sir Charles : ainsi, il y a un mystère qu'on vient d'approfondir seulement l'an dernier vers le lac des Makidas.

— Un mystère sur l'éléphant? demandai-je avec la naïveté d'un élève en zoologie.

— Sans doute, dit sir Charles.

— Oh! je sais ce que vous voulez dire! ajouta le colonel Feneran d'un ton réservé.

— Et précisément, ajouta sir Charles, j'y songeais tout à l'heure dans la ménagerie du boulevard du Temple, en examinant les deux jeunes éléphants qu'on a placés, avec intention, à côté de la grande cage des singes.

— J'y songeais aussi! dit le colonel en riant.

— Pardon, fis-je observer à ces messieurs; vous me racontez là une fable intitulée *les Éléphants et les Singes*, mais vous ne me citez que le titre; j'attends la suite. »

Sir Charles regarda autour de lui, et me dit en me montrant de jeunes Anglaises, nos voisines :

« Il y a près de nous, dans cette salle, des oreilles roses que les détails intimes de l'histoire naturelle effaroucheraient peut-être; allons prendre du café. »

Nous passâmes aussitôt dans la salle du café; comme les femmes en sont exilées par la fumée des cigares, on peut y causer zoologie en toute sûreté.

Après les grands dîners, il y a un moment solennel pour l'estomac; c'est celui où le parfum du café se mêle au parfum du tabac; Moka et la Havane, ces deux merveilleux pays, s'associent pour donner une fête au cerveau. C'est le moment où l'on raconte les plus charmantes choses, où la parole amuse l'oreille et l'esprit. Au temps des chambres parlementaires, les orateurs buvaient de l'eau sucrée avant l'exorde; aussi nous savons ce qui leur est arrivé.

« Permettez-moi, monsieur, me dit sir Charles, de vous adresser une simple question. Pourquoi la terre n'est-elle pas toute peuplée d'éléphants? »

Cette brusque demande, tirée à brûle-pourpoint au milieu d'une bouffée de cigare, me fit reculer contre le dossier de ma chaise. Je baissai les yeux, je les relevai vers le plafond, je roulai mon havane entre le pouce et l'index, je humai vingt gouttes de moka, et je ne répondis rien. C'était humiliant, en face d'un Anglais.

« Comment! ajouta sir Charles, vous ne vous êtes donc jamais adressé cette question à vous-même?

— Jamais, répondis-je.

— Vous savez, continua sir Charles, que l'éléphant s'accommode de toutes les latitudes?

— Oui.

— Qu'il peut vivre à Calcutta comme à Paris?

— Oui.

— Qu'il est doué d'une puissance d'amour qui défie la phthisie pulmonaire et les prostrations de l'épine dorsale, et que les plus fougueux excès de l'hymen ne donneraient pas une ride à son épiderme de métal?

— Je sais cela, sir Charles, répondis-je, mais je n'oserais l'écrire, c'est trop humiliant pour l'humanité, et pour le sixième acte des comédies. Ce sont là des priviléges exorbitants, créés par la nature au bénéfice des animaux.

— Vous savez, poursuivit sir Charles en riant, comme rient les Anglais, de ma brusque sortie, que

Pyrrhus, roi d'Épire, à la bataille d'Héraclée, avait une cavalerie d'éléphants ?

— J'ai su cela autrefois, sir Charles.

— Vous saviez aussi alors que Nicanor, dans sa bataille contre les Machabées, comptait dans son armée trois fois plus d'éléphants que n'en avait Pyrrhus ?

— Je le savais aussi, répliquai-je avec un mouvement d'impatience ; mais, au nom du ciel, où donc voulez-vous en venir avec Pyrrhus et Nicanor ?

— Attendez, me dit sir Charles ; rien n'était plus commun autrefois qu'un éléphant ; aujourd'hui cet animal est un phénomène qu'on exhibe, dans une cage, à deux francs le billet. Les soldats de Nicanor, de Pyrrhus et d'Éléazar Machabée auraient bien ri si un belluaire forain leur eût demandé quarante sous pour leur montrer un éléphant. Aujourd'hui l'espèce menace de se perdre ; en revanche, la race des quadrumanes a augmenté, depuis Nicanor, dans des proportions effrayantes, surtout sous les deux versants de la chaîne africaine des monts Lupata, nommée par les géographes l'artère de l'univers.

— De grâce, sir Charles, dis-je d'un ton sérieux, faites aboutir votre théorie, qui s'égare en digressions.

— C'est une erreur de votre vivacité, remarqua le colonel Feneran ; sir Charles procède avec un art infini.

— Comment ! m'écriai-je, il vient de m'envoyer promener aux monts Lupata.

— Eh bien ! nous voilà au cœur de la question, poursuivit sir Charles. Grâce à mes préliminaires, qui vous paraissent oiseux, vous allez connaître un mystère, récemment découvert, à l'endroit des éléphants.

— Enfin! dis-je en respirant; vos préliminaires ont duré un cigare : c'est beaucoup.

— La science ne compte pas les cigares, remarqua sérieusement sir Charles; prenez-en un autre et descendez avec moi du haut de l'artère de l'univers dans la grande forêt de Wiliakarma. Nous allons prendre le mystère sur le fait, avec l'aide du révérend Philipps, un des plus intrépides voyageurs connus depuis 1847. *Père des grandes découvertes, toi qu'on nomme le hasard, sois béni!* Telle est l'exclamation favorite du naturaliste Peno-Peï : elle me servira d'épigraphe.... »

Le révérend Philipps, suivi d'un nègre de la tribu des Makidas, marchait, comme Adam, sur un domaine immense où jamais le pas d'un homme n'avait souillé le sable ou le gazon. Le soleil d'Afrique incendiait le zénith; les arbres ne respiraient pas; les rivières étaient chaudes; les lions dormaient dans les grottes du mont voisin. On n'entendait d'autre bruit que les sifflements des perruches multicolores et les éclats de rire des singes, comme s'il y avait eu dans cette solitude des spectateurs bourgeois critiquant ce magnifique drame du silence, joué par le soleil, l'Afrique et Dieu.

Le jeune Makida lança tout à coup à Philipps un coup d'œil significatif, et, sans faire un geste, il lui désigna, par un mouvement de prunelle, la lisière de la grande forêt. Philipps répondit par le signe qui veut dire : J'ai vu. Alors le nègre regarda son fusil à deux coups et toucha de la main gauche les deux boucles de laiton qui pendaient à ses oreilles, ce qui signifiait, en langue adamique : Je me sens assez adroit pour tuer ces deux éléphants, en leur mettant une balle dans l'oreille. C'étaient deux éléphants que le hasard envoyait sur le passage de Philipps. La proposition du nègre chasseur fut repoussée par un geste impérieux du révérend Philipps, qui n'était pas un chasseur à l'ivoire, mais un naturaliste observateur.

Après ce préambule solennel, sir Charles quitta subitement le ton grave, et jetant sur le marbre du guéridon le tronçon d'un cigare épuisé, il me dit :

« Que feriez-vous si vous vous rencontriez ainsi, dans un désert, nez à trompe avec deux éléphants ?

— Je ne sais trop ce que je ferais, moi, répondis-je, mais je sais bien ce qu'aurait fait M. de Buffon.

— Et qu'aurait fait M. de Buffon ?

— Il se serait provisoirement évanoui, avec ses manchettes de dentelles, entre les bras de son nègre, et aurait renvoyé ses observations au lendemain.

— Vous allez voir ce que fit l'intrépide Philipps, » poursuivit sir Charles en allumant un second cigare.

« Deux éléphants, se dit-il, qui sortent à midi d'une forêt opaque, ont un but. Deux Anglais qui sortiraient des Tuileries au mois d'août, à la même heure, pour se promener sur la place de la Concorde, n'auraient pas de but; mais deux éléphants, c'est autre chose : les éléphants sont trop graves pour avoir des caprices d'Anglais : examinons. »

Philipps marchait à petits pas, sur une vaste plaine toute hérissée d'euphorbes, de cactus et d'aloès gigantesques; et, en se ménageant d'adroites éclaircies, il pouvait voir les quadrupèdes sans être aperçu; une autre circonstance favorisait aussi le naturaliste; le vent soufflait des monts Lupata, et les exhalaisons des ardentes sueurs humaines, qui trahissent la présence d'un ennemi, ne pouvaient arriver à l'odorat merveilleusement subtil des colosses africains. Nos deux éléphants avançaient dans le désert avec une lenteur symétrique, toujours séparés l'un de l'autre par une distance de quinze pas ; celui qui marchait le dernier s'arrêtait par intervalles, et regardait avec mélancolie les rameaux énormes qui jaillissaient horizontalement de la lisière du bois. Philipps allongea sa lunette d'approche dans sa direction ; car, pensat-il, un éléphant ne s'arrête pas pour regarder derrière lui s'il n'a rien à voir. Un Anglais, c'est autre chose ; il marche, la tête au vent, le long de la grille d'*Hyde-Park*, et se retourne sans aucune intention de voir du côté de *Kensington-Garden*, il s'est retourné pour se retourner : voilà tout. Nous connaissons toutes ces fantaisies d'une promenade oisive ; elles ne sont pas dignes de notre attention.

L'éléphant savait bien ce qu'il regardait, lui ! Une colonie nomade de grands singes se balançait, comme une ronde de faunes railleurs, sur les branches horizontales des arbres voisins, et le vent apportait même leurs cris, leurs huées, leurs éclats de rire, aux oreilles de Philipps. L'éléphant ainsi conspué par ces histrions quadrumanes, balançait son énorme tête, et disait intérieurement, comme le Micromégas de Voltaire : « Je suis tenté de faire un pas et d'écraser tous ces insectes ; » mais les singes, devinant la pensée de Voltaire et du colosse qui passait sur leurs terres, continuaient leurs atroces railleries en ayant soin de se tenir hors de la portée d'une trompe ou d'une défense d'ivoire. Le malheureux éléphant, obligé d'abandonner ses ennemis insaisissables, poursuivait son chemin, la trompe basse, ayant l'air de dire : « C'est incroyable qu'on ne puisse pas faire ce qu'on veut dans un domaine qui est à nous bien plus qu'à ces saltimbanques des bois ! ».

L'éléphant qui marchait le premier avait dans tous ses mouvements cette pudeur qui trahit tous les sexes faibles, mais qui est plus remarquable encore chez les jeunes éléphants; rien n'est chaste, sous le soleil, comme une fiancée de cette grande espèce zoologique. Lucrèce aurait passé pour Messaline dans une tribu d'éléphants. C'est un fait reconnu. Cependant, s'il faut en croire Philipps; et sans vouloir calomnier personne, la jeune et pudique fiancée du désert, tout en se voilant la tête avec ses larges oreilles, fit un signe de trompe que son amant colossal saisit au vol : elle montrait, à une assez grande distance du bois, un bouquet de myrtes, dont les rameaux trop flexibles ne pouvaient pas se garnir de spectateurs bouffons. L'éléphant poussa un léger cri joyeux, comme s'il eût dit en anglais : *Very nice !* et il suivit sa fiancée, comme le fils de Cinyre suivait la blonde Vénus, lorsque le doigt de la déesse désignait un bois de myrtes dans Amathonte ou dans l'illustre Rhodon.

Et le révérend Philipps, se faisant toujours éclipser par de favorables feuilles d'aloès, suivit les deux amants avec cette émotion du néophyte qui va voir se révéler de redoutables mystères quand le profane vulgaire s'est retiré. Pour lui, aucun détail de ces scènes grandioses n'était perdu. Il comprenait qu'à ce moment, par un heureux hasard, il lui était donné de pénétrer un de ces problèmes qui semblent à plaisir défier tous les efforts, renverser toutes les théories de la science. L'heure était solennelle : le puissant hyménée des deux colosses allait s'accomplir sur un lit nuptial créé par le soleil africain ; le désert était embaumé d'aromates, comme le harem de l'émir ; une cataracte voisine et un fleuve sans nom chantaient un épithalame plus beau que celui de Manlius et de Junia ; l'amour des Centaures et des Titans semblait agiter cette terre des voluptés furieuses et des passions inexorables, lorsqu'un cri, le cri de la pudeur sainte, retentit au désert et suspendit tout.

De jeunes singes, agiles comme des écureuils, avaient été, sans doute, expédiés par les grands quadrumanes ; et, de la cime des cactus à la cime des aloès, tourbillonnant à l'aide de leurs griffes, de leurs queues, de leurs dents, ils s'abattirent comme une nuée de *clowns* nains sur le buisson de myrtes où les deux géants de la création fredonnaient la première note du duo final du *Comte Ory*, gamme éternelle de tous les êtres et de tous les amours, tendre prologue de toutes les voluptés. L'éléphant mâle lança un regard oblique sur ces perturbateurs des tendresses légitimes, et rugissant comme le Vésuve avant l'éruption, il se mit à faucher, à coups de trompe, toutes les tiges du buisson de myrtes qui servaient d'amphithéâtre au public quadrumane du désert. Vengeance stérile ! Les jeunes singes, pendant cette dévastation, bondissaient sur le dos de l'éléphant, et s'en servaient comme d'un tremplin pour s'élancer à la cime des tiges d'aloès, avec des gestes, des cris, des sifflements, des rires, des huées, des contorsions, qui plongeaient dans le désespoir la pudique fiancée, et la rendaient immobile comme l'éléphant *Iravalti*, sculpté sur roc, dans les temples souterrains d'Élora. La place n'était plus tenable pour le couple amoureux ; les singes ne faisaient pas mine de battre en retraite; la position était trop bonne : les fruits doux et les eaux vives abondaient autour d'eux ; ils mangeaient, buvaient, riaient à la fois, comme les spectateurs suburbains assis aux quatrièmes galeries du cirque de Titus pour voir des éléphants combattre dans la lice. Il fallait donc prendre un parti.

L'infortuné mâle poussa un profond soupir, dont le sens fut bien compris par sa jeune fiancée, car elle répondit par les mêmes notes à l'unisson. Cette expansion simultanée de deux cœurs primitifs aurait attendri les sauvages du lac des Makidas, mais elle ne trouva autour des myrtes ravagés que des échos de railleries stridentes. « Ainsi, pensaient les deux éléphants, ainsi vient de s'évanouir ce beau rêve que nous avions fait dans les ombres profondes des bois ! Notre vie est bien courte, hélas ! nous ne vivons que deux siècles ! Mais enfin, il était doux de passer ensemble ces quelques minutes de bonheur, au milieu des douces joies de la famille et des tendresses de l'amour. »

Au degré de désespoir empreint sur le front des deux éléphants, le révérend Philipps devina que la persécution dont ils étaient victimes avait depuis longtemps commencé dans les profondeurs du bois de Wiliakarma, et qu'à chaque étape de leur pèlerinage amoureux ils rencontraient toujours quelque nouvelle race de quadrumanes, échelonnés, avec une malice infernale, pour *éteindre le flambeau de l'hymen*, comme disent les opéras. Ainsi il devint évident pour ce naturaliste observateur, que les éléphants, ces nobles et graves créatures, ces êtres penseurs, avaient autour d'eux et sur leurs têtes des ennemis acharnés qui les tourmentaient d'une perpétuelle ironie, surtout dans les actes les plus sérieux de la vie solitaire. Le révérend Philipps compara les éléphants à ces sages de la Grèce qui ne pouvaient pas faire un pas dans Athènes et sur le Pirée sans rencontrer le sarcasme ou la pierre d'un fou. Diogène, le plus persécuté de tous, inventa ce sublime tour de lanterne qui prouve que la terre n'est peuplée que d'enfants au-dessus de quinze ans : vérité que rien n'a démentie depuis ! Diogène, dans son ardeur de vengeance contre l'espèce humaine, aurait peut-être été beaucoup plus loin s'il eût connu le mot d'un pauvre esclave noir de la Havane :

Ce malheureux travailleur partait, sous les feux du midi, pour aller faire du sucre en plein soleil, tandis qu'assis à l'ombre sur la porte de l'habitation, et dépeçant, avec des rires sardoniques, une noix de coco, deux grands singes paresseux regardaient passer la chiourme des esclaves.

Ah! qu'ils ont été fins, eux, dit un jour le nègre en les regardant ; *ils n'ont pas parlé !*

Philipps, par une chaleur équinoxiale de quarante-cinq degrés Réaumur, abordait ainsi les arcanes les plus profonds de la philosophie zoologique, à propos de ces deux éléphants infortunés. Toutefois, il ne les perdait pas de vue, à travers les accidents végétaux du désert. Obéissant à une inspiration commune, transmise peut-être dans une langue non classée par les philologues, les deux colosses feignirent de se séparer et de renoncer à leur rendez-vous ; l'un rebroussa chemin et parut s'enfoncer dans la forêt ; l'autre poursuivit sa route dans la direction d'une haute montagne grise, toute dépouillée de végétation et qui est une excroissance de la chaîne du Lupata.

Les singes persécuteurs ne donnèrent pas dans le piége : ils se divisèrent en deux bandes, pour harceler les deux amants, même après le divorce, et le concert de huées stridentes qui s'éleva sur deux points opposés fut répété avec une verve inextinguible par des milliers de perroquets moqueurs, qui prennent les arbres d'Afrique pour leurs perchoirs naturels, en attendant qu'on leur demande, dans les villes, *s'ils ont déjeuné.*

La séparation des deux éléphants fut de courte durée ; l'infortuné mâle, voyant que cette feinte de divorce ne réussissait pas, et que les oiseaux, ces singes ailés, se mettaient aussi de la partie, changea la direction de ses pas, et résolut de rejoindre sa compagne, pour lui offrir au moins un soupir de consolation. Le révérend Philipps, qui s'apprêtait à reprendre la route de la baie d'Agoa, suivit encore le colosse quadrupède, dans l'espoir d'assister à un dénoûment plus heureux.

Si l'éléphant mâle eût pris son pas de course, Philipps n'aurait pu le suivre ; par bonheur, à cause des difficultés du terrain, le géant marchait d'un pas ordinaire : il s'arrêtait même par intervalles, et jetait des regards mélancoliques sur des paysages délicieux, des oasis adorables, que l'Afrique suspend à sa ceinture pour plaire au soleil, son époux.

« Il ne faut pas être devin, se disait alors Philipps, pour comprendre ce que pense cet éléphant à la vue des sites ravissants qu'il traverse. Qu'il me serait doux, pense-t-il, de vivre ici avec elle, loin des lions sanguinaires et des rhinocéros stupides; de dire adieu à un monde pervers; d'adorer le soleil levant, ce bel astre qui nous délivre de la nuit ; de se nourrir des fruits de la terre; de respecter le faible; de protéger les gazelles à l'abreuvoir, et d'attendre la fin de la vie, sans crime, sans guerre et sans remords ! »

Le révérend Philipps, s'associant à cette pensée, essuyait des larmes qui coulaient sur ses joues, et ajoutait en secouant avec mélancolie sa tête ruisselante de sueur :

« Où donc est le bonheur sur cette terre, si ces vertueux géants ne le peuvent trouver ici ? »

Et il suivait toujours le quadrupède d'un pas prudent et mesuré.

Tout à coup survint, dans ce drame du désert, une péripétie inattendue qui bouleversa la raison du naturaliste voyageur. Sur cette terre d'Afrique, toujours écartelée de verdure puissante et d'aridité inféconde, Philipps vit tout à coup cesser la végétation et surgir des blocs de granit, çà et là empanachés de nopals épineux. Les deux bandes de singes nomades, arrivées à la lisière de la forêt, poussèrent des cris féroces et battirent en retraite, comme des éclaireurs qui découvrent l'ennemi, ou comme des bateleurs non patentés qui, sur l'horizon d'un champ forain, ont vu poindre l'écharpe d'un commissaire ou le casque d'un garde municipal. Les deux éléphants levèrent leurs trompes vers le soleil, comme pour le remercier du départ des barbares. Philipps pensait et ne comprenait rien.

Un vallon affreux s'ouvrait devant le révérend docteur comme un corridor de l'enfer. A droite et à gauche, des pics grisâtres, des roches bouleversées, des blocs noirs, comme une grêle d'aérolithes tombée là dernière nuit. Le sentier qui traversait ce défilé de bronze semblait conduire à ces royaumes du vide dont parle le poëte. Après la vie luxuriante, la mystérieuse Afrique montrait la mort. Les deux éléphants ne virent dans ces horreurs qu'un Éden de calme et d'amour. Qu'importe le gazon de l'oasis ou le sable brûlé, quand on est deux, comme Adam et Ève, après ou avant la chute! Jamais lit nuptial fait d'ivoire, de soie et d'or, ne parut plus doux au premier roi de Sybaris.

Elle est inépuisable dans sa monstrueuse ou charmante fécondité, cette Afrique intérieure, ce laboratoire du soleil!

Les deux éléphants mettaient le pied dans le vallon nuptial, et leurs cœurs semblaient renaître à l'espérance, lorsque deux râles aigus réveillèrent les mille échos de ces roches lugubres. On entrait sur le domaine des mandrilles, quadrumanes féroces et terribles comme des lions.

Deux monstres, sentinelles avancées de toute une peuplade, étaient perchés sur un des blocs du vallon, et, contractant leurs mufles d'azur, faisant craquer leurs dents léonines, s'agitant sur leurs mains antérieures, ils semblaient dire aux éléphants : « Vous n'irez pas plus loin! » Le désespoir des deux quadrupèdes se manifesta par une prostration subite; il sembla que ces colosses s'écroulaient sur leurs quatre piliers, comme des temples tétrastyles devant le souffle d'Attila. Témoin de cette suprême désolation, le courageux Philipps arma les deux canons de son fusil de Birmingham, et il allait purger de ces deux monstres le vallon nuptial, lorsque le nègre makida qui l'accompagnait fit un signe rapide qui arrêta le doigt sur la détente; ce signe disait : « Ne tirez pas; vous en tuerez deux, il en viendra mille qui nous tueront. » Cette réflexion pleine de sagesse fit pâlir l'intrépide naturaliste ; un froid glacial pénétra jusque dans la moelle de ses os ; il est permis au plus brave de trembler à l'idée de se voir dévorer par des mandrilles. Tous les genres de mort ne conviennent pas à tous les héros. Hector fuyait devant Achille, et ne craignait pas le dieu Mars. Cela doit suffisamment justifier le révérend Philipps, dans cette heure formidable où croyant entrevoir toute une légion de mandrilles embusquée dans le vallon, il abandonna les intérêts de la science et repassa la frontière des pérégrinations inconnues avec son fidèle nègre makida.

Philipps ne ralentit son pas de course que dans un terrain de sûreté, à deux milles environ du vallon des mandrilles. Mourant de faim et de soif, il s'assit sous un dôme de palmistes et d'arbres à pain, auprès d'une source d'eau vive : le nègre lui servit un repas frugal, mais sain, comme tous les repas que la nature apprête.

« Ce qui me console dans ma retraite, disait Philipps en refaisant ses forces épuisées, c'est que ces deux éléphants m'auraient conduit, de singes en mandrilles, jusqu'au cap de Bonne-Espérance, et encore ! si j'espérais assister au dénoûment ! Mais je ne le verrais jamais. »

Cette réflexion, quoique faite en anglais, fut approuvée par le nègre makida, qui connaissait très-bien, lui, les mœurs des singes et des éléphants.

Vers la fin du repas, Philipps entendit le sol trembler, et, levant la tête au-dessus d'un buisson d'euphorbes, il vit et reconnut l'éléphant mâle, courant, l'oreille basse et la trompe ballante, dans la direction de Wiliakarma. Ce n'était plus le désespoir qu'exprimait la physionomie du colosse, mais le découragement ; il ressemblait au misanthrope Alceste cherchant *un asile écarté, où d'être éléphant d'honneur on eût la liberté*, ou encore au dernier des Romains, à Brutus, disant à la vertu : *Tu n'es qu'un nom !* Le noble quadrupède avait abandonné sa compagne avec l'intention évidente de renoncer aux amours, et de se réfugier dans quelque thébaïde pour jouir des voluptés austères du célibat. Philipps donna une larme à cette grande infortune, et, prenant bien ses précautions pour ne pas se trouver sur le même chemin avec le terrible anachorète, il se dirigea vers la baie d'Agoa, où était ancré son vaisseau.

Quand ils furent délivrés des dangers de cette aventureuse expédition et dégagés de toute préoccupation scientifique, le sauvage africain et le révérend docteur reprirent le langage qui leur permettait d'échanger leurs pensées. Aidés par une pantomime expressive, quelques mots anglais, quelques syllabes africaines, suffisaient à l'un et à l'autre pour se faire comprendre à merveille.

Chemin faisant, le nègre makida fit donc entendre de la sorte ces réflexions à Philipps :

« Maître, j'aurais bien pu vous épargner cette course, en vous racontant tout ce que vous avez vu, et sans aucun péril pour vous. Ce qui vous a paru si extraordinaire à vous, nous paraît fort naturel à nous, enfants de ces solitudes. Nous savons que les singes de toute espèce ont été créés par le Grand-Esprit pour persécuter les sages éléphants pendant la nuit et le jour. Sans les singes, les éléphants seraient les hommes les plus heureux de la terre ; et ils en sont les plus infortunés. »

Le révérend Philipps, qui a eu tant à souffrir en Angleterre, dans ses travaux et ses amours, de la malignité des *bimanes*, essuya deux larmes qui ne s'adressaient pas aux éléphants !

Sir Charles termina ainsi son histoire, et nous tombâmes en rêverie.

« Tout cela, au fond, est bien triste, dit le colonel Feneran ; allons nous promener sur le boulevard Italien... »

Le soir, il n'y a rien de triste sur ce boulevard, pas même l'amour.

UN AMOUR AU SÉRAIL.

I.

Un jeune peintre de paysage qui se serait fait un nom célèbre si une passion lui en eût donné le temps, Gabriel de Geürsaint, cherchait un jour, entre Athènes et Sunium, le tombeau superbe qu'on avait érigé à Cranaüs, successeur de Cécrops. Seize siècles après la mort de Cranaüs, Pausanias avait vu ce monument, et l'avait admiré ; le jeune Gabriel, plein de foi dans Pausanias, se livrait à de laborieuses investigations. Hélas ! Cranaüs n'a jamais eu de tombeau. Pour avoir un tombeau, il faut nécessairement avoir existé, et Cranaüs a été inventé par Pausanias l'historien, qui n'a fait en cela qu'imiter ou devancer ses confrères.

Gabriel, toujours cherchant, avait visité les hautes herbes et les massifs d'oliviers qui couvrent les cendres des villes célèbres de la contrée : Œxone, Alœ, Alimus, Anagyrus, Thōrœ, Lampra, Œgilia, Anaphlystus, Azenia : point de tombeau de Cranaüs. Le jeune peintre s'apprêtait à rentrer à Athènes, lorsqu'il vit passer un groupe de jeunes filles grecques qui entraient dans le sentier du cap Zoster, promontoire sacré où Latone délia pour la première fois sa ceinture, en se rendant à la flottante Délos.

Ces jeunes filles marchaient sous la garde d'un Albanais colossal. Gabriel supposa qu'elles demeuraient dans quelque maison rustique du voisinage, et qu'elles ne s'étaient écartées un instant que pour aller cueillir le cytise, le serpolet et le pourpier. La guerre désolait le Péloponèse à cette époque; et, quoique ce rivage fût tranquille, un débarquement de Turcs était dans les éventualités de chaque jour. L'année 1822 venait de commencer. Les précautions n'étaient donc pas inutiles.

Gabriel avait raisonné juste; au détour d'un tumulus, il aperçut une jolie ferme, abritée du vent de la mer par un coteau garni d'oliviers; un joli jardin entourait la maison, une touffe de sycomores montait en rideau devant les persiennes; c'était une de ces douces résidences qui ont un air de bonheur et de sérénité à faire envie au voyageur. Un molosse, que l'artiste reconnut, à son aboiement, pour un chien de Laconie, accourut joyeusement au-devant des jeunes filles, et renversa la plus jeune sur le gazon par luxe d'amitié. Les autres enchantèrent les échos de Sunium de longs éclats de rire, harmonieux comme une gerbe de dactyles dans une idylle du grand poëte syracusain.

Le jeune artiste avait oublié Granaüs et Pausanias.

Le molosse de la ferme ne manqua pas, selon l'usage invariable des chiens de tous les pays, de courir sur l'étranger qui entrait dans ses domaines, pour le mordre ou le dévorer. Le chien est l'ami de l'homme, c'est convenu; mais il nous faut payer cher son amitié de logis. Le tigre est notre ennemi, mais il reste dans ses bois, et il est fort rare qu'il nous morde en passant.

Gabriel, malgré son admiration classique pour les chiens de Laconie et pour les jeunes Grecques, se mit en position de légitime défense, et présenta au molosse deux pistolets turcs, ornés de rubis. L'animal recula, mais avec une telle éruption gutturale d'aboiements, que les gens de la ferme accoururent au secours de l'artiste, enchaînèrent le molosse, et prièrent Gabriel de se reposer un instant à l'ombre du laurier domestique.

Le jeune voyageur parlait supérieurement le grec vulgaire; il remercia dans une phrase pleine d'un doux parfum antique, et suivit les gens de la ferme. Il fut présenté au maître de la maison; c'était un Grec de cinquante ans, d'une figure majestueuse; il s'occupait, en ce moment, comme Laërte, à émonder les treize poiriers de son jardin.

Le molosse aboyait dans la cour, mais enchaîné.

Une douce cordialité s'établit tout de suite entre le Grec et le jeune Français. On parla de la guerre de l'Indépendance, et des héros qui renouvelaient les vieilles gloires du Péloponèse. Gabriel traduisit à son hôte tous les vers français que ses compatriotes avaient faits en l'honneur des Hellènes. La famille ne tarda pas à descendre au jardin pour écouter le jeune étranger.

Gabriel se retourna au bruit des pas légers des jeunes filles; en ce moment le soleil dorait deux belles choses : une ruine blanche du cap Sunium et un visage, oh! un visage comme il ne sera plus donné aux fils des Hellènes d'en voir, si le sang bavarois continue à se mêler au sang d'Alcibiade et de Périclès !

« Rodokina, dit le maître, fais mettre le couvert sous la treille ; le printemps approche ; nous pouvons dîner à l'air : notre ami le Français nous fait l'honneur d'être notre convive aujourd'hui. »

Gabriel n'écouta qu'à peine ; il regardait Rodokina, et un pressentiment, qui traversa son cerveau comme l'éclair, semblait lui dire que toute sa vie était désormais attachée à cette figure céleste qui venait de disparaître en souriant.

On continua de parler des hauts faits d'armes de Marcos Botzaris ; mais Gabriel était assailli de distractions.

Les jeunes filles mettaient le couvert en folâtrant, et faisaient assaut de gracieuse étourderie, afin d'attirer l'attention du galant Français que la Providence leur envoyait dans leur solitude pour charmer la vie monotone de la maison. Rodokina éclipsait par ses charmes ses deux sœurs aînées. Elle portait une robe rouge et un manteau carré de satin jaune agrafé par derrière. Ses cheveux, d'un noir de jais, étaient retenus par un ruban d'or, en bandeau, et tout semés de fleurs agrestes cueillies le matin au bord des petits torrents. La volupté de l'innocence l'environnait comme une parure angélique ; aux contours purs et déliés de sa figure sans tache, à la pudeur de son regard, à l'incomparable grâce de ses poses, à la sérénité de son front, on n'aurait pu dire si elle appartenait au gynécée, à l'Olympe ou au Paradis ; Praxitèle en aurait fait sa Vénus pudique ; Raphaël une sainte ; il fallait la prier en chrétien ou l'adorer en amant.

Gabriel prit ce dernier parti.

Dimitry Zaccaroüs, c'était le nom du père de famille, comprit tout de suite, en se mettant à table, que le jeune peintre avait été vivement frappé de la beauté de Rodokina. En d'autres circonstances, il aurait pris, en sage père, ses précautions ; il aurait même regretté d'avoir ainsi offert à un inconnu une hospitalité qui pouvait devenir importune ou dangereuse ; mais il se trouvait dans un pays et dans un temps où la désolation qui entourait le foyer domestique écartait la pensée de ces considérations, qui n'appartiennent qu'aux jours de calme. On vivait alors dans une atmosphère de deuil et de sang ; le soir n'avait qu'un bien douteux lendemain. La vie de la Grèce semblait devoir s'éteindre à chaque soleil. En présence de ces grandes calamités nationales, Dimitry oubliait presque qu'il était le père de Rodokina, et ne s'en remettait plus qu'à Dieu du soin de ses enfants.

« Argus ! où est Argus ? dit Zaccaroüs ; il faut que je vous réconcilie avec mon chien, monsieur Gabriel. »

Le molosse arriva tout pantelant de joie ; il embrassa son maître, ses jeunes maîtresses, surtout Rodokina ; puis il regarda fixement Gabriel, et, le voyant à table, amicalement assis auprès de Rodokina et de Dimitry, il comprit qu'il avait fait tantôt une grande faute, et, dans un langage inarticulé, mais caressant, il demanda pardon au jeune Français d'avoir outre-passé, par zèle aveugle, ses devoirs de gardien. Gabriel voulut lui témoigner à son tour qu'il n'avait aucune rancune ; il caressa l'animal, et le baisa sur le front. Dans l'excès de sa joie, Argus courut dans le jardin, aboyant aux arbres et déracinant les fleurs : il était fou.

L'intimité s'établit promptement dans les temps malheureux. A la fin du repas, Dimitry et Gabriel se traitaient en vieilles connaissances. A cette table, d'ailleurs, le jeune Gabriel représentait la nation puissante et généreuse qui protégeait la sainte cause des Grecs, de son or, de son épée, de ses vœux; c'était assez pour éveiller toutes les chaudes sympathies de Dimitry en faveur de l'étranger, son convive. Lorsque vint l'heure de la séparation, la tristesse fut si grande, qu'on aurait cru assister à de déchirants adieux, donnés et reçus après une longue et fraternelle intimité.

Gabriel promit à Dimitry et à sa charmante famille de revenir à sa ferme au premier jour, et il reprit le chemin de la ville, emportant avec lui une de ces passions qui arrivent à leur paroxysme en naissant.

Huit jours après, une nouvelle désolante se répandit dans Athènes : on apprit que les Turcs avaient débarqué au cap Zoster, qu'ils s'étaient répandus, comme des bêtes fauves, dans la campagne, incendiant les villages, massacrant les populations, ravageant les blés en herbe, détruisant tout. Le jeune Gabriel fut saisi d'un pressentiment horrible à l'annonce de cette nouvelle. Le débarquement avait eu lieu dans le voisinage de la ferme de Dimitry. Oh! quelle épouvantable pensée fit bouillonner son sang!

Il monta à cheval, et, sans se soucier des dangers auxquels son nom de Français n'aurait pu le soustraire peut-être, il courut, sans débrider, à la ferme de Dimitry : son cœur battait avec violence ; à chaque échappée d'horizon, il regardait avec des yeux brûlants la petite colline où s'adossait la ferme ; il tâchait de saisir de loin, dans les accidents de terrain, quelques indices d'un malheur soupçonné. Il lui semblait parfois qu'il apercevait des traces de dévastation, et des bois d'oliviers incendiés, des bois bien connus de lui. Bientôt il eut le malheur de ne plus douter. Le sentier du jardin de Dimitry conduisait cette fois à des ruines récentes. La ferme était en cendres, plus de verger, plus de treille, plus de fleurs, plus de berceaux de rosiers ; l'incendie avait passé par là. Gabriel, saisi d'une terrible émotion, s'assit sur le gazon et pleura devant ce triste tableau.

La nuit tombait, et Gabriel ne songeait point à regagner la ville ; il ne pouvait détacher ses yeux de ce spectacle de désolation, qui prenait encore une plus lugubre physionomie à l'approche des ténèbres ; enfin il se leva, épuisé par le désespoir, et salua, pour la dernière fois, le domaine de Dimitry en lui jetant le nom adoré de Rodokina.

L'écho du cap Zoster avait à peine répété ce nom, qu'un murmure sourd sembla sortir d'une touffe d'aubépines qui couvrait l'entrée d'une grotte. Gabriel regarda fixement de ce côté, n'osant pas répéter le nom, de peur de perdre trop tôt son illusion dernière, ombre d'un espoir à jamais éteint. Le buisson s'agita de lui-même, comme pour donner passage à un corps ; des gémissements lugubres se mêlèrent au frôlement des feuilles, une tête blanche se montra, et deux yeux étincelèrent dans l'ombre. L'intrépide Gabriel marcha vers le buisson. Argus ! c'est Argus !

s'écria-t-il, et il dégagea l'animal, qui n'avait pas la force de briser le réseau de feuillages, et il l'embrassa comme le dernier ami survivant à toute une famille ; Argus lui rendait ses caresses en pleurant.

La pauvre bête était bien souffrante ; il était facile de voir à ses blessures qu'elle avait soutenu de courageuses luttes contre les ennemis de son maître, et que peut-être elle avait disputé Rodokina contre de lâches ravisseurs. Cette pensée désolante acheva d'accabler Gabriel.

L'homme et le chien eurent ensemble un long et muet entretien. Gabriel se fit suivre sans peine par Argus. Désormais ces deux existences étaient inséparables : ils prirent tous deux le chemin de la ville, marchant côte à côte, et silencieux comme deux amis qui ont épuisé la langue du désespoir, et qui se sont résignés à se taire, n'ayant plus rien à se dire sur un malheur consommé.

Trois semaines environ après cette scène, Gabriel, dévoré de mélancolie, et ne pouvant plus vivre dans ces tristes lieux qui lui rendaient des souvenirs mortels, s'embarqua sur un brick anglais qui faisait voile vers Constantinople. Il arriva dans la capitale de l'empire ottoman après seize jours de traversée ; Argus ne l'avait pas quitté.

II

Gabriel résolut de se livrer exclusivement à l'étude de son art, loua une petite maison de campagne à Tarapia pour y faire un album complet de vues du

Bosphore; il dessinait tout le jour, et n'avait d'autre témoin de ses travaux et d'autre compagnon de ses courses que son fidèle Argus. Un jour, comme ils cheminaient tous deux sur la pelouse qui mène à Buyukdéré, des litières couvertes, escortées par des cavaliers, passèrent dans leur voisinage. Argus donna des signes d'inquiétude, et flaira l'air avec une sorte de fureur; puis il courut à travers les cavaliers du côté des litières, poussa dans la foule des hurlements lugubres, et revint à grands pas auprès de Gabriel. Il était couvert de poussière et de sang, et son œil s'éteignait.

Gabriel se précipita sur son fidèle ami, et l'examina rapidement; Argus avait reçu une blessure mortelle dans sa courageuse exploration aux litières du sérail. Il n'avait plus que quelques instants de vie; il se roula convulsif aux pieds de son maître, et, dans un suprême et merveilleux effort d'intelligence, il parvint à articuler, avec des sons gutturaux, ce nom de Rodokina qu'il avait entendu tant de fois. Il est possible aussi que Gabriel se trompât lui-même, et qu'il ait cru entendre ce nom qui vibrait continuellement à ses oreilles : quoi qu'il en soit, Gabriel resta dans son illusion, si c'en était une. Argus expira, les yeux tournés vers le nuage de poussière qui couvrait l'escorte du Grand Seigneur.

Ici commence une histoire que je traiterais volontiers de fable avant le lecteur, si elle ne m'avait été attestée par Gabriel lui-même, au foyer de l'Opéra, le soir de la retraite de Nourrit. Je prie le lecteur de n'être pas plus exigeant que moi. L'invraisemblable est souvent le père de la vérité.

Rodokina est au sérail du Grand Seigneur! Voilà

les seules paroles que Gabriel prononçait tous les jours, et à chaque instant, depuis la rencontre de Büyukdéré : il ne se permettait aucun doute sur ce point ; c'était une terrible révélation que lui avait faite en mourant le chien de la Laconie. Impossible d'exprimer ce que cette pensée jetait d'incessant désespoir au cœur de Gabriel. La femme qu'on adore au sérail de Mahmoud !!! il y avait de quoi inventer la jalousie, si elle n'eût pas existé.

Gabriel s'embarquait quelquefois sur un canot devant Tophana, et il longeait, à distance permise, la longue file de persiennes qui courent en promontoire sur les eaux calmes et bleues de la rade ; il tâchait de saisir, dans les kiosques de la pointe du sérail, quelque indice révélateur de l'existence de sa jeune Grecque ; rien ne parlait clairement à son intelligence ; les persiennes gardaient leurs mystères ; le kiosque restait muet ; le silence et la mort semblaient habiter seuls cette galerie maritime de voluptés orientales. Les palmiers et les acacias flottaient comme des panaches sur les petits dômes du jardin ; la mer chantait au pied du harem ; le vent faisait frissonner les banderoles des navires à l'ancre ; rien dans l'air, sur l'onde et la terre, ne prenait intérêt à l'inconsolable tristesse de Gabriel, il restait sombre au milieu de tant d'azur et de soleil.

La nuit il faisait des rêves affreux : c'étaient toujours de poignantes visions, où se déroulaient des turbans, des cachemires, des danses de bayadères, entremêlés d'eunuques noirs et blancs ; et il se réveillait en sursaut, poignardant Mahmoud. Le jour venu, il allait rôder devant la sublime porte du palais de Sa Hautesse, tâchant d'épier les mystères de l'intérieur. Il accostait quelquefois les plus humbles serviteurs de la maison du sultan, et leur faisait des questions qui provoquaient la méfiance et ne lui amenaient aucune réponse qui le satisfît. En se couchant, il priait Dieu d'anéantir les sérails, au moins dans les songes. Jamais amant ne fut plus malheureux que Gabriel.

Il vécut, ou, pour mieux dire, il mourut quatre mois dans ces angoisses, ne prévoyant aucune issue favorable à sa passion. Il attendait une révolte des janissaires ; mais les janissaires ne se révoltaient pas : pour arriver au bonheur, il lui fallait une révolution de l'empire ottoman. Il comptait aussi sur les Russes ou les Grecs. Triste chose en amour de compter sur des révolutions! elles arrivent tard quand elles arrivent ; les maîtresses vieillissent et les amants aussi. Gabriel se trouvait souvent sur la colline de Sainte-Sophie, au passage du Grand Seigneur ; il contemplait son puissant rival, et voulait deviner sur sa figure quel degré de bonheur pouvait donner à un homme la possession de Rodokina. Le Grand Seigneur avait une attitude qui se prêtait mal aux conjectures de Gabriel ; il étalait, sous son turban négligé, un visage ravagé par des passions faciles et des soucis impériaux ; il avait une tristesse cuivrée sur les joues, et un grand symptôme de désenchantement dans les yeux. Les souvenirs du sérail paraissaient l'occuper fort peu ; il causait politique avec le capitán-pacha. Gabriel regardait le peuple, et cherchait des signes de mécontentement ; le peuple se prosternait, et balayait la terre avec dix mille turbans mal roulés.

Gabriel sortait un soir de la maison de M. Constantin, négociant français à Galata, et il se dirigeait vers Péra, lorsqu'il avisa un homme qu'il avait connu à Marseille, et qui se nommait tout simplement Pascal. La profession de ce Pascal était assez étrange, et rarement un Français l'embrasse. Pascal, encore enfant, fut pris par les Algériens et consacré à la garde des femmes d'Hussein-Bey. A l'âge de vingt ans, il s'était échappé d'Alger et avait couru le littoral, offrant ses services aux deys et aux pachas qui avaient des harems et qui étaient plus généreux que l'avare Hussein. Pascal connaissait à fond toutes les langues de la Barbarie, il parlait le français comme le fils d'un corsaire; il possédait une jolie voix de soprano, et pinçait la mandoline à ravir. En 1820, il vint à Paris pour acheter des Françaises à elles-mêmes, pour le compte de l'empereur de Maroc, qui s'était fait représenter la *Caravane* de Grétry par des acteurs du théâtre de Fréjus, et qui demandait des Françaises *piquantes* à tous prix.

Gabriel, qui avait une idée fixe, passa par-dessus toutes les idées intermédiaires au but qu'il avait subitement entrevu en rencontrant Pascal.

« Ta fortune est faite, lui dit-il; demande à parler au bostandji, au chef des eunuques, au vizir, à qui tu pourras enfin, et offre tes services au Grand Seigneur; tu diras que tu viens de France, que tu as étudié les mœurs, la politique, l'esprit public, tout ce que tu voudras, et que tu peux cumuler les fonctions d'eunuque et de conseiller du divan. Mahmoud payerait cent mille piastres un eunuque français; il en demande partout; il n'y en a pas; vingt fois j'ai songé, moi.... mais je suis arrêté par une considération puissante. Viens chez moi, je te peindrai les cheveux et la figure ; je te donnerai des lunettes vertes ; je te mettrai une cravate française qui te cachera le menton ; je ne te laisserai pas un pouce de chair visible sur la face. Tu es intelligent, tu sais ce que je veux faire de toi : sers-moi bien et je te payerai largement. »

Pascal avait un grand flegme, comme ceux de sa profession : il répondit avec nonchalance qu'il était prêt à tout faire pour de l'argent. Gabriel l'embrassa et lui donna de magnifiques arrhes du marché conclu.

Pascal, nourri dans les sérails, en connaissait les détours ; il savait parfaitement à qui s'adresser pour faire ses offres de services ; il parla de lui à la domesticité impériale avec tant d'assurance ; il fit sonner si haut ses voyages à Paris, ses liaisons avec les ministres français, dont il prétendait avoir appris les secrets en gardant leurs femmes ; il fit tant de bruit de paroles sur les Russes et les Grecs, que, d'échelons en échelons, il arriva jusqu'au vizir. En présence de ce haut dignitaire, Pascal prit une attitude diplomatique ; il s'inventa une vie, qui, disait-il, avait été toujours consacrée à la sainte cause des Turcs. Jamais rôle de comédien ne fut mieux joué. Ceux qui ont connu Pascal au service du célèbre docteur Clariond ne seront pas étonnés d'apprendre qu'à la fin de cette entrevue il était admis aux fonctions du sérail, sous la condition de faire constater par le bostandji et le capidji-bachi la validité de ses titres ; épreuve que Pascal ne redoutait pas, et dont il sortit avec honneur.

Pascal avait quelques affaires à régler en ville, disait-il ; il demanda son firman d'admission, et quitta le palais pour y rentrer le lendemain. Comme on le pense bien, le lendemain, ce fut Gabriel qui rentra ingénieusement affublé du déguisement complet de Palcal. La domesticité d'antichambre s'inclina devant le firman de Gabriel.

Voilà donc notre jeune artiste français mêlé aux eunuques blancs du Grand Seigneur. Malheureusement son impatience subit les cruelles épreuves du noviciat ; il n'était pas arrivé à ce haut degré de confiance qui ouvre le sanctuaire de Mahmoud. On lui confia d'abord la garde de six vénérables odalisques qui n'étaient gardées que pour la forme, car le sultan, avec cette galanterie qu'il veut naturaliser à Stamboul, croirait humilier une sultane douairière en lui refusant un gardien de sa vertu. Gabriel conduisait au bain son fragment de sérail séculaire, et il fermait les yeux sous ses lunettes vertes. Il servait ces dames à table, les conduisait à la campagne, les déshabillait le soir avec le plus grand respect, et disait à l'oreille à chacune d'elles que c'était probablement par oubli qu'elles n'avaient pas reçu le mouchoir impérial. Cette attention délicate, renouvelée tous les soirs, fit un grand bien à Gabriel.

La plus octogénaire de ces dames avait quelquefois des entretiens d'amitié avec Mahmoud, dont elle prétendait être la mère illégitime ; elle vanta fort l'esprit et l'urbanité parisienne de l'eunuque Gabriel. Le sultan, qui a la manie de la France, et qui d'ailleurs connaissait déjà son nouveau serviteur par le rapport du vizir, mit un terme aux ennuis du surnumérariat, et nomma Gabriel chef des eunuques blancs et inspecteur du harem des favorites. Gabriel exprima sa reconnaissance en bosselant son front sur le tapis.

Le soir même, Gabriel entra en fonctions. Son prédécesseur destitué lui donna le poignard damasquiné, emblème de sa puissance, et lui montra du doigt, tête inclinée, le rideau de velours écarlate qui fermait aux profanes le harem des favorites. Gabriel ému, non de peur, mais d'amour, souleva le pesant rideau et pénétra dans le plus gracieux salon que Galland ait inventé dans ses *Nuits*.

Mille flammes ruisselaient sur les lampes et les girandoles d'or; les pastilles à l'essence de rose fumaient dans les cassolettes; une couronne d'orangers en fleurs bordait le mur circulaire; des piles de coussins de velours à crépines d'émeraudes s'élevaient partout, comme des trônes d'odalisques; une gerbe d'eau safranée bondissait sur un bassin avec une agilité joyeuse, et embaumait l'air d'un parfum irritant; le salon était désert, mais tout y respirait la femme; c'était des brasselets oubliés sur les divans, des châles flottant au balcon des croisées ouvertes, des mandolines tièdes encore du doigt qui les anima, des sandales d'enfant tombées du pied nonchalant de l'odalisque, des bouquets de fleurs ravagés par des doigts distraits sous quelque pensée de mélancolie et d'amour : l'atmosphère de ce gynécée oriental était brûlante à respirer; elle était pleine d'émanations enivrantes; elle agissait sur les sens comme le voluptueux démon du midi, au mois des blés jaunes, à l'ombre des palmiers qui conseillent les désirs. Gabriel étouffait de bonheur.

Des voix enfantines et mélodieuses retentirent sur le perron du jardin, et vingt jeunes femmes entrèrent en folâtrant dans le salon embaumé : la vue de Gabriel, grotesquement habillé, provoqua de longs éclats de rire, qui déconcertèrent un peu le fier et jeune Français. Une seule n'avait pas ri ; elle était restée sur le seuil de la porte du jardin et regardait le ciel étoilé, la tête mélancoliquement penchée sur l'épaule. Gabriel ne voyait pas le visage de l'odalisque, mais une gerbe de lumière éclairait un cou et des bras d'une pure et incomparable blancheur qui étaient restés dans le souvenir du peintre et de l'amant. Elle fit un mouvement pour se retourner ; Gabriel tressaillit ; un visage lumineux se leva dans l'ombre comme un soleil de nuit : c'était Rodokina !

Tous les sentiments qu'une passion de femme peut créer éclatèrent à la fois comme un volcan dans le cœur de Gabriel ; il ne savait auquel de ces cris intérieurs donner audience ; il sentait une double flamme en lui, celle qui le perçait comme un poignard de soufre et celle qui le ravissait au ciel comme une extase de volupté. Jusqu'à ce jour il avait douté, mais à présent le malheur était vivant à ses yeux.

Rodokina au sérail du sultan ! Ah ! sans doute elle était la favorite entre les favorites ! Si jeune, si fraîche, si gracieusement sculptée, avec sa beauté souveraine, sa blancheur vive, sa taille de statue grecque, ses divines ondulations, elle devait avoir inspiré au sultan son maître une de ces intraitables passions, comme le soleil et la mer en font naître sur ce rivage d'Orient. Oh ! qu'il allait payer cher, l'amoureux Gabriel, ce suave instant d'apparition !

La nuit s'avançait menaçante d'amour ; le mouchoir du sultan était suspendu sur la tête de l'artiste comme l'épée de Damoclès ; et encore Damoclès n'avait qu'à porter un casque de fer ; mais rien ne pouvait garantir Gabriel du mouchoir fatal ! Autour de lui les femmes causaient, riaient, chantaient, s'embrassaient, dansaient, faisaient toutes ces choses à la fois avec une étourderie charmante ; Rodokina seule tenait le sérail à distance ; elle avait l'air d'attendre un événement, le mouchoir peut-être, se disait Gabriel, Oh ! si elle était amoureuse du sultan ! Ciel ! Olympe ! Tartare ! Enfer ! Cependant le mouchoir n'arrivait pas.

III.

Dans un angle du salon, montait du tapis au plancher une pendule à caisse de bois de sycomore, avec un cadran de mauvaise mine ; c'était le seul meuble qui déparât ce gracieux salon. Du fond de cette caisse sortit une tempête de sons qui suspendit les jeux, les rires, les chants. C'était le carillon du coucher. Ces dames chaussèrent leurs sandales et prirent leurs châles. Un eunuque noir entra ; il n'avait pas de mouchoir. Il dit à Gabriel qu'il venait se joindre à lui pour conduire les odalisques dans leurs appartements. L'eunuque s'exprima en langue franque ; mais Gabriel lui ayant fait observer qu'il comprenait fort bien le turc, la conversation s'engagea bientôt entre eux pendant que les femmes faisaient leur toilette de nuit.

« Il paraît, dit Gabriel avec un accent prononcé d'indifférence, il paraît que le commandeur des croyants a besoin de repos ?

— Oui, d'un grand repos, dit l'eunuque. Il a passé la journée à cheval ; il a été à Tarapia ; il a cassé vingt œufs d'autruche, à deux cents pas, avec son fusil français ; il a tenu son divan ; il a passé en revue dix mille guerriers ; il a visité sa flotte, qui part demain pour Corinthe, et ses batteries de campagne à Tophana ; aussi notre maître, le commandeur des croyants, dort-il d'un profond sommeil depuis deux heures.

— Seul ?

— Eh ! oui seul ; on n'a besoin de personne pour dormir.

— Et le commandeur des croyants a-t-il l'habitude de se réveiller avant le jour ?

— Quelquefois.

— Et alors ?...

— Alors il se rendort.

— Ah !... pardonnez-moi, je ne suis pas encore fait aux habitudes du palais ; c'est par la faveur du fils du Prophète que je suis ici.

— Je le sais. Qu'Allah vous y maintienne longtemps ; notre gracieux sultan est un si bon maître !

— Oui, c'est ce que l'on dit partout.... Il est encore fort jeune, n'est-ce pas ?

— Le fils du Prophète est jeune jusqu'à sa mort.

— C'est juste. Cependant il arrive à un âge où.... Ainsi, j'ai remarqué ce soir qu'on n'avait jeté le mouchoir à personne.

— Quel mouchoir ?

— Le mouchoir du sultan.

— Je ne comprends pas.

— Comment donc ! dans tous les sérails où j'ai servi, le maître jetait tous les soirs le mouchoir à la favorite....

— J'ai quarante ans de sérail, moi ; je n'ai jamais entendu parler de cela.

— Comment vous appelez-vous ?

— Ali.

— Et moi Gabriel. Écoutez, Ali, je brûle de faire plus que mon devoir et de répondre dignement à l'auguste confiance dont je suis honoré ; voilà pourquoi je vous fais ces questions. Croyez qu'en m'accordant votre amitié et les conseils de votre expérience vous n'obligerez pas un ingrat. Je me suis enrichi à Paris au service d'un bey français qui avait un nombreux sérail et qui me payait royalement, parce que les gens comme nous sont rares à Paris, notre profession y devenant de jour en jour plus dédaignée par les jeunes gens, à cause de la corruption des mœurs. Mes économies sont placées à Galata chez un banquier franc ; elles sont à vous comme à moi. »

Ali s'inclina et baisa un pan de la robe de Gabriel. Celui-ci continua.

« Vous vieillissez, Ali, et vous avez besoin de repos ; lorsque vous voudrez quitter le sérail et vivre votre maître, dites-le-moi, et je vous fais un sort.

— Frère, répondit Ali, la reconnaissance, dit le Koran, doit s'attacher au bienfait promis comme au bienfait reçu. Ali vous remercie avec son cœur. Croyez bien que c'est sans jalousie que je vous ai vu entrer au sérail, vous, le premier eunuque blanc qui ait eu le privilége d'être introduit dans les appartements secrets. Le sultan vous a nommé son secrétaire privé (*seïr-kiatib*) et son eunuque favori ; il a de hauts desseins sur vous. Jamais eunuque blanc n'a joui de pareils avantages, pas même le capi-aga, qui est blanc comme vous, quoique un peu cuivré. C'est que depuis quelque temps le sultan se relâche des vieux et saints usages; il ne veut plus camper en Europe; il veut changer sa tente du Bosphore contre un palais franc. Que le Prophète soit béni! Gabrieli, vous êtes appelé à de hautes destinées; quand votre esprit sera entré dans l'esprit de l'invincible Mahmoud, souvenez-vous de moi. Bien loin de songer à quitter le sérail où je suis né, j'aspire à la place de *kislar-agassi* (chef des eunuques noirs); cette charge donne le titre de pacha à trois queues.

— Avant huit jours, Ali, vous serez nommé kislar-agassi. »

Ali baisa la main de Gabriel et l'essuya avec son front. Gabriel poursuivit :

« Maintenant, Ali, dites-moi quelle est, de toutes ces odalisques, la bien-aimée du Grand Seigneur?

— Je serais fort embarrassé de vous le dire, Gabrieli; le sultan ne s'occupe pas beaucoup d'elles; les soins de la guerre l'absorbent jour et nuit. Il a un sérail parce qu'un sultan doit avoir un sérail; il s'entoure de femmes comme on s'entoure de fleurs, pour les respirer; voilà tout.

— Y a-t-il beaucoup de Grecques au sérail?

— On en a amené beaucoup depuis un an, mais le kislar-agassi les a renvoyées à cause de leur laideur. Il n'en a gardé qu'une : Mouna.

— Mouna! c'est, je crois, celle qui vient d'entrer là, dans cette chambre?

— Oui, une belle fille, Mouna.

— Elle se nomme Mouna?...

— Pourquoi me faites-vous cette question?

— Oh! pour rien.... En la voyant, j'ai pensé qu'elle

était la favorite du sultan, et, en bon esclave, je voulais lui témoigner plus de respect qu'aux autres.

— Il est vrai que le sultan l'a remarquée quelquefois....

— Il l'a remarquée!... Voilà tout.... n'est-ce pas?

— Attendez, je crois que le kislar-agassi m'appelle.... oui.... Je vais prendre ses ordres. »

Ali courut à la pièce voisine, et Gabriel resta dans le corridor où les femmes se déshabillaient. Son agitation était extrême; il n'osait approcher du rideau qui fermait la chambre de Rodokina; il tenait les yeux fixés dans cette direction, et son cœur battait avec tant de violence, qu'il lui semblait que la vie allait lui échapper.

Ali rentra, et prenant un ton officiellement respectueux, il dit à Gabriel :

« L'invincible sultan a parlé à ses esclaves; Gabrieli, vous aurez l'honneur de baiser la poussière des sandales de nuit du glorieux fils du Prophète; allez vous prosterner devant la rose de Zoster, l'étoile de Setiniah, la perle des houris, et annoncez-lui que le commandeur des croyants a jeté sur elle une escarboucle de son regard sacré. Vous aurez l'insigne félicité de conduire la divine Mouna aux pieds du sublime sultan. »

Gabriel ne donnait pas signe de vie; il était comme un cadavre debout.

Ali répéta gravement sa période, sans faire grâce d'une escarboucle à Gabriel.

Gabriel ne remua pas davantage; Ali se préparait à recommencer, lorsque le jeune Français se secoua vivement, dans une énergique résolution, et dit avec un sang-froid qu'il venait de se composer :

« Excusez mon émotion, Ali ; c'est la première fois que je reçois les ordres de l'auguste commandeur des croyants; je tremble comme le saule au vent de la mer, sur la bruyère d'Hellé. »

Ali désigna la chambre de Rodokina et se retira.

Gabriel entra chez la jeune Grecque, deux femmes l'habillaient avec magnificence et l'inondaient de parfums. Rodokina s'abandonnait à leurs soins avec insouciance et résignation, comme une fille qui subit un hyménée impérieux, et baisse la tête devant la nécessité. Gabriel ne cessait de se prosterner, en attendant que tout fût prêt pour la cérémonie.

Enfin, après la toilette solennelle des heureuses nuits du sérail, le moment terrible arriva. Gabriel tenait son poignard, et le regardait avec des idées de meurtre et de suicide.

Oh ! que Rodokina était belle en costume d'odalisque ! Ses cheveux coulaient, au naturel, sur des joues blanches et roses; elle portait une couronne d'épis d'or et une aigrette d'iris ; sa robe, feuille morte de soie de Naples laissait à découvert les épaules et le sein, et se renflait sur un large pantalon de foulard bleu, étreint à la cheville par une agrafe de rubis. Elle était vêtue à la dernière mode du sérail, mode inventée par la sultane Validé. Jamais plus ravissante épouse ne fut amenée au lit nuptial ; Hélène était moins femme lorsque Ménélas attendait ses lèvres, vierges encore, sur la couche d'ivoire de son palais d'Argos. Gabriel, qui était plus Grec que Français, chercha dans la mythologie et l'*Iliade* une comparaison, et ne trouva rien. Il se prosterna pour la vingtième fois ; et puis, en proie à toutes les incertitudes d'un rêve, et s'abandonnant au hasard par lassitude de désespoir, il dit à Rodokina :

« Perle d'Orient, votre gracieux maître vous attend pour vous suspendre à son cou. »

Rodokina s'inclina, et suivit son conducteur.

Trente eunuques noirs, le damas à la main, bordaient la haie, sur le passage de Rodokina; Gabriel et la jeune Grecque traversèrent un corridor illuminé, bordé de fleurs, embaumé de pastilles fumantes. Le kislar-agassi les attendait à la porte de l'appartement de Mahmoud, et souleva lui-même de sa main le pesant rideau, pour laisser passer Rodokina. Gabriel se précipita aux pieds du sultan, dans une éclaircie d'inspiration courageuse, et lui dit :

« Lumière d'Orient, astre de Stamboul, pilier du ciel du Prophète, soleil....

— C'est bien, c'est bien, dit Mahmoud avec un sourire philosophique; prends ce coussin, et assieds-toi à mon côté.

Rodokina baisa la main du sultan, et, sur l'invitation polie qui lui fut faite, elle se coucha sur un sofa, devant lequel on avait étalé une collation de fruits, de confitures, de limonades et de sorbets.

« J'ai besoin d'un *tchoadar* (premier valet de chambre), dit le sultan à Gabriel, et je t'ai choisi, malgré l'usage; je me moque de l'usage, moi; écoute, Gabrieli, fais-moi le plaisir de supprimer les perles et les soleils dans tes compliments; cela m'ennuie et m'endort. Je t'ai appelé à mon service particulier, parce que je connais ton zèle et ton savoir; tu as beaucoup voyagé; tu as vu Paris, cette noble capitale de la civilisation; tu parles bien la langue française, voilà tes titres à ma confiance et à ma protection suprême. Nous aurons ensemble de nombreux entretiens.

— Quand il plaira à Votre Hautesse, ô étoile....

— Le voilà qui recommence!... Appelle-moi simplement Mahmoud ; je ne suis pas fier....

— Quand il vous plaira, sublime Mahmoud, je suis prêt ; à cette heure même....

— A cette heure, non, Gabrieli ; demain. Je m'aperçois depuis quelques jours que je suis amoureux de toi, belle Grecque de Setiniah!... »

Le sultan lança, par-dessus les bougies, à Rodokina, un regard d'amour, qui courut, comme une traînée de feu, sur le sein de l'esclave. Gabriel pâlit sous son fard, et ses yeux s'éteignirent sous ses lunettes vertes de Paris.

« Que tu es heureux, Gabrieli, tu ne connais pas l'amour ! bénis la main de ton père, qui t'a donné au berceau une profession calme, qu'on peut exercer sans oublier ses devoirs. Ah ! que ne suis-je comme toi, Gabrieli ; j'aurais soumis les Grecs en trois jours ! Les femmes efféminent le guerrier ! Tu peux te retirer, Gabrieli ; qu'Allah te garde des embûches de la nuit ! »

Le sultan déposa son chibouque sur un coussin, et regarda Rodokina avec des yeux humides d'un avenir de volupté. Gabriel porta négligemment sa main droite à son poignard.

IV

« Tu m'as entendu, Gabrieli? dit le sultan.

— Oui, mon souverain maître, répondit Gabriel; que le Prophète veille sur vous, et vous protége contre les séductions de la femme! Je connais vos ennemis, ils sont puissants; je connais vos amis, ils sont plus dangereux encore.

— De quels amis veux-tu parler, Gabrieli?

— Des ministres de France, sublime seigneur; méfiez-vous d'eux; ils vous perdront en vous caressant. J'ai dit. Que la nuit vous soit voluptueuse et l'oreiller doux! Je baise la poussière de vos pieds. »

Gabriel fit un mouvement pour sortir; le sultan le rappela.

« Que veux-tu dire, Gabrieli? parle-moi avec toute sincérité; qu'ai-je à craindre de mes amis de France?

— Vos amis! gracieux seigneur; oh! que vous connaissez peu le génie français et le gouvernement représentatif.

— Comment! je serais trompé par le vizir Villèle!

— Par Villèle et par Corbière! ce sont deux ministres rusés, qui font les Turcs, mais qui sont Grecs dans le cœur.

— Villèle et Corbière sont Grecs?

— Grecs comme l'*Iliade* et l'*Odyssée*; Grecs comme les Russes.

— Les Russes sont Grecs aussi?

— En doutez-vous, radieux sultan? Croyez-vous que le colosse du Nord ne soit pas désireux de fondre la limite de ses glaçons sous le soleil de vos États?

— Oui, cela me fait réfléchir....

— Réfléchissez....

— J'y réfléchirai demain.... La belle Mouna languit d'amour sur son divan....

— Réfléchissez, ô Mahmoud, sur votre position; les Grecs sont trop faibles pour vous inspirer des craintes sérieuses ; tournez vos yeux vers le colosse du Nord : là est le danger. Le colosse du Nord profitera de vos dissensions intérieures pour franchir les Balkans et vous dicter des lois dures. Le colosse du Nord est le plus formidable et le plus secret allié des Grecs....

— Que je te remercie, Gabrieli, de tes excellents avis! Oui, tu as raison; mon ennemie naturelle, c'est la Russie; j'aurais dû le deviner plus tôt.... Hélas! pourquoi faut-il consumer les douces heures de la nuit dans ces questions arides, lorsque la volupté....

— Le colosse du Nord vous menace donc de toute l'envergure de ses ailes rapaces, ô sublime sultan! J'ai vu Saint-Pétersbourg; je connais les boyards ; ils regardent le Bosphore avec des yeux de convoitise ; ce climat leur sourit; les Russes aiment le soleil, et ils maudissent Pierre Ier, qui leur a bâti une ville inhabitable et les a condamnés aux prisons de la fourrure et de la glace. Le czar actuel comprend la justice de ces plaintes, et il a dit un mot profond : Je veux donner la Turquie pour sérail à mes boyards.

— Le czar a dit cela?

— Il l'a dit, magnifique Mahmoud....

— Oh! Gabrieli! que de tourments vont m'assaillir demain, à mon réveil! Faisons trêve un instant à ces cruels entretiens qui me donnent l'insomnie et glacent le désir ; je crois que ma belle Mouna s'endort....

— Le colosse du Nord attise secrètement le feu de la rébellion en Morée.

— Crois-tu cela, Gabrieli ?

— J'en suis certain, splendide sultan ; j'en ai les preuves ; j'ai vu les Tartares du Don deguisés en Albanais et en palicares.

— Allah !

— J'ai vu deux vaisseaux russes aborder à Napoli de Romanie, et débarquer des munitions de bouche et de guerre....

— Et la France, la France mon alliée !... Je crois que la blanche Mouna....

— La France, ô invincible fils du Prophète ! la France conspire secrètement. Le ministère laisse organiser des comités hellènes. Benjamin Constant a prononcé un discours en faveur de la croix ; les poëtes publient des poëmes sur les descendants de Thémistocle et d'Épaminondas ; Béranger a fait cette ode contre vous :

Un jeune Grec sourit à des tombeaux.

Permettez-vous que je chante....

— Non ; cela réveillerait la belle Mouna....

— C'est juste ; je vous la chanterai demain. O magnanime sultan ! l'horizon se rembrunit ; le château des Sept-Tours tremble sur sa base. Vous aimez la franchise, n'est-ce pas ?... Eh bien ! souffrez que je vous parle le langage d'un ami dévoué ; faites un noble appel à vos puissantes facultés viriles ; levez-vous, fils du grand Sélim, répétez avec le superbe

Orosmane, un de vos aïeux, ces vers de Voltaire que je vais vous traduire en turc :

> Et, lorsque la trompette et la voix de la guerre
> Du Nil au Pont-Euxin font retentir la terre,
> Je n'irai point, en proie à de lâches amours,
> Aux langueurs d'un sérail abandonner mes jours.

— Mon aïeul Orosmane a dit cela ?

— Il l'a dit comme je vous le dis ; Voltaire ne l'a pas inventé ; et, après l'avoir dit, il cessa d'abandonner ses jours aux langueurs d'un sérail, il ne voulut plus être en proie à des amours lâches ; il prêta l'oreille à la voix de la guerre et à la trompette qui faisaient retentir la terre du Nil à la mer Noire ; il tira son poignard, et tua la vertueuse Zaïre, comme Mahomet II tua Irène, afin de n'avoir plus de prétexte...

— Vous voulez que je tue la belle Mouna !

— Non, non, cela n'est plus dans nos mœurs ! verser le sang d'une femme ! ah ! si vous saviez quels remords ont assailli votre aïeul Orosmane ! Tuer la divine Rodoki.... la divine Mouna ! oh ! l'Europe chrétienne se liguerait contre vous demain ; il y aurait une dixième croisade. Soyez à la hauteur de la civilisation européenne ; dites à cette femme qui dort : Éveille-toi et pars, tu es libre. C'est ainsi que se conduisit Scipion l'Africain ; ce héros avait quelques millions de jeunes femmes à sa disposition, et au fond il ne les aimait pas trop ; il n'en aimait qu'une, la guerre, cette maîtresse éternelle de tous les héros. Or, un mari vint lui réclamer sa femme ; Scipion fit appeler cette épouse infortunée, perdue dans le nombre des prisonnières, et la rendit généreusement. Ce trait a été gravé sur bronze ; voilà deux mille ans passés qu'on le célèbre en vers, en prose, en tableaux, en statues ; il n'est pas un écolier qui n'ait fait un rêve amoureux sur la continence de Scipion ; vous êtes destiné à effacer Scipion ; vous l'effacerez ; vous chasserez du sérail cette Mouna qui rouille le glaive *Zuphalgar*, qui retient dans son fourreau le saint étendard du Prophète ; vous la chasserez, et vous serez grand, honoré, vainqueur. Tremble ! tremble ! ô Grèce rebelle ! le sultan se réveille ; il foule aux pieds les roses du harem ; à lui l'harmonie du canon ! à lui les caresses des balles ! à lui les voluptés du sang ! O Grèce, que tu fus mal inspirée, le premier jour de ta rébellion. Capitan-pacha, déroule tes voiles ; artilleur des Dardanelles, polis tes boulets de marbre ! sang ! guerre ! vengeance ! mort ! Sultan, je baise vos genoux sacrés. »

Gabriel, épuisé d'enthousiasme, tomba aux pieds du sultan.

Mahmoud était foudroyé ; des larmes coulaient dans sa barbe ; il releva Gabriel avec bonté, lui serra la main, et, secouant la tête mélancoliquement, il lui dit :

« Gabriel, c'est le Prophète qui t'a conduit dans mon palais ; ta voix m'enseigne mon devoir ; laisse-moi passer dans le recueillement l'heure de nuit qui me reste ; retire-toi ; tu dois avoir besoin de repos : demain sera le jour des grandes résolutions.

— Non, non, je ne vous quitte pas, mon gracieux maître. Je suis l'ange des bonnes pensées ; dormez, je garderai votre sommeil ; veillez, j'entretiendrai votre veille ; au lever du jour, vous me trouverez debout, et le doigt levé vers l'Occident.

— A demain. »

Le sultan prononça ce mot d'une voix sourde, il laissa mollement tomber sa tête sur une pile de coussins, et s'endormit.

Rodokina était toujours endormie sur son divan, le visage inondé de lumière. Gabriel contemplait avec délices cette céleste fille, qu'il venait d'enlever miraculeusement aux dangers de la nuit ; il jouissait de ce sommeil angélique qui le calmait ; rien n'est doux aux yeux et au cœur comme de suivre le sommeil de la femme aimée, de compter les molles agitations de son sein, les soupirs de son haleine, les murmures mystérieux qui semblent trahir les confidences d'un rêve, les pensées d'une autre vie, dont elle seule a le secret, et qui assombrissent son visage ou le rendent serein comme une aube de printemps. Gabriel était si absorbé dans ce spectacle, qu'il n'avait point songé encore à jeter un coup d'œil autour de lui ; un rayon du matin lui fit lever les yeux, et il aperçut l'image de Rodokina mille fois répétée, dans de hautes glaces qui tapissaient la chambre et se courbaient en dôme sur sa tête. Gabriel se trouvait dans l'appartement qu'Achmet III meubla de ces magnifiques glaces que le sénat de Venise lui envoya après le traité de Passarowitz. Jamais la volupté orientale n'avait été plus intelligente dans ses dispositions de boudoir ; Gabriel frémit en songeant à quelles fantaisies de sultan désœuvré la jeune fille avait été exposée, et il rougit pour elle autant de fois qu'il y avait de glaces vénitiennes se renvoyant l'une à l'autre les girandoles et les divans. Cette pensée rendit Gabriel imprudent, lui si contraint jusqu'à cette heure ; il s'approcha de Rodokina, et lui serra doucement la main pour la réveiller.

La jeune fille ouvrit les yeux, et vit le sultan endormi et Gabriel assis à deux pas d'elle. Gabriel mit un doigt en croix sur ses lèvres, dans l'attitude du silence, et resta quelque temps dans cette position, pour bien s'assurer que Rodokina l'avait compris. L'air mystérieux et le signe de Gabriel frappèrent la belle Grecque; elle se leva sur son séant, et fit un geste qui signifiait : Parlez, je suis prête à tout écouter. Alors Gabriel ôta son turban et ses lunettes, releva vivement ses boucles de cheveux, et fit luire sur Rodokina deux yeux noirs comme la chambre d'Achmet III n'en avait jamais vu sous un front d'eunuque ; avec la même vivacité, il replaça ses lunettes et son turban. Ce fut comme une apparition. La jeune fille porta les mains à son front, et regarda aux lambris de glaces, comme pour y chercher un souvenir confus d'une histoire oubliée; puis elle regardait l'eunuque sous sa première forme ; il avait replacé son doigt sur ses lèvres, et montrait de l'autre main à Rodokina le jour naissant, qui s'épanchait en rayons d'argent à travers les jalousies des balcons.

« Est-ce un rêve? » dit Rodokina d'une voix basse mais claire.

Gabriel fit le signe — non.

Le sultan s'agita convulsivement sur sa colline de coussins, et se réveilla en portant la main au trophée de sabres suspendu au chevet. Rodokina reprit la pose du sommeil. Gabriel s'était levé, le poignard à la main, dans l'attitude d'un dévoué serviteur qui garde son maître. On n'entendait au dehors que la voix lente et solennelle des muezzins qui annonçaient la prière de l'aurore du haut des minarets.

Le sultan tendit la main à Gabriel, et regarda Rodokina.

« Comme elle dort dans son innocence ! dit-il ; les rêves de mon sommeil m'ont bien conseillé ; le Prophète a parlé à son fils à travers la gaze des visions nocturnes ; Gabrieli, je serai grand comme un Français. Hier j'ai passé la revue de mes troupes ; elles marchent comme des régiments de Napoléon ; je veux me mettre à leur tête, et l'on parlera de moi comme de lui. »

Gabriel essuyait ses larmes, car il pleurait de joie ; la plaisanterie tournait au sérieux.

« Gabrieli, continua Mahmoud, soulève la persienne du kiosque d'Achmet.... Bien.... Que vois-tu devant Tophana ?

— Une corvette avec pavillon blanc à misaine.

— C'est *la Perle*, qui part dans deux heures pour la France. Ouvre ce cabinet, maintenant ; tu y trouveras des costumes francs ; j'en fais acheter de tous côtés, parce que je veux m'en servir un jour, car je veux tout révolutionner ici. Choisis deux vêtements complets pour toi et pour.... pour Mouna. Va réveiller mon seïr-kiatib, qui dort là, en sortant à gauche, dans le corridor. Tu lui demanderas un firman de sortie et un ordre d'embarquement scellés du sceau impérial. Tu expliqueras tout au commandant de la corvette *la Perle* ; le généreux Français te comprendra. Je te confie Mouna ; tu la conduiras en France, auprès de sa famille....

— Sa famille existe ! s'écria involontairement Gabriel.

— Elle existe ; c'est moi qui l'ai protégée à la prière de Mouna. Que pouvais-je lui refuser, à l'adorable enfant ? Et le Prophète m'est témoin que j'avais attendu cette nuit pour lui demander le prix du service que j'avais rendu à la famille de Dimitry Zaccaroüs. »

Gabriel fondait en larmes.

« Cette famille est à Marseille, et mon kasnadar lui a envoyé sur la maison Rodokanaki une lettre de change de cent mille francs.

— Oh ! vous êtes plus grand que Scipion, qu'Orosmane, que Sélim II, que Mahomet, le vainqueur de Constantinople !

— Gabrieli, les instants sont précieux ; je me retire dans le kiosque de la Pointe, je te laisse seul avec Mouna ; habillez-vous et partez. Si tu rencontres quelques obstacles, viens à moi, et je te les lèverai. »

Le sultan salua de la main Gabriel et disparut derrière une tenture de velours.

Une heure après, deux jeunes passagers montaient l'échelle de la corvette *la Perle*; l'un, le plus petit, suivait l'autre, avec une figure où se mêlaient des expressions de joie, d'étonnement, d'hésitation, d'inquiétude. C'étaient Gabriel et Rodokina. Gabriel avait gardé son secret; il servait respectueusement la jeune fille comme un esclave, et ne s'était point révélé à elle. Pendant toute la traversée, il montra cette délicatesse héroïque. Le trentième jour, ils arrivèrent à Marseille, et, après une quarantaine de dix jours, on les débarqua.

Gabriel conduisit Rodokina dans sa famille. C'était le soir ; Dimitry Zaccaroüs habitait une petite maison de campagne, à Montolivet ; elle rappelait exactement la ferme du cap Zoster ; il n'y manquait que Rodokina et Argus.

« Voilà votre fille, dit Gabriel à Dimitry ; je vous la rends pure et digne de vous. »

Dimitry et ses filles inondèrent de baisers et de larmes la vierge du sérail. Dans l'excès de cette joie, le sauveur de Rodokina fut longtemps oublié.

« Et qui êtes-vous, dit enfin Dimitry à Gabriel, vous qui me rendez la vie ? »

Gabriel ôta le demi-masque de soie verte et de foulard qui cachait sa figure, et dit :

« Je suis votre beau-fils, Gabriel de Güersaint. »

Rodokina le reconnut cette fois ; elle poussa un cri de bonheur et perdit connaissance.

Ils furent mariés le lendemain à la chapelle du rite grec.

UNE
SOIRÉE A FRASCATI.

I

Chaque boulevard de Paris a sa spécialité de promeneurs et de passants.

On ne se promène pas sur le boulevard des Capucines; on passe. D'un côté marchent les solliciteurs qui vont s'engouffrer dans cette maison au fronton de laquelle on maintient avec obstination ces trois méchants vers :

> Ministère
> Des affaires
> Étrangères;

de l'autre, les étrangers qui vont admirer la grecque Madeleine, sous sa coupole de brouillard.

Sur le boulevard des Italiens, on ne passe pas, on se promène; les littérateurs de loisir et les dandys affairés s'y entremêlent, en parlant haut et riant aux éclats, comme dans un salon plein d'air, planté d'arbres et sablé.

— Sur le boulevard Bonne-Nouvelle, on passe et on

se promène. Si vous rencontrez sous cette zone deux promeneurs, calmes dans leur marche et agités dans leur physionomie ; un jeune homme et un vieillard ; le premier pâle et blond, le second grisonnant et frais, s'entretenant par boutades, avec de longs intermèdes de silence ; coudoyant les autres promeneurs et les étalages des boutiques ; passant devant les batailles de Napoléon et les tableaux de Jonchery sans les regarder, vous pouvez vous affirmer que ce sont deux acteurs bourgeois d'un drame domestique, joué dans un salon, sans spectateurs ; deux innocents pourvoyeurs de catastrophes, qui préparent, à leur insu, un article aux gazettes des tribunaux, ou un sujet de feuilleton. C'est ce qui arrivait, pour mon bonheur, le 31 décembre 1837.

Comme je ne suis pas autorisé à citer les véritables noms des héros de cette histoire, il sera convenu que le plus jeune de ces deux promeneurs du boulevard, le 31 décembre, se nomme, à peu près, Félicien de Saint-Nérée, et que le plus âgé pourrait se nommer de Vaudreuil, avec deux lettres de moins. Le premier est vêtu en négligé de désolation ; il porte une redingote noire, boutonnée sous le nœud flottant de la cravate, et froissée le long des basques par des crispations de mains égarées ; ses cheveux blonds, quoique ravagés par les doigts, conservent encore quelques habitudes d'élégance ; ses bottes, quoique souillées par le pavé d'hiver, laissent encore voir quelques écailles luisantes de vernis ; de sorte que la tête et les pieds, tout dévastés qu'ils sont, attestent un jeune Parisien comme il faut. Le jeune vieillard qui l'accompagne est vêtu en Mentor bourgeois d'un Télémaque de la Chaussée d'Antin ; il serait donc inutile d'ajouter qu'il a un pantalon gris, une ample redingote marron, une cravate blanche et une émeraude colossale sur le jabot. A voir l'agitation de l'un et l'impassibilité de l'autre, on dirait que les tableaux de Joseph Vernet, le *Calme* et l'*Orage*, se sont personnifiés et se promènent sur le boulevard.

« Voulez-vous que je vous donne un bon conseil, Félicien? disait M. de Vaudreuil, à cinq heures précises du soir.

— Donnez, répondait Félicien d'un air confiant et empreint de cette crédulité fille de l'inexpérience et d'un bon cœur.

— Que vous reste-t-il en portefeuille?

— Rien, presque rien, vingt mille francs : j'en ai perdu trente mille à la Bourse, en trois jours, d'après les conseils que vous m'avez donnés.

— C'est très-bien. Il vous reste vingt mille francs; voici mon conseil : arrêtez-vous; placez avantageusement cette somme; retirez-vous à la campagne, et ne vous mariez pas.

— Il fallait me conseiller cela quand j'avais mes cinquante mille francs intacts.

— C'est très-juste : mais alors vous vouliez vous marier, et déposer cent mille francs aux pieds de votre belle veuve Émilie. Un bon coup de bourse pouvait vous donner en vingt-quatre heures la moitié de la somme qui vous manquait; mon conseil d'alors allait au-devant de vos intentions, ce me semble.

— C'est pour cela que je l'ai suivi.

— Suivez donc celui que je vous donne en ce moment.

— Et je n'épouserai pas Émilie?

— Ah! il faut y renoncer violemment, mon cher

ami. La belle veuve n'a pas le sou; si elle était riche, elle ne serait plus veuve depuis l'expiration de son deuil, vous le savez. Il s'est présenté chez elle vingt partis qui se sont retirés lorsqu'on a su qu'Émilie était aussi pauvre que belle : deux nobles qualités pourtant, mais qui ont le tort de s'associer.

— Ah! une chaumière et son cœur!

— Mon Dieu! c'est une ancienne idylle que vous répétez là! Émilie accepte votre cœur, mais refuse votre chaumière; quand vous aurez acheté une chaumière de vingt mille francs, que vous restera-t-il pour vos vieux jours?

— Monsieur de Vaudreuil, vous prenez mal votre temps pour plaisanter; je suis au désespoir.

— Soyez raisonnable, Félicien, débarrassez-vous de votre amour, et gardez votre argent. Un garçon vit de peu. Avec douze cents francs de revenu, vous pouvez être encore un riche bourgeois à Nice et à Turin. Le ministre des finances du prince de Monaco n'en a pas davantage, et il est heureux.

— D'honneur, mon cher de Vaudreuil, je ne vous comprends pas; vous me raillez dans un pareil moment!

— Il faut avoir de la philosophie, mon cher Félicien.

— Mais vous savez bien que je médite quelque chose d'affreux.... un suicide?

— Méditez-en deux, mon cher ami! je vous ai donné déjà un conseil qui vous a été fatal, et qui vous coûte trente mille francs; si vous aviez la faiblesse de ne pas survivre à ce malheur, vous ne mourrez pas seul; je jure de mourir avec vous, nous mettrons le suicide en duo. Que voulez-vous de plus?

— Oh! que je vous serre les mains, mon cher de Vaudreuil!

— Mais songez donc à ce que je vous ai dit un jour. Moi qui vous parle gaiement, j'ai perdu toute ma fortune à la Bourse, un million! un million que j'avais gagné à vingt-deux ans dans les salines de Venise! Je prêtai trois cent mille francs à la République française. Je voulus courir après mes trois cent mille francs, et je perdis mon dernier écu, et me voilà!

— Tout bien considéré, je suis encore plus heureux que vous. Il me reste vingt mille francs…. Que possédiez-vous avant de faire fortune?

— Rien du tout, selon l'usage de ceux qui gagnent un million. Pour faire fortune, il faut commencer par ne rien avoir. C'est bien aisé.

— Et pourquoi ne risquerais-je pas mes vingt mille francs?

— Au fait, je n'y vois pas d'inconvénient. Vous ne courez que la chance de les perdre. C'est autant de gagné pour vous mettre en position de faire fortune.

— Oh! si je les perds, mon parti est pris…. Voyons…. La Bourse est fermée à cette heure, je crois…. Mais demain, à midi….

— Y songez-vous! Demain, c'est le 1er janvier. Relâche à la Bourse.

— Ah! mon Dieu! il faut attendre deux jours! deux jours et deux nuits!… Et je dois faire mon cadeau de noces à Émilie demain, premier de l'an…. Il est commandé chez Susse…. Et ma lionne en bronze de Barye qui m'attend!… Quinze louis cette lionne, portant un cerf à ses petits! Quinze louis! le cadeau de noces quinze cents francs!… *Œuvres com-*

plètes de Victor Hugo et de Lamartine, reliées par Simier, trente louis!... Et Dieu sait comment elle recevra mes cadeaux et ma visite, demain, la belle veuve!... De Vaudreuil, mon ami, je vous assure que j'aime cette femme d'un amour insensé. Pourtant je la redoute au-dessus de toute expression : elle a des airs si singuliers et une conversation si étrange ; elle dit des choses si bizarres avec un air si grave, qu'elle m'embarrasse comme un écolier. Je veux enfin que vous la connaissiez, et que vous observiez ce caractère, de sang-froid comme vous l'êtes, pour me la définir et la classer. Moi, je suis trop amoureux ; elle m'échappe, et je reste confondu devant sa grâce et sa beauté merveilleuses.

— Félicien, d'après ce que vous m'en avez dit, je la crois sentimentale à l'excès.

— Que signifie cela, sentimentale?

— Présentez-moi ; et je vous la classerai du premier coup d'œil.

— Je vous présenterai demain.

— Oh! demain! y songez-vous? 1ᵉʳ janvier.

— Au diable le 1ᵉʳ janvier! Êtes-vous bien sûr que l'année finit aujourd'hui?

— Eh! voyez l'affiche des spectacles, là, au coin de Frascati. Aujourd'hui 31 décembre, etc. »

Nos deux interlocuteurs étaient alors descendus, en causant ainsi, du boulevard Bonne-Nouvelle à l'angle de la rue Richelieu. En ce moment, une agitation extraordinaire régnait autour du palais du jeu ; les cabriolets arrivaient au vol et jetaient des hommes au nº 108, avec l'élan du tremplin. Des sergents de ville haranguaient les cochers taciturnes ; la foule curieuse regardait au hasard, se demandant ce qu'elle regardait. Les vitres du café voisin encadraient des visages impassibles de philosophes qui étudiaient les misères du genre humain de la rue Richelieu. Le commissaire de police du deuxième arrondissement, décoré d'une chaîne d'or, observait tout, comme le Neptune de cette mer orageuse, et retenait le *quos ego* entre ses dents. Il pleuvait, comme toujours.

« Il se passe là quelque chose d'extraordinaire, dit Félicien.

— Vous avez deviné, dit de Vaudreuil; le jeu se meurt, le jeu est mort! Voilà les derniers courtisans de la fortune qui vont assister à son agonie. La Fortune doit expirer aujourd'hui à minuit d'un coup de râteau. Cette bonne déesse, fille d'Homère, a été frappée à mort par la Chambre des députés; elle a vécu trois mille ans. Vous concevez qu'une déesse ne meurt pas sans donner une secousse au monde. Ce soir, entre neuf heures et minuit, l'or sera furieusement tourmenté sur les tapis verts du n° 108. Il y aura des naufrages et des triomphes. Je crois pourtant que la Fortune donnera aujourd'hui un tour de son métier : comme une reine qui abdique et veut laisser de son règne un souvenir doré, la Fortune ne fera probablement ce soir que des heureux. A coup sûr, la Banque se brûlera la cervelle demain. C'est dans l'ordre; vous verrez.

— Oui, dit Félicien, ce que vous dites me paraît assez raisonnable.... assez juste.... Voyons! un conseil.... de Vaudreuil....

— Félicien.... je vous devine ; vous craignez d'aborder franchement la question. Eh bien! je vais au-devant de vos scrupules, vous voulez prendre votre part des faveurs de la Fortune, n'est-ce pas ?

— Eh ! pourquoi non ?

— Au fait, mon cher Félicien, c'est une ambition honorable.

— Mais je n'ai jamais joué....

— Tant mieux ! la Fortune donne toujours une prime d'encouragement à la virginité de ses adorateurs : c'est un axiome du jeu. Vous avez donc ce soir deux chances de gain pour une. Franchement, je crois vous ménager un conseil de père : jouez.

— Je pense, de Vaudreuil, que vous me faites une plaisanterie.

— Une plaisanterie ! vous verrez cela ce soir ; confiez-moi votre argent, je vous brûle une progression de d'Alembert montante et descendante qui vous jette en portefeuille cent billets de mille francs avant minuit ; vous trouverez alors la plaisanterie de votre goût.

— Vous avez nommé d'Alembert, je crois ?...

— Oui, d'Alembert, le philosophe qui a inventé la seule manière de gagner au jeu.

— Ce grand philosophe !

— Grand philosophe à cause de cette invention. Si vous ôtez de ses œuvres son *Traité de progression*, il ne reste rien, il ne reste que l'*Encyclopédie*, que vous n'avez jamais lue, ni vous ni personne de 1837. Résumons-nous : voulez-vous risquer vos derniers vingt mille francs ?

— Je veux bien ; puisque la Bourse ne donne jeu qu'après-demain, je suis enchanté de trouver une autre banque ouverte aujourd'hui.

— Eh ! votre Bourse est un jeu stupide ; il ne faut

pas avoir une étincelle d'imagination pour lutter contre la *hausse* ou la *baisse* : vous jouez au hasard avec un banquier fantastique et pour gagner un argent idéal que vous ne voyez pas. Ici, c'est autre chose : vous avez la Pactole sous la main ; on vous jette à la tête le Pérou monnayé ; vous vous promenez du bout des doigts sur des collines de napoléons ; vous creusez avec l'ongle des vallées de doubles louis ; vous avez les jouissances de Bédreddin-Ali et de Noureddin-Hassan, qui prenaient des bains de pièces d'or à Bagdad ; vous êtes sultan, vous êtes alchimiste, vous êtes dieu.

— De Vaudreuil, dit Félicien exalté, ce soir, à neuf heures, nous nous rencontrerons dans le passage de l'Opéra. Soyez exact au rendez-vous.

— Je dîne en ville, et je m'éclipse au dessert. A neuf heures, Félicien ; bon courage, et sans adieu. »

Frascati s'était illuminé comme pour ses bals ; il voulait mourir joyeusement aux clartés de toutes ses girandoles de fête. Comme la sage Sardanapale, il avait entassé sur son bûcher funèbre ses femmes, ses joyaux, ses écrins, afin de périr avec ses richesses et de s'ensevelir dans des cendres d'or. On était accouru à cette grande agonie de tous les coins de l'univers. Jamais plus étonnant congrès de peuples. La mappemonde était représentée là par tout ce qui porte une passion à la pointe de ses nerfs. Les idiomes de l'univers se croisaient sous les lambris du salon et entonnaient le *Dies iræ* polyglotte du *trente et un* dans cette Josaphat du jeu. C'était un éblouissant chaos de femmes échevelées, de visages écarlates, de robes de soie, de décorations de tous les ordres, d'habits de toutes couleurs, de cascades d'or et d'argent, un nuage formé des vapeurs de toutes les passions, et qui, se déchirant par intervalles, faisait éclater un fracas inouï de grincements de dents, d'éclats de rire, de soupirs d'enfer, de cris de désespoir, d'extases de paradis. Au milieu des joueurs vulgaires, animés du plat amour du gain, on distinguait, à l'irradiation de leurs regards, des hommes qui ont emprunté une ride à toutes les années d'une vie orageuse, et qui, ayant tout vu, tout appris, tout éprouvé, tout connu, et n'ayant plus foi ni au bonheur ni au plaisir, et face à face avec l'ennui, cette mort continuelle de la vie, étaient venus là pour accepter un duel avec le destin, pour se battre avec l'inconnu, pour lutter corps à corps avec la fatalité, cet invisible fantôme qui s'incarnait pour la dernière fois et devait s'engloutir, minuit sonnant, au bruit des chaînes d'or qu'il traînait sous son linceul.

Il est onze heures. Le jeu a peint un masque sur tous les visages, de sorte que l'ami ne reconnaîtrait que difficilement son ami. Les chevelures fluides s'incrustent aux tempes; la sueur du cou a tordu les cravates de soie; les mains convulsives ont mis à nu les poitrines; tout le monde s'est déguisé à son insu à cette saturnale du jeu. Dans leur furie de locomotion, les groupes passent et repassent devant les hauts miroirs du salon, et chaque joueur, s'inclinant devant la glace, méconnaît sa propre figure, et croit saluer un ami oublié qu'il a connu autrefois. Au centre de ce peuple en délire, nos deux héros se sont vingt fois séparés et réunis. De Vaudreuil se fait remarquer par des cris intermittents et techniques de désespoir, et Félicien, perçant la foule, l'interroge avec des yeux qui tombent de la tête sur le tapis vert.

« Avez-vous vu le coup, Félicien? » s'écriait de Vaudreuil, tordant ses gants pour économiser ses mains.

Un *non*, étouffé dans l'embrasement du gosier, était la seule réponse de Félicien.

« Mon ami, un coup affreux, inouï! un coup impossible à retrouver dans les cinquante mille *tailles* qu'on vend chez Chaumerot, au Palais-Royal! Voyez cette carte, Félicien! Vingt-trois intermittences! J'ai *sauté* quinze *masses!* une *taille hachée* m'a fait sauter la progression de d'Alembert! Celle-ci a tué tous mes *parolis!* Il nous reste deux mille francs!

— Deux mille francs! dit Félicien avec une voix d'écho poitrinaire.

— Oui, mon ami, deux mille francs, et quelques bribes de jetons qu'il faut risquer à la roulette pour attraper un *plein* ou un *cheval*. Tenez, mon cher, prenez ces deux mille francs, et laissez-les couler dans vos bottes; vous ne pouvez pas rester sans le sou.

— Eh! mon Dieu! dit Félicien avec une voix d'ombre qui demande crédit de l'obole à Caron ; eh! mon Dieu! que voulez-vous que je fasse de ces deux mille francs? pourquoi les garder? ne puis-je pas me refaire avec cette somme?

— Sans doute. Avec un louis on peut gagner un million. C'est le seul avantage que nous ayons contre la Banque. Mais si vous les perdez?

— Si je les perds, vous m'accompagnerez au pont des Arts.

— Et je vous suivrai, dit de Vaudreuil d'un air digne, avec un serrement de main solennel.

— Très-bien, de Vaudreuil !

— Comment voulez-vous jouer ces deux mille francs, Félicien ?

— Eh ! comme vous voudrez, à votre idée, tout est bon ; jetez les deux billets, et laissez jusqu'au coup de douze mille francs.

— Et puis même *masse*, jusqu'à la somme ronde de cent mille, n'est-ce pas ?

— Allez. »

En ce moment, un jeune homme, inondé de sueur et de joie, le visage illuminé de l'auréole de la victoire, et laissant lire dans ses regards tout un avenir de jouissances échangées contre de l'or, fendait la foule, la main droite levée, agitant des grappes de billets de banque, et faisant heurter ses poches mélodieuses, pleines de louis échappés des rouleaux. Les femmes lui disaient de ces paroles charmantes qui provoquent les largesses ; les professeurs lui demandaient la marche qu'il avait suivie ; les mathématiciens le consultaient un crayon à la main. On entendait ces phrases rapides :

« J'ai gagné soixante-quinze mille francs.

— Avec quelle mise première ?

— Avec cinq louis.

— Quelle *marche* ?

— J'ai joué au hasard. »

Et les mathématiciens, raffermissant leurs lunettes et serrant leurs cartes dans le portefeuille, répétaient :

« Il a joué au hasard !

— Soixante-quinze mille francs avec cinq louis ! dit Félicien à de Vaudreuil.

— Oui, dit de Vaudreuil. Rien de moins étonnant

avec une *série de veines*. La *taille* recommence : à notre tour maintenant. »

Et il jeta les deux billets sur le tapis. Félicien s'étreignit avec ses bras, et une salive âcre baigna ses lèvres.

« Nous sommes à *rouge*, dit de Vaudreuil.... *Neuf!...* c'est gagné.... *Quarante!...* »

Et tous les joueurs de *rouge* exécutèrent en chœur une apostrophe au ciel et un piétinement général.

« Est-ce perdu ? demanda le candide Félicien.

— Perdu! dit de Vaudreuil laissant tomber sa tête, ses bras, ses mains, et poussant un soupir. Et perdu, ajouta-t-il, contre toutes les règles! Toutes les chances pour nous! J'allongeais la main pour prendre quatre mille francs.... Quarante!... un scélérat de valet de cœur qui est tombé sur le dos, quarante!

— Ah! vous avez joué bien malheureusement, monsieur, dit une jeune femme à de Vaudreuil, et elle se retourna en fredonnant un air de vaudeville.

— Connaissez-vous cette femme? demanda Félicien.

— Moi? je ne la connais pas. Il y a ce soir ici cent femmes de toute condition et de toute vertu qui viennent faire ce que nous faisons.

— Se ruiner! dit Félicien en mordant sa lèvre : se ruiner! »

Il croisa les bras, baissa la tête, et s'appuya contre un angle de la cheminée, dans l'attitude d'un homme qui ne compte plus sur ses pieds pour le soutenir. De Vaudreuil prit la même position à l'autre angle, et tous deux, dans une immobilité symétrique, ressemblaient à des cariatides supportant le fardeau du désespoir.

Personne ne les remarquait.

Félicien abdiqua le premier son rôle de statue et poussa un long soupir dans la direction de de Vaudreuil. Celui-ci glissa sur le dos le long de la cheminée et riposta par une espèce de sanglot étouffé violemment.

« Eh bien? dit de Vaudreuil après le sanglot.

— Il ne vous reste donc plus rien? demanda le jeune homme avec un accent qui ne témoignait pas une grande confiance à sa demande.

— Absolument rien, mon pauvre ami. S'il me restait deux francs, je les mettrais à la *roulette* sur le 31 : c'est un bon numéro à onze heures et demie.

— Il est onze heures et demie ! dit Félicien consterné.

— Voyez à la pendule : dans trente et une minutes, nous sommes à demain.

— Oh ! quel horrible premier de l'an !... De Vaudreuil, je suis au comble du désespoir.

— Et moi donc! moi qui vous ai perdu! moi qui....

— Pauvre de Vaudreuil !... Eh ! je ne vous en veux pas.... non.... c'est la fatalité !.... Il me reste cinq cents francs pour toute fortune !

— Il vous reste cinq cents francs, Félicien ?

— Oui, chez moi.... que faire de cette bribe ?...

— Au fait, rien.... Ce monsieur, avec dix louis....

— Croyez-vous que j'aie le temps d'aller rue de Grammont ?

— En deux bonds nous y sommes.

— O mon Dieu ! si vous me donniez dix minutes de bonheur !

— Ce serait bien juste, ma foi !

— Allons chez moi. »

Et il s'élancèrent de la cheminée à l'escalier aussi

lestement que le leur permit la foule qui encombrait les salons.

O désespoir! la cour de Frascati était inondée de sergents de ville et de gardes municipaux. La porte cochère, fermée aux arrivants, ne s'ouvrait que par intervalles aux voitures qui emportaient à leur maison les joueurs des deux sexes, et leur interdisait toute faculté de retour. En ce moment, Frascati soutenait un véritable siége. Dans la rue Richelieu, cinq cents baïonnettes, plus intelligentes que jamais, se croisaient contre une population improvisée de joueurs. L'émeute aléatoire avait son tour. On exécutait des charges de cavalerie contre les *martingales*, les mathématiciens et d'Alembert. Au plus fort des groupes, on distinguait quelques députés qui avaient voté la loi, et réclamaient leur part dans les faveurs de la fortune agonisante. Les plus acharnés de tous étaient les Russes qui arrivaient de Saint-Pétersbourg en chaise de poste, et les Américains de New-York, que le paquebot du Havre avait jetés trop tard, à Rouen, sur la route de Paris. Ces deux classes d'étrangers retardataires invoquaient le droit des gens.

« On peut sortir, mais on ne rentre pas! s'écria de Vaudreuil; c'est l'inverse de l'enfer.

— Vous croyez? dit Félicien d'une voix éteinte.

— Eh! n'entendez-vous pas ces cris d'émeute du dehors?

— Oui.... Dieu, quels cris!... Oh! s'il pouvait y avoir une révolution!

— Félicien, donnez-moi la clef de votre secrétaire.... Vite.... j'ai une idée.... Je vais envoyer un sergent de ville rue de Grammont.

— Bien imaginé, de Vaudreuil! Voici ma clef.

— Attendez-moi sur la première marche de l'escalier ; il faut que nous nous retrouvions aisément. La foule nous bat de tous côtés comme des *rois* dans un jeu de cartes. »

De Vaudreuil marcha vers la porte, où des sergents de ville réglaient la sortie de deux voitures et d'un cabriolet. Félicien remonta vers l'escalier.

Quelques minutes après, de Vaudreuil frappa sur l'épaule de Félicien, et lui dit :

« J'ai cinq cents francs ; les voilà !

— Comment ! déjà ! d'où viennent-ils ? dit Félicien avec des yeux effarés.

— Pas un instant à perdre, un seul instant ! il vous reste un quart d'heure. La Fortune en personne est descendue du ciel pour venir à notre secours.

— Mais !... »

Et de Vaudreuil enleva Félicien par le bras, et le poussa dans les salons, en lui montrant le cadran fatal.

La double aiguille de la pendule formait à peu près un angle droit, une pointe sur 9, l'autre sur 12.

« Oh ! cette fois, c'est moi qui joue ! dit Félicien, et il prit vivement le billet des mains de de Vaudreuil.

— Mais, mon ami, vous allez jouer au hasard, dit de Vaudreuil avec une sorte d'effroi mathématique.

— Oui, au hasard. Vous m'avez fait de belles affaires en jouant à coup sûr avec d'Alembert ! »

Et il jeta le billet sur le tapis vert, en disant aux banquiers :

« Je laisse jusqu'à minuit. »

La dernière *taille* était commencée. Le jeu allait lentement à cause de la profusion des *masses*. Nos deux héros suivaient, par-dessus les épaules des joueurs, les progrès de leur billet, qui, dans une *série* victorieuse, était arrivé à douze mille francs, maximum du jeu. Enfin, de douze en douze, au coup de minuit moins une minute, Félicien se trouvait à la tête de quatre-vingts billets de mille francs. Alors, un silence solennel se fit dans le salon du *trente et un*. Le banquier prit un air grave et laissa tomber ces paroles funèbres :

Messieurs, le dernier coup !

« Vingt mille francs pour le dernier coup ? dit Félicien au banquier.

— Tenu, » répondit le banquier avec une dignité calme.

Et les douze coups de l'heure suprême servirent d'accompagnement triomphal aux vingt mille francs supplémentaires de la fortune de Félicien.

« J'ai cent mille francs ! s'écria le jeune homme ivre de joie. Eh bien ? mon cher de Vaudreuil, vous paraissez fâché de mon bonheur ?

— Moi, dit de Vaudreuil avec une sorte d'embarras mystérieux, moi, point du tout.... Je suis ravi.... je suis consterné de joie. C'est le mot.

— Maintenant, notre premier devoir c'est de rendre le billet de cinq cents francs à ce mystérieux prêteur que je ne connais pas. Courons chez lui.

— A cette heure, Félicien ? y pensez-vous !

— Donnez-moi son adresse, et j'y vais seul.

— Impossible ! impossible !

— Et pourquoi ?

— Je vous le dirai demain. Que diable ! si vous eussiez perdu, vous n'auriez pas rendu le billet maintenant. Attendons demain, et je vous parlerai.

— A la bonne heure ! Inutile de vous dire, mon

cher de Vaudreuil, que la moitié des cent mille francs vous appartient.

— Oh ! ceci est une autre affaire....

— Vous refusez !

— Proposez-moi de vivre avec vous, dans votre maison, en famille, quand vous serez marié.

— De tout mon cœur.

— Accepté. Adieu ; je vais regagner mon faubourg. Vous avez besoin de repos, comme moi. Adieu ; à demain, Félicien.

— A demain, mon ami. »

Félicien, resté seul, prit un assez long détour pour se rendre rue de Grammont. Il courut à la rue Saint-Lazare, tout exprès pour saluer les croisées de la maison garnie où logeait sa belle veuve. Ce devoir rempli, il rentra chez lui et recompta ses cent mille francs.

II

Félicien dormit de ce sommeil agité qui suit les grandes émotions. A chaque instant il se réveillait en sursaut, joyeux ou désespéré, selon la nature du rêve : il voyait danser devant lui des quadrilles de *rois de trèfle* et de *dames de cœur ;* il se précipitait du haut du pont des Arts sur un lit de billets de banque : il épousait Émilie devant un autel garni d'un tapis vert : il allait chez Susse acheter les cadeaux du jour de l'an ; il ne trouvait pas un sou dans sa bourse pour les payer, et tous les bustes de Dantan éclataient de rire devant son humiliation : il se voyait aussi dans une chaumière avec Émilie, buvant, dans des coupes de Bohême, le vin du Rhin versé par un valet de carreau. Le génie des rêves fiévreux épuisait ainsi ses arabesques dans le cerveau de Félicien.

A neuf heures, il était déjà sur le boulevard, accusant de lenteur toutes les pendules, et les accusant de conspirer contre l'année 1838, par habitude de dévouement à feu 1837. Il bondit de joie devant l'horloge de la galerie de l'Opéra, dont le cadran immuable a marqué dix heures trois années consécutives, ce qui a causé tant de malheurs, entre autres, le suicide d'un notaire de Rouen, lequel manqua un rendez-vous d'affaires fixé à onze heures, et fut déclaré en faillite par la faute d'un horloger! Que de crimes les horlogers ont commis à Paris !

Cette fois, ils troublèrent la jeune et belle veuve dans son doux sommeil du matin. Une vieille pauvre femme, qui jouait le rôle de camériste, jeta les hauts cris devant la précoce arrivée de Félicien, et voulut lui fermer la porte violemment. Notre héros prit une poignée de napoléons, et dit à la vieille :

« Tiens, voilà pour toi. »

Un frémissement d'indignation gonfla toutes les rides de la bonne femme ; d'une main sèche et vigoureuse, elle repoussa la main du corrupteur, et les napoléons lancés aux lambris retombèrent en pluie d'or sur le parquet. L'octogénaire Danaé foula aux pieds ce vil métal et garda sa vertu.

Félicien resta pétrifié de stupéfaction, et il ne reprit ses facultés locomotives qu'au grincement d'une porte qui s'ouvrit avec précaution. Émilie, dans le plus adorable des négligés, sortait de sa chambre en poussant un *ah !* de surprise, feint ou naturel, qui fit incliner le torse de Félicien dans un angle de quarante-cinq degrés.

« Comment! c'est vous, monsieur! dit la jeune femme; mais personne, je crois, n'est réveillé dans Paris?

— Excepté ceux qui n'ont pas dormi, madame, répondit Félicien.

— Soyez toujours le bienvenu. Me permettez-vous de vous recevoir dans ce négligé du matin? »

Félicien ne répondit que par un baiser mystérieux sur la main de la jeune femme. Celle-ci poursuivit ainsi :

« Il paraît, monsieur de Saint-Nérée, que vous avez tenté de séduire ma femme de chambre.... Ramassez donc vos étrennes, la bonne femme n'y touchera pas. Elle est pauvre, honnête, et heureuse de sa pauvreté. Vous, messieurs, vous croyez qu'avec de l'or on vient à bout de tout en ce monde. Erreur! si vous saviez avec quel mépris nous regardons ces pièces de quarante francs.... Ramassez donc cela, je vous prie.... Si quelqu'un entrait, on me prendrait pour la femme du tableau de Tierburg.... Je lisais cette nuit dans un poëte anglais, Southey, quatre vers dont voici le sens : *La pauvreté qui n'a besoin de rien est plus riche que l'opulence qui a besoin de tout....* Comment trouvez-vous cette pensée?

— Mais, madame, cette pensée me paraît assez juste pour la pauvreté qui n'a besoin de rien; mais elle est rare, celle-là....

— Rare! eh! mon Dieu! voilà ma femme de chambre d'abord; puis moi. Déjà deux personnes dans une seule maison. Au fait, que faut-il pour vivre? Rien, ou presque rien. Avec les six cents francs de pension que m'a laissés mon mari, je suis plus heureuse qu'une reine constitutionnelle. Mes goûts sont simples ; ma vie est retirée ; je fuis le théâtre, parce que c'est un lieu de dépravations. Je lis M. de Senancourt, M. de Ballanche et M. Ficther. Le soir, je m'interroge sur l'emploi de ma journée, et je dépose mes réflexions dans un album. Certainement ma vie n'est pas très-amusée, comme vous le voyez, mais je jouis de la paix du cœur, c'est beaucoup.

— La voilà relancée dans ses bizarreries, » se dit mentalement Félicien ; mais qu'elle est jolie ainsi avec ses cheveux de jais brouillés sous la dentelle, et cette fraîcheur rose et savoureuse que le sommeil donne au visage lorsque la fièvre d'une passion ne brûle pas le cerveau !

Émilie se renversa négligemment sur son fauteuil, croisa les bras sur son sein, allongea ses jolis petits pieds sur un tabouret délabré, et dit avec un ton de nonchalance délicieuse :

« Eh bien ! monsieur de Saint-Nérée, à quand le mariage ? »

Une foule de syllabes sourdes et de diphthongues brumeuses roulèrent dans la bouche de Félicien, et de ce chaos naquit cette réponse :

« Madame, je venais ce matin demander le jour de votre choix.

— Donnez-moi votre main, dit la jeune femme avec un sourire perlé ; je veux me marier dans six jours, le 6 janvier, le jour des Rois. Il y a une belle étoile attachée à cette fête, n'est-ce pas ?

— Le 6 ! s'écria Félicien exalté ; bonté du ciel ! serait-il possible ?

— Et pourquoi pas ? Y aurait-il obstacle de votre

part? ne m'avez-vous pas dit que vos affaires seraient terminées avec l'an 1837?

— Oui, madame, c'est vrai, je vous avais dit cela.... je suis prêt.

— Vous savez que je ne suis pas exigeante. Je ne vous demande ni châles indiens, ni bijoux, ni corbeille de noces; je me contente de cent mille francs que vous me donnerez pour ma dot, et que je placerai à six pour cent sur première hypothèque, chez un banquier de mon pays. Avec six mille francs de rente, nous vivrons à Abbeville comme des rois absolus.... Vous n'êtes pas prodigue, je pense, vous n'avez pas quelque défaut secret; vous n'êtes pas joueur?... Êtes-vous joueur?

— Moi!... moi, madame!... joueur!... oh!...

— Monsieur de Saint-Nérée, votre émotion....

— Madame!... mon émotion est naturelle.... votre soupçon me fait monter la rougeur au visage.

— C'est que j'ai juré que jamais ma main ne toucherait la main d'un joueur.... Monsieur de Saint-Nérée, sachez que mon premier mari m'a sacrifiée sur une table de jeu!... non pas lui, le pauvre homme! mais son ami!... un infâme!... laissez-moi répandre quelques larmes.... Mon mari avait toute confiance en cet homme.... et cet homme prit notre fortune, pièce à pièce, et l'engloutit sous la *dame de cœur!* Félicien, vous savez si vous m'êtes cher depuis le jour où vous m'avez sauvé la vie; eh bien! je renoncerais tout de suite à votre amour si je savais que votre cœur et votre esprit ont été souillés de cette horrible passion. »

Cette sortie avait ôté à Félicien l'usage de la voix, et ce malheur lui fut assez heureux, car il n'aurait su que répondre, placé entre deux écueils, le mensonge et la confession. Il eut recours à une pantomime équivoque ; il regarda le plafond d'un air béat et mit sa main droite sur son cœur. Émilie parut se contenter de ces expressions muettes, et, adoucissant son organe, elle dit :

« Nous ferons la noce aux Vendanges de Bourgogne, loin des importuns, sans faste et sans bruit. Quelles sont vos invitations ?

— Mais.... quelques personnes..... un oncle...., deux tantes..., un petit-cousin..., un ou deux amis....

— Ayez la bonté de me donner les noms de ces personnes et leur adresse.... Je me charge de ces petits détails.... je vous laisse la mairie, l'église, le notaire...; tout ce qu'il y a de plus ennuyeux.... J'écrirai aujourd'hui même à Abbeville. Ma mère et mon frère arriveront le 5, dans la rotonde de la diligence.... ils partiront la veille au soir, pour économiser un dîner.... Pauvres gens ! »

Émilie déploya un large foulard usé par une cataracte de larmes, et plongea son visage dans les cent plis de ce consolateur des afflictions. Le cœur du jeune homme fut serré.

« Madame, dit-il avec une voix composée de tous les éléments de l'émotion, croyez bien que je n'abandonnerai jamais vos parents ; votre mère sera ma mère ; votre frère sera mon frère ; et avec de l'économie, nous pourrons tous vivre ensemble aisément.

— Ah ! c'est que l'économie est une triste chose, dit Émilie avec un soupir. A choisir un défaut domestique, j'aimerais mieux la prodigalité. Il est si cruel de liarder !

— Oui ; mais la nécessité....

— Oh! dès qu'il y a force majeure, on ne balance plus. Félicien, nous ménagerons nos petits revenus, et tout marchera bien, je crois.... Mon Dieu! je rougis vraiment de traiter ces questions bourgeoises. Hélas! que faire? Notre âme est haute et notre fortune basse. Pardonnez-moi de ces prosaïques détails.... Il me serait si doux d'habiter un palais avec vous, de semer l'or à pleines mains, de me couvrir de diamants pour vous plaire, d'épuiser tous les bazars de Dublin, de Lyon, de Bagdad et de Delille, rue de Grammont! Quel charme pour moi, si je pouvais dire à mon époux : Je vous remercie de m'avoir donné la richesse d'une reine et d'avoir mis une mine d'or à mes pieds! Maintenant je veux vous récompenser à mon tour. Venez, ô mon époux! laissons Abbeville et ses ennuis ; allons acheter le palais Durazzo ou la villa Barbaïa du Pausilippe. Nouvelle Cléopatre, je vous promènerai sur le golfe, dans un lit de roses, au milieu d'un nuage de parfums, avec un cortége de jeunes Italiennes, chantant le chœur du second acte de *Sémiramide*. Venez, je vous sourirai, comme Amphitrite, dans quelque grotte d'azur; quand vous irez cueillir les pommes d'or à Sorrente; et à notre retour, après le coucher du soleil, nous aurons un festin babylonien, servi sous la colonnade, avec cent convives, drapés de soie selon l'école de Venise ; avec cinquante esclaves maures de l'ébène le plus joli, et deux bandes de musiciens, l'une sur les gondoles, l'autre sous les orangers, dans la nymphée du jardin! »

Le candide Félicien était dans une exaltation haletante, et ses yeux s'arrondissaient démesurément.

La jeune femme fit une pause, laissa tomber sa tête
avec nonchalance, comme après la chute d'une
illusion; puis exhalant deux ou trois soupirs, elle
ajouta avec un grand sérieux mélancolique :

« Oui, monsieur, oui, je sens que j'étais née pour
être riche; et j'ose vous affirmer qu'une immense
fortune me trouverait toujours disposée à la recevoir, le ciel m'est témoin si je dis vrai. Pourtant,
j'aurai le courage de ma position. Nous jouirons de
cinq cents francs de revenu par mois, à peu près
dix-sept francs par jour. Mettons cent francs par mois
pour le loyer; il nous reste net quatre cents francs.
A peine si je dépenserai cinquante louis par an pour
ma toilette, et la moitié pour ma femme de chambre.
Nous consacrerons le superflu à une nourriture saine
et peu abondante. La Providence nous aidera.

— Oui, la Providence nous aidera, » dit Félicien
comme un écho stupide tombé du sommet d'une
roche dans un vallon.

Notre jeune homme en était à son premier amour;
le langage ordinaire d'Émilie lui paraissait toujours
étrange et dépourvu de logique et de naturel; mais
dès qu'il ouvrait la bouche pour demander à la belle
veuve quelques explications, celle-ci changeait brusquement de ton et se faisait à volonté si séduisante,
avec un sourire et un regard de vertu éteinte, que
l'interrogation commencée expirait dès la première
syllabe sur les lèvres du naïf amant. De sorte que
Félicien quittait toujours l'hôtel garni avec le regret
de n'avoir pas approfondi ce caractère mystérieux.

« Maintenant, dit Émilie, vous aurez la bonté de
ne me faire que de courtes et rares visites jusqu'au
6 janvier. On jase beaucoup de nous dans la rue

Saint-Lazare, rue très-susceptible, comme vous savez. Ce matin, j'attends quelques visiteurs, et vous me permettrez de vous quitter pour prendre un costume plus décent. A propos, vous ne me l'avez pas souhaitée bonne et heureuse. Monsieur de Saint-Nérée, vous commencez l'année par une distraction. »

Et elle se pencha gracieusement vers Félicien, qui l'embrassa du bout des lèvres, comme s'il eût craint de se brûler. On se sépara.

Un perpétuel rendez-vous à onze heures, dans les galeries de l'Opéra, était convenu entre de Vaudreuil et Félicien. De Vaudreuil avait inventé cette maxime : L'exactitude au rendez-vous est la première vertu de l'homme. Aussi le marchand de gravures de la galerie avait nommé de Vaudreuil M. Onze-Heures. Au coup de l'horloge du chapelier, ce jeune vieillard tombait du ciel devant la gravure du *Festin de Balthazar*, qu'il buvait en guise d'absinthe avant de déjeuner.

Félicien accusa sa montre de mensonge en voyant cette fois le *Festin de Balthazar* isolé dans sa vitre, et privé de la contemplation habituelle de M. de Vaudreuil :

« Que se passe-t-il donc dans la nature ? » se dit-il à lui-même d'une voix transposée du majeur à la sourdine.

Et il se mit à errer comme une ombre du Styx, demandant de Vaudreuil du regard à tous les cabriolets qui versaient un consommateur au café Douix, à tous les vitrages qui s'ouvraient aux boutiques, à toutes les issues ténébreuses qui annonçaient un passant, invisible encore, par un bruit de pas rapides comme on en fait quand on court tardivement à un rendez-vous. Hélas ! jamais de Vaudreuil n'arrivait ! Bien des heures devaient s'écouler avant que nos deux héros se fussent réunis.

Le second rendez-vous de la journée était fixé à six heures. Félicien, las de regarder les cristaux, les estampes, les foulards, les bronzes, les meubles, les comestibles, les fleurs, les jouets d'enfants, les bijoux plaqués, les chapeaux, les bonnets de tulle, et tout l'ameublement des deux galeries, s'enfonça dans le cabinet de lecture, prit le *Moniteur* avec trois suppléments, et pria la dame des journaux de le réveiller à six heures précises du soir.

Oh ! cette fois, de Vaudreuil fut exact comme une aiguille de Bréguet. Mais qu'il était changé ! Combien différent de ce de Vaudreuil si bien brossé toujours, comme un domestique de Londres. La pluie avait mis en dissolution son chapeau et ses bottes ; il n'avait qu'un gant, et levait la main qui était nue vers le ciel.

« Ah ! s'écria-t-il avec une voix de drame, ah ! mon cher Félicien, que vous êtes étourdi ! mon Dieu ! que vous êtes étourdi ! »

La bouche de Félicien était ouverte, mais sa langue paralysée n'avait point de mots à sa disposition.

« Comment ! je parie que vous n'avez pas songé à votre dette de cette nuit ? ajouta de Vaudreuil.

— J'ai fait une dette cette nuit ! dit Félicien ébahi, avec une voix de somnambule.

— Ah ! par exemple ! ceci est trop fort ! n'avons-nous pas emprunté un billet de cinq cents francs qui vous en a rapporté cent mille ?

— Oh ! le billet ! Oui, oui, c'est juste. Certes, je ne l'ai pas oublié.

— L'avez-vous remboursé, Félicien ?

— Moi ? comment puis-je le rembourser ? je ne connais pas la personne qui me l'a prêté.

— Ah ! Et moi donc, la connais-je ? Mais s'il eût fallu fouiller Paris et ses faubourgs, à pied, de numéro en numéro, d'étage en étage, je l'aurais fait, la besogne eût-elle duré dix ans. C'est que, mon trop jeune ami, vous ne savez pas ce qu'est une dette de jeu, surtout quand on a gagné ! Ce qu'il y a de plus sacré au monde ! de plus sacré ! »

Félicien, courbé par la terrible parole de M. de Vaudreuil, ressemblait à un arbrisseau touché par la foudre ; il attendait le dénoûment de cette crise, l'œil fixé sur les bottes aqueuses de son humide mentor.

« Or, monsieur Félicien, poursuivit de Vaudreuil, voici ce que j'ai fait pour réparer votre coupable insouciance. A huit heures, ce matin, votre concierge m'a dit que vous étiez sorti. « Comment, sorti ! » me suis-je écrié. Le concierge a poussé un soupir, et m'a tourné le dos. Hier soir, dans le fracas des voitures, des portes cochères, des sergents de ville, des gardes municipaux, j'ai perdu la moitié de l'adresse que me donnait la dame inconnue, votre créancière de cinq cents francs. Le mot *Augustin* était seul arrivé à mes oreilles avec la finale 1. A l'œuvre ! me suis-je dit. Et j'ai couru à la rue Neuve-Saint-Augustin ; j'ai fait subir des interrogatoires aux portiers des n°ˢ 21, 31, 41, 51 et 61. Point de succès. Dans aucune de ces maisons, point de dame rentrée en voiture à minuit. Figurez-vous, Félicien, que j'ai tenté les mêmes expériences rue des Grands-Augustins, des Vieux-Augustins, des Petits-Augustins, des Augustins tout court, et quais des Grands-Augustins et des Vieux-Augustins.

— Ah! mon Dieu! dit Félicien ému aux larmes, vous me fendez le cœur! Quoi! vous avez fait toutes ces courses à pied?

— Eh! comment les aurais-je faites? Je n'avais pas une pièce de cent sous pour payer un cabriolet, grâce encore à votre imprévoyance....

— Mon cher de Vaudreuil, au nom du ciel, ne m'accablez pas; vous m'arrachez l'âme.

— Voyez mes bottes, Félicien! dans quel état me les a mises aujourd'hui saint Augustin! Je rirais volontiers si je n'avais le visage gelé. Enfin, pour terminer mon histoire, j'ai découvert le domicile de l'inconnue.

— Ah! quel bonheur!

— Ce soir, à cinq heures, comme je regagnais mon boulevard, le désespoir dans l'âme, après avoir épuisé tous les Augustins possibles, je me suis aperçu que je n'avais pas abordé le n° 1 de la rue Neuve-Saint-Augustin. J'avais interrogé toutes les unités finales, excepté le n° 1. Le portier m'a parfaitement accueilli, quoique je n'eusse ni parapluie ni cabriolet : il savait toute l'histoire de sa locataire. Elle est rentrée cette nuit, m'a-t-elle dit, à une heure; elle a gagné cinq cents francs qu'elle a prêtés à un riche et beau jeune homme. Elle est enchantée de sa nuit, elle n'a dit que deux mots au portier en rentrant, parce qu'elle avait hâte de dormir et de faire un rêve de cinq cents francs.

— Que dites-vous? s'écria Félicien consterné; est-ce que j'aurais été reconnu?

— Non, non, calmez-vous. Au reste, il paraît,

d'après mes renseignements, que votre prêteuse est de bonne naissance. C'est la veuve d'un colonel tué à Anvers ; elle se nomme Mme de Saint-Dunstan, et le malheur du temps l'a forcée de prendre une position dans les figurantes de l'Opéra, sous le nom de Mlle Anastasie.... »

A ces mots, Félicien chancela sur ses pieds. Une pâleur mortelle couvrit son front.

« Une figurante de l'Opéra ! dit-il d'une voix sourdement accentuée par le désespoir. Une figurante ! oh !.... il me faudra payer la dette de la reconnaissance à une pareille femme !

— Mon Dieu ! Félicien, vous vous alarmez toujours à propos de rien. Vous n'avez d'autre dette à payer que les cinq cents francs. Voici ce que vous allez faire : allez chez Mme de Saint-Dunstan....

— Jamais, jamais, jamais. Savez-vous bien que je me marie dans cinq jours ? A la veille de mes noces, j'irais rendre une visite à une figurante de l'Opéra ? Jamais ! jamais !

— Soyez raisonnable, Félicien, mon ami.... Il faut bien pourtant....

— Il faut la payer ; je le sais, parbleu ! la chose est aisée. C'est encore un service que j'attends de vous.... voici le billet. Prenez un cabriolet, allez chez cette dame, et comblez-la de remercîments. Je vous attends à dîner, là, dans ce café.

— Vraiment, Félicien, il faut avec vous pousser la complaisance à l'extrême....

— Mon cher de Vaudreuil, dit Félicien affectueusement, croyez que je n'oublierai jamais les services que vous m'avez rendus. A dater de ce jour, votre maison sera la mienne ; je serai votre frère, ma femme sera votre sœur. Nous vivrons en famille loin de ce Paris turbulent ; ce jour est le dernier de votre vie orageuse. Vous méritez de jouir d'un doux repos domestique : c'est moi qui vous le donnerai après Dieu.

— Félicien, dit de Vaudreuil avec une émotion inaccoutumée qui surprit le bon jeune homme, mon cher Félicien, vous méritez à votre tour d'être heureux, et je crois que vous le serez. »

Après quelques énergiques serrements de mains, ils se séparèrent. De Vaudreuil s'élança dans un cabriolet, et Félicien, assis déjà devant un guéridon du café, demanda la carte et deux couverts.

Il y eut une heure d'entr'acte qui désespéra la patience de Félicien. Il tenait à deux mains la carte du restaurant par contenance, et avait l'air de méditer sur elle comme sur un livre de philosophie. Son voisin de droite fut tellement attendri de la figure sombre et larmoyante du lecteur, qu'il eut la curiosité de voir quel livre émouvant il dévorait ainsi en attendant le potage. En ce moment, Félicien secoua la tête avec mélancolie sur le paragraphe des *entremets de légumes*, et pressa fortement le manche de son couteau.

Le garçon, ennuyé d'attendre inutilement la fin de cette longue méditation, dit à Félicien :

« Monsieur a-t-il besoin de quelque chose ?

— Servez-moi ce que vous voudrez, » répondit Félicien. Et il ferma brusquement la carte in-12 reliée en veau.

Tout à coup entre M. de Vaudreuil, la figure radieuse et un chapeau neuf à la main.

« Il faut nous isoler, dit-il à Félicien ; allons dîner au fond de la salle ; il y a trop d'oreilles ici. »

Dit et fait en trois secondes.

« Eh bien ! demanda Félicien, vous avez remboursé le billet ?

— Remboursé. Quelle femme charmante, mon ami ! quel bijou ! quel trésor ! un esprit d'ange ; une grâce de déesse ; parole d'honneur, c'est Terpsichore ou les trois Grâces en une seule ; excusez ces comparaisons dans la bouche d'un vieillard impérial. Vous me voyez anéanti par tant d'attraits. « Mais pourquoi donc, m'a-t-elle dit, pourquoi M. Félicien de Saint-Nérée n'est-il pas venu lui-même me faire sa visite ? » Je vous ai excusé de mon mieux, Félicien. « Ah ! ce n'est pas bien, a-t-elle ajouté ; c'est même très-mal : moi qui me suis tant intéressée à lui la nuit dernière à Frascati ; car j'ai suivi votre jeu ; vous avez joué d'un malheur atroce. Oh ! que j'ai été heureuse de pouvoir prêter à M. de Saint-Nérée mes modestes économies du *trente et un* ; quelle joie lorsque j'ai appris ce matin qu'il avait gagné cent mille francs avec mon billet ! Une femme comme moi, bonne, vive, sensible, élever tout à coup à la fortune un jeune et brillant cavalier ! jugez de mon bonheur, j'ai rêvé de M. de Saint-Nérée toute la nuit. Donnez-moi son adresse, je veux lui écrire deux mots et lui envoyer une stalle d'orchestre pour ce soir : on joue les *Huguenots !* Duprez chante, et je figure dans la *Salamandre*, à six pas de Mme Alexis Dupont....

— Et vous lui avez donné mon adresse ? dit Félicien épouvanté.

— Parbleu, la belle demande ! Fallait-il refuser

votre adresse à une femme qui vous a mis cent mille francs en portefeuille?

— Vous lui avez donné mon adresse!

— Sans doute.

— Vous m'avez tué!!! »

Félicien laissa tomber sa fourchette sur l'assiette, et soutint sa tête à deux mains.

« Ne vous donnez pas ainsi en spectacle au public, mon cher Félicien, dit de Vaudreuil; vous êtes un enfant; la moindre chose vous déconcerte; vous trouvez des éléments de désespoir dans une piqûre d'épingle. Que diable risquez-vous à recevoir un billet de Mme de Saint-Dunstan?

— Oh! de grâce, ne prononcez pas ce nom. Si quelque parent d'Émilie était dans ce café, je serais perdu…. Horreur, une figurante!

— Mais une figurante qui peut passer *premier sujet* avant six mois : Scribe lui fait un rôle dans le ballet du *Naufrage de Lapeyrouse*, musique d'Adam. Elle doit jouer la vierge de Vanicolo….

— Eh! que m'importe tout cet argot de coulisses!

— Que vous importe! dites-vous? ma foi, il vaut mieux être aimé d'une première danseuse que d'une soubrette du dernier rang….

— Vous êtes fou, monsieur de Vaudreuil! quels étranges propos me tenez-vous là? Savez-vous bien que je me marie dans quatre jours?

— Employez donc sagement ces quatre jours à finir votre vie de garçon, pour vous préparer à l'existence grave de l'homme marié. Une petite intrigue de quatre jours est une chose sans conséquence. Il faut bien payer l'intérêt des cinq cents francs à votre charmant banquier….

— Oh! ceci est trop fort, monsieur de Vaudreuil....
Brisons là.

— Soit.... D'honneur, je n'ai jamais vu un jeune homme de vingt-quatre ans aussi sage que vous. Décidément l'année 1838 commence bien. Il y aura concurrence pour le prix Montyon.

— Parlons d'autre chose, s'il vous plaît....

— Je veux bien.... Puisque vous refusez la stalle d'orchestre, je m'en empare. Diable! les *Huguenots* et Duprez gratis! Je n'ai pas mis les pieds à l'Opéra depuis quinze ans, faute d'un petit écu.... Calmons-nous, Félicien, vous me donnez la stalle, n'est-ce pas?»

Un mouvement d'impatience du jeune homme fit chanceler le guéridon; de Vaudreuil n'eut pas l'air de le remarquer.

« Il faut payer et sortir, » dit-il en se levant.

Et il caressa de la main son chapeau neuf, et rajusta sa cravate devant le miroir.

Nos deux héros firent quelques tours dans la galerie sans se parler, comme deux amis après une discussion irritante. De Vaudreuil rompit le silence le premier.

« Félicien, mon ami, dit-il d'une voix conciliatrice, écoutez, prenez-moi comme je suis. Excusez-moi surtout. Je n'appartiens pas à votre génération, moi. J'ai les mœurs de mon vieux temps; j'ai les mœurs du Directoire, époque de corruption; régence de l'Empire. Mais, au fond, j'ai quelque vertu, croyez-le bien.

— Ne me parlez plus de cette femme, dit Félicien d'une voix suppliante. Respectez ma position, le mariage n'est pas une plaisanterie : c'est l'acte le plus solennel de la vie de l'homme. Moi aussi, j'ai les mœurs de mon temps ; excusez-moi, notre époque est sérieuse ; je vous laisse la licence de votre Directoire, laissez-moi la gravité morale de la jeunesse d'aujourd'hui.

— A la bonne heure! pleine liberté de conduite à vous et à moi.... Voyons, comment comptez-vous finir votre journée?

— Chez moi. J'ai plusieurs lettres à écrire à ma famille, à Rouen. Demain tous mes loisirs seront occupés pour mes affaires de mariage.

— Très-bien! je vous accompagne à votre maison; et après je vous souhaite le bonsoir.

— Faites-moi la grâce de m'emprunter quelques louis pour vos dépenses de nécessité première.

— Ah! volontiers ; j'accepterai une vingtaine de louis ; ma redingote m'est odieuse ; je vais de ce pas me loger dans un habit bleu de Bonnard, galerie Vivienne ; j'en convoite un à boutons bombés qui me rajeunira de vingt ans et supprimera l'Empire. C'est que j'ai quelques prétentions sur Mme de Saint-Dunstan. »

En causant ainsi, ils étaient arrivés au milieu de la rue de Grammont ; Félicien, sur le seuil de sa maison, serrait la main de M. de Vaudreuil, lorsque le concierge lui remit une lettre à enveloppe fantasquement dorée et parfumée au patchouli.

Félicien ouvrit la lettre, et sa figure refléta successivement toutes les sensations de l'humanité souffrante dans les lignes que voici :

« Mon cher monsieur,

« Vous n'êtes pas gentil ; vous m'envoyez des remercîments par votre homme d'affaires, un vieux bavard qui a imprimé ses bottes sur mon tapis, et quelles bottes! J'aurais eu tant de plaisir à vous voir! Je suis si heureuse d'avoir fait votre fortune! Que ne puis-je la dissiper avec vous dans de charmantes orgies, comme il y en a dans les romans! Votre intendant, qui est le plus stupide des hommes, prétend que vous avez horreur de la dissipation, et que vous n'avez voulu gagner de l'argent qu'avec l'intention de le ménager goutte à goutte, comme un rentier de la rue Boucherat. C'est une calomnie, n'est-ce pas? Au dernier jour de Frascati, vous étiez trop beau de passion et de désespoir pour mériter une aussi injurieuse réputation. Oui, vous êtes le jeune homme du siècle; vous portez écrit en lettres de flammes, dans vos yeux, le millésime de 1838. Je bénis le destin qui m'a choisie, entre toutes les femmes, pour donner un lit de billets de banque au sommeil de votre dernière nuit. Voici une stalle d'orchestre pour ce soir. Venez à l'Opéra. Vous me reconnaîtrez facilement parmi les maigres figurantes dont je suis assaisonnée; je porterai une robe rouge et noire, emblème parlant de la richesse aléatoire que vous me devez. Après les *Huguenots*, on se promènera cinq minutes dans le passage noir de la rue Grange-Batelière; cinq siècles d'attente, mais que de joie au bout!

« Bien à vous,

« ANASTASIE DE ST-D. »

Cette lecture était à peine terminée, que la lettre tombait en mille lambeaux sous l'irritation convulsive des mains de Félicien.

« Misérable! folle! dit-il avec une rage concentrée ; je lui dois ma fortune !... Elle affirme à chaque ligne que je lui dois ma fortune !... elle me l'écrira cent fois ! elle me poursuivra partout avec cette accusation ! Eh bien, de Vaudreuil, que dites-vous de ma position ?

— Mon cher ami, je n'ai pas lu la lettre.... je présume qu'elle est de....

— Et de qui donc ?... Comment trouvez-vous les prétentions de cette folle ?

— Rien ne m'étonne après la conversation de ce matin. Elle vous a enrichi; elle vous a retiré vivant des griffes du suicide ; c'est son idée fixe.... Malheureusement, cette idée a une apparence de raison.... vous serez toute votre vie sous l'obsession de cette femme.... à moins que....

— Eh ! de Vaudreuil, n'achevez pas !

— Eh bien ! achevez vous-même..... voyons.... trouvez un expédient.... »

Après cinq minutes de pause :

« Il n'y a, dit Félicien agonisant, il n'y a qu'un horrible remède à cet horrible malheur....

— Prenons le remède....

— Il faut porter cinquante mille francs à cette femme, et acheter son silence et sa résignation à ce prix.

— Voilà une idée.... armez-vous donc de courage et allez rue Saint-Augustin....

— Moi.... oh ! j'aimerais mieux me briser la tête sur cette pierre....

— Je vous devine.... c'est encore moi qui....

— Mon cher de Vaudreuil, croyez bien que c'est un dernier service....

— Tout à vous..... Au reste, je vous dirai que vous

ne faites que vous conformer aux lois sévères du jeu. La charte du *trente et un* veut que tout bénéfice provenant d'une mise commune soit partagé.

— Vraiment! il fallait me dire cela d'abord.

— C'est qu'avec un peu de complaisance, vous auriez pu aisément....

— Chut!... voilà les cinquante billets.... je les donne avec joie. C'est acheter ma liberté avec une obole.

— Félicien, votre mariage ne sera-t-il pas compromis par ce déficit?

— Aujourd'hui, je subis l'inévitable; j'invoquerai demain la Providence.

— Vous demanderez un sursis à votre belle veuve.... »

Félicien frappa le parquet avec son pied et son front avec sa main, et donna vivement le rouleau de billets de banque à de Vaudreuil.

« Allez chez cette femme, dit-il, et soyez chez moi, je vous prie, demain au lever du soleil : nous nous inspirerons du moment.

— Voilà qui est tout prévu. On serait bien malheureux dans ce monde, si la Providence du lendemain ne réparait pas toujours les malheurs de la veille. Adieu, mon jeune ami; bon courage et bon sommeil. »

III

A l'heure où les Parisiens s'imaginent que le soleil se lève, de Vaudreuil était déjà debout dans l'alcôve de Félicien.

De Vaudreuil alluma deux bougies pour se voir parler, et dit d'un ton mélancolique :

« Mon jeune ami, avant tout, êtes-vous bien décidé à vous marier? »

Félicien, qui s'était jeté tout habillé sur son lit pour appeler un sommeil rebelle, sauta brusquement sur sa peau de tigre, et regarda fixement de Vaudreuil.

« Pesez bien votre réponse, ajouta ce dernier ; pesez-la bien, comme j'ai pesé ma demande. Êtes-vous toujours dans les mêmes intentions de servitude conjugale?

— Mon Dieu! que me demandez-vous là? dit Félicien; vous me faites trembler.... Si je veux me marier? oh! vous ne connaissez pas Émilie....

— Et vous ne connaissez pas Mme de Saint-Dunstan!

— Encore cet exécrable nom qui me déchire l'épiderme comme une lime d'acier!

— Hélas! mon ami, vous serez bien condamné à l'entendre souvent....

— Elle a refusé les cinquante mille francs?

— Oh! mon pauvre Félicien, que vous connaissez peu les figurantes! mais vraiment, vous êtes un homme primitif. Quelle candeur de jeune homme!... Anastasie a pris vos billets avec des cris de joie folle, et elle m'a forcé de danser autour un pas de deux avec elle. « Enfin, a-t-elle dit, je suis riche, et je « vais envoyer ma démission à M. Duponchel! »

— Qu'elle aille au diable, et me laisse tranquille!

— Voilà précisément deux choses qui n'arriveront pas. « M. Félicien de Saint-Nérée, a-t-elle ajouté, « n'est galant qu'à moitié. Le chef de partie m'a dit, « l'autre soir, qu'il n'avait perdu que quinze mille

« francs. Il lui reste donc, grâce à moi, trente-cinq
« mille francs de bénéfice ; c'est donc dix-sept mille
« cinq cents francs que M. Félicien, mon associé, me
« doit. Je n'aurais pas chicané sur cette vétille, s'il
« avait été moins sauvage à mon égard, mais je ne
« vois pas de reconnaissance qui me condamne à
« obliger un ingrat. »

— L'infâme mégère a dit cela?

— En propres termes.

— Elle m'appelle son associé ?

— En toutes lettres. Ce sont les mœurs du jeu....
« Au reste, a-t-elle ajouté, si M. de Saint-Néréc,
« mon associé, ne vient pas me faire sa petite visite
« ce matin, je tombe chez lui, comme une bayadère
« dans l'opéra d'Auber, et je fais un scandale de
« démon. »

— Elle viendra ici ! s'écria Félicien en se tordant les bras avec une souplesse étonnante, comme un télégraphe pressé par le coucher du soleil.

— Ah ! je ne connais cette femme que d'hier, mais je vous affirme que la bacchante fera ce qu'elle dit.

— Courez chez elle, et portez-lui....

— Oh là ! je vous arrête ; je ne me charge plus de ces transports d'argent.

— Mais puis-je rester encore une minute dans cette maison, avec cette figurante suspendue sur ma tête?

— Non, Félicien, non. Puisque vous n'avez pas le courage de la jeter par la croisée ; puisque votre sagesse lui refuse quelques douceurs, il faut quitter cette maison, c'est prudent.

— Et où irai-je ? elle me relancera partout.

— Partout, comme vous dites ; partout elle dira qu'elle vous a fait gagner les trente-deux mille cinq cents francs qui vous restent ; et si avec cette somme vous tentez quelque affaire de bourse et de commerce, et que le succès vous pousse à cent mille francs, Anastasie publiera partout que vous avez refait votre fortune avec son argent.

— Malédiction ! fatalité d'enfer !

— Eh ! pourquoi se farder l'avenir ! mieux vaut le prévoir dans son effrayante nudité.

— Au reste, l'infâme courtisane sera dans son droit ; elle aura logiquement raison ! toujours, toujours, l'argent que je gagnerai proviendra de cette source impure !... Oh ! je sens maintenant que ces billets me souillent.... je vais donner mon portefeuille à mon concierge, avec ordre de le livrer à la dame qui me demandera aujourd'hui....

— Très-bien ! très-bien ! Félicien.

— Oh ! je me trouve à présent plus léger ! oh ! c'est une convalescence morale !... et vous verrez que cela me portera bonheur ! Je cours chez Émilie ; je lui dis franchement que je l'ai trompée en me donnant une fortune de cent mille francs ; je la prie au nom de notre amour de m'accepter pauvre comme je suis ; j'entrerai dans quelque administration, dans quelque comptoir opulent ; j'ai une écriture assez belle ; je connais l'italien et l'anglais ; je suis laborieux : que diable ! ce sera bien le moins si je ne parviens pas à gagner deux mille francs par an ; deux mille francs purs de tout antécédent immonde, et récoltés pièce à pièce à la sueur de mon front..

— Admirable ! mon cher Félicien ! venez, que je vous serre les mains !... je suis ému aux larmes.... Il ne nous reste plus qu'à choisir votre logement....

votre logement provisoire ; car je ne doute pas que votre belle veuve n'accepte sur-le-champ votre proposition.

— Voyons.... où puis-je me loger provisoirement ?

— Une idée !... venez chez moi. Nous ne serons pas trop à l'aise, mais, qu'importe, entre garçons.... vous ne connaissez pas ma mansarde de la rue de l'Université.... au cinquième étage, dans la cour de l'hôtel. Je ferai mettre un lit de sangle à côté du mien. L'ameublement sera bientôt prêt.... A quelle heure irez-vous chez Émilie ?

— Oh ! j'attends la nuit close.... je vais dévorer ma journée dans quelque cabinet de lecture éloigné de ce quartier. Êtes-vous homme à vous ensevelir avec moi dans cinquante cartons de journaux ?

— De tout mon cœur. Je vous demanderai seulement une heure pour courir rue de l'Université, et meubler notre mansarde. Je ferai au concierge un conte ; je lui dirai que vous êtes poursuivi pour délit politique ; la première fable qui me tombera dans l'esprit....

— C'est cela, et pas une minute de plus ici.... Je donne mon portefeuille au concierge.... Évitons la rue Neuve-Saint-Augustin : gagnons le Palais-Royal par le plus long détour ; je vous attendrai au cabinet de la *Tente*.

— Ah ! voilà votre gaieté revenue, vous faites des calembours ! je suis enchanté de cette résolution. Il est donc bien vrai de dire que ce n'est pas l'argent qui fait le bonheur.

— Oui ! je sens là quelque chose qui me dit que j'ai pris le bon chemin pour être heureux. »

Ce programme, mêlé de courses, d'ennuis, de

lecture et d'accusations contre la pendule, fut exactement suivi jusqu'à cinq heures du soir.

Le gaz dardait ses langues de feu sur les ténèbres ennemies, lorsque nos deux inséparables arrivèrent à la rue Saint-Lazare.

« Puisque vous vous obstinez à vouloir m'attendre ici, pour connaître plus tôt le résultat, dit Félicien à de Vaudreuil, abritez-vous sous cette porte cochère, car la pluie va recommencer dans l'instant. »

Et Félicien monta chez Émilie d'un pas agile et joyeusement cadencé.

Il sonna trois fois, la porte de l'appartement ne s'ouvrit qu'à la dernière sommation, et ce retard lui donna quelque tristesse. La vieille femme de chambre éleva son flambeau jusqu'au menton du jeune homme, et s'écria :

« Mon Dieu ! c'est vous ! oh ! en voilà de l'effronterie ! »

Félicien, immobile, avait un pied sur l'escalier et l'autre dans le corridor, dans l'attitude large du colosse de Rhodes.

La vieille, dans un saint mouvement d'indignation, poussait la porte, et montrait le poing à Félicien, qui, privé soudainement de l'usage de la parole, se courba en point d'interrogation pour demander en pantomime ce que signifiait tout cela.

L'arrivée d'un tiers fit diversion à cette scène de porte. Un monsieur d'âge mûr, au pas grave, au costume sévère, sortit de la chambre d'Émilie, et, sans regarder Félicien, il prit le bras de la servante et lui dit pompeusement :

« Bonne mère, rentrez chez votre maîtresse, et ne la quittez pas un seul instant. Vous lui donnerez, toutes les heures, un verre de tisane de mauve opiacée. A minuit je viendrai voir s'il faut pratiquer une troisième saignée. Au point du jour, si le cerveau est toujours affecté, nous appliquerons les sinapismes aux pieds.

— Elle est donc bien mal, monsieur le docteur! dit la vieille les mains jointes.

— Dieu est grand ! répondit le monsieur en levant les yeux vers le plafond.

— Monstre ! » s'écria la servante en menaçant la statue de Félicien.

Et elle disparut au fond du corridor, après avoir laissé le flambeau sur l'escalier.

« Ah ! le hasard me sert bien, dit le docteur à Félicien, j'allais chez vous, monsieur. J'ai deux mots à vous dire, tout bas à l'oreille, sur le carré.

— A moi, monsieur? dit Félicien avec un souffle de voix, comme le fantôme de Job.

— A vous-même. Me reconnaissez-vous? Vous ne me reconnaissez pas?... Je suis l'oncle et le médecin d'Émilie ; je lui donnais le bras, et je fus violemment séparé d'elle par la foule, au mois de juin dernier, aux fêtes du Champ de Mars, le soir mémorable où vous lui sauvâtes la vie au passage de la grille. Dans cette occasion, vous fûtes beau, vous fûtes héroïque, vous versâtes votre sang pour une dame inconnue ; j'aime encore à le reconnaître aujourd'hui.... aujourd'hui que tant de bonheur vient de s'éteindre à jamais !... Quelle a été votre conduite depuis cette époque, *mosieur* (par un *o*) ? les échos de la Bourse et de Frascati répondront !... Vous avez passé trois mois dans la dissolution ; vous avez perdu votre fortune ; vous avez contracté de honteuses associations aléatoires avec des courtisanes.... Silence, mosieur! laissez parler un oncle irrité, qui n'est pas un oncle de Molière ! Que me diriez-vous d'ailleurs pour votre justification ?... J'ai la foudre dans les mains! la foudre ! Reconnaissez-vous ce portefeuille ! Émilie avait brodé son chiffre sur ce portefeuille! et vous l'avez donné avec trente mille francs à une figurante de l'Opéra !... Horreur!... C'est une femme qui a eu de la vertu pour vous, mosieur ! Elle a couru ici d'après l'avis de votre concierge, et elle s'est écriée : C'est son amour que je veux, et non pas son or !... Voilà ce qu'Émilie a été forcée d'entendre !... Elle n'a plus rien entendu.... la vie lui a manqué.... Ne jouez pas ainsi la comédie, mosieur; toutes vos contorsions, tous vos sanglots, ne m'en imposeront pas. J'ai interrogé tantôt dix agents de change et quelques habitués de Frascati ; ils m'ont fait votre biographie et celle d'un vieux drôle nommé Vaudrel ou Vaudril, votre digne camarade de prostitution. Prenez ce portefeuille, mosieur.... Prenez.... prenez donc, vous dis-je, il souille ma main.... Il est inutile d'ajouter que cet escalier vous verra descendre pour la dernière fois.... Point d'adieu, mosieur ! »

Le docteur toisa fièrement Félicien, rentra dans le corridor d'Émilie et ferma la porte.

Félicien, foudroyé, s'appuyait contre la rampe, l'œil éteint, la poitrine haletante, les mains crispées sur le fer. Dans les malheurs consommés, il n'y a que le premier coup qui terrasse les âmes énergiques, et Félicien avait, à son insu, une de ces fortes organisations qui donnent des larmes efféminées à leurs petites infortunes, et qui se roidissent fièrement contre une épouvantable catastrophe et acceptent toutes les conséquences d'une fatale position. Le jeune homme se releva soudainement, comme calmé par une résolution prise, et descendit l'escalier. Sur le seuil de la maison, de Vaudreuil l'attendait.

Félicien entraîna son compagnon vers la rue Laffitte, et lui dit à l'oreille :

« Perdu! perdu! déshonoré! flétri! Mon bon de Vaudreuil, entendez-vous? Déshonoré! anéanti! mort! »

Et il conta mot à mot son aventure de la vieille servante et du docteur.

« Eh bien! dit-il à de Vaudreuil, vous voyez devant vous un homme qui vient de se donner à lui-même son dernier conseil. De Vaudreuil, on ne survit pas à un pareil malheur!

— Félicien, je crains de vous comprendre! dit de Vaudreuil avec un ton d'effroi.

— Vous m'avez compris! Ma mère! ma mère, qui avez perdu la vie en me la donnant, pardonnez-moi ce que je vais accomplir!... De Vaudreuil, il faut que je ne voie pas le jour demain....

— Un suicide, Félicien!

— Décidé! irrévocable!

— Et moi, moi qui vous ai perdu, moi qui vous ai tué, après avoir vécu trois mois de vos bienfaits, comme un parasite, croyez-vous que je puisse vous survivre? Vieux, infirme et pauvre comme je suis, que ferai-je sur cette terre où je n'ai pas un parent, pas un ami? Félicien, si je trouve votre désespoir légitime, vous ne mourrez pas seul!

— Légitime, dites-vous? N'avez-vous pas entendu mon récit? Au reste, j'ai eu tort de vous confier ma résolution. Mais c'est dit.... ce sera fait.... De Vaudreuil, prenez ce portefeuille, il est à vous.... Il y a là du pain pour vos vieux jours.

— Ce portefeuille, vous me le donnez? Bien! Je l'accepte.... Vous allez voir si je saurai mourir avec vous. »

Ils étaient arrivés sur le boulevard.

La nuit était horrible. Une pluie de glace roulée dans les tourbillons de quatre vents rivaux forçait les passants à fendre l'air à la nage. La désolation tombait de partout ; les orbes de gaz ressemblaient à des torches funèbres qui éclairaient convulsivement l'agonie de la nature.

Il n'y a pas de suicides en Espagne et en Italie ; c'est que là le malheur consommé échappe au désespoir avec un rayon de soleil ou d'étoile, avec la mer, avec le fleuve, avec un paysage, avec le premier venu de ces mille hochets que la nature jette au malheur. Mais, dans ce nord homicide, dès que l'homme songe à tourner contre lui des mains violentes, toutes les voix de l'air applaudissent à sa résolution. Paris et Londres sont les capitales du suicide. Il n'y a pas de Dieu là où il n'y a pas d'étoiles et de soleil. Dieu supprimé, le suicide a raison.

Félicien tenait encore à la main son portefeuille, et de Vaudreuil, arrêté devant un fiacre isolé sur la station, engageait le cocher à descendre. C'était le plus malheureux des cochers ; un vieillard à cheveux blancs, emmaillotté dans le premier carrick de l'Empire, et chaussé jusqu'aux genoux de lambeaux de peaux de mouton raccordés avec des ficelles. Le malheureux cherchait un point d'appui sur son siége pour soulever son corps engourdi par quarante hivers parisiens.

« Je pense, dit de Vaudreuil à Félicien, que vous avez quelques lettres à écrire, nous allons faire nos petites dispositions chez moi.... Eh bien! mon ami, dit-il au cocher, viendras-tu nous ouvrir la portière?

— Pauvre homme! dit Félicien, il est glacé jusqu'à la moelle des os; et il supporte sa vie avec résignation!

— Dame! dit le cocher, qui avait entendu cette phrase, faut bien la porter sa vie quand on a femme et enfants à nourrir.

— Mon ami, dit de Vaudreuil prenant le portefeuille de Félicien et l'ouvrant sous le nez du cocher, connais-tu la valeur de ces chiffons?

— Des billets de banque plein le portefeuille! dit le cocher.

— Ça t'appartient; nous te le donnons; c'est le prix de ta course.... Prends, te dis-je; ce portefeuille est à toi.... Je devine, tu as des scrupules d'honnête homme. Eh bien! prends le portefeuille avec ce billet que je viens d'écrire au crayon. Demain, tu viendras voir à l'hôtel si ma signature que voici t'autorise à garder cet argent.

— A quel hôtel irai-je? demanda le cocher ébahi comme dans un rêve.

— A l'hôtel où je demeure et où tu vas nous conduire promptement. »

Et il donna son adresse au cocher.

« Très-bien, de Vaudreuil! dit Félicien. Approuvé de tout mon cœur.

— Je ne sais pas trop ce que tout ça veut dire, murmura le cocher; mais je vais toujours vous mener chez vous.

— Et maintenant, dit Félicien à de Vaudreuil en

s'asseyant à côté de lui dans le fiacre, pas un mot de plus sur mon irrévocable détermination.

— Sur notre irrévocable détermination, » dit de Vaudreuil.

Arrivé rue de l'Université, devant l'hôtel, le cocher ouvrit la portière, et dit à de Vaudreuil en lui présentant le portefeuille :

« Dites donc, c'est pour rire, pas vrai?...

— Oh! le diable t'emporte! dit de Vaudreuil; voyez donc toute la peine qu'on a pour faire une bonne action! c'est ce qui explique la rareté de la chose. Cocher, mon ami, tu viendras demain, là, demander à mon concierge si ce portefeuille est bien à toi, légitimement à toi, pour ta course. Voilà, de plus, une pièce de quarante francs pour ton *pourboire*. Maintenant, si tu n'es pas satisfait, je prends ce portefeuille, et je l'envoie dans la boue de la rue au premier chiffonnier qui passera. »

Et de Vaudreuil et Félicien disparurent dans le petit escalier de l'hôtel....

A dix heures, nos deux héros, après avoir essayé de se dérober l'un l'autre à la mort, comme Oreste et Pylade dans la Chersonèse Tauride, se couchèrent sur leurs lits de sangles, auprès d'un énorme réchaud de charbon à demi allumé que de Vaudreuil venait de soigner avec le plus grand calme. Les moindres issues de la porte et de l'unique croisée, bouchées hermétiquement, assuraient à la vapeur homicide toute son énergie d'action. Une chandelle de suif, arrivée au niveau de la bobèche, éclairait de sa lueur agonisante cette scène de deuil. Au dehors, le vent d'est chantait un air d'absoute dans l'orgue des cheminées, et sonnait par intervalles un glas déchirant sur le clavier des vitres tremblantes aux châssis des toits.

« Donnez-moi votre main, de Vaudreuil, dit Félicien ; il faut que nos mains restent unies après notre mort.... De Vaudreuil, quelle fatalité vous a poussé dans ma vie ?... Il n'y a que trois mois et demi que nous nous connaissons.... oui, trois mois.... Ce fut le pur hasard.... J'allais acheter pour Émilie le portrait de la reine Victoria.... Elle m'avait demandé ce portrait.... Vous veniez d'acheter le dernier lorsque j'entrai dans la boutique du marchand d'estampes de la galerie de l'Horloge.... Vous me le cédâtes gracieusement, et notre amitié commença. Hélas ! comment devait-elle finir ?

— Félicien, dit de Vaudreuil d'une voix mourante, je sens.... que.... la vie.... Vous, plus jeune..., vous résisterez.... plus longtemps que moi.... *Post mortem nihil.... Ipsaque mors nihil.... quæris ubi.... quo non nata jacent.... ex nihilo nihil....* Je sens que je meurs en stoïcien.... du Directoire.... en disciple de Volney et de Pigault-Lebrun.... grands hommes !... *Quid ante ? quid post ? nihil.*

L'âme ne me paraît qu'une faible étincelle
Que l'instant du trépas dissipe dans les airs.

Voltaire.... *Temple du goût....* Heureuse la philosophie qui donne de si douces consolations à l'agonisant. »

Un bruit de pas dans l'escalier et trois coups vigoureusement donnés à la porte interrompirent les citations philosophiques de Vaudreuil.

« On frappe ! dit Félicien à demi levé.

— Ce n'est pas chez nous, dit de Vaudreuil ; ne bougeons pas.... Sylvain Maréchal a dit....

— On frappe, vous dis-je ; écoutez....

— Ouvrez, au nom de la loi. Nous forçons la porte à la troisième sommation. Telle fut la menace qui arriva directement par le trou de la serrure aux oreilles de nos deux suicidés.

— On n'ouvre pas ! s'écria de Vaudreuil ; le domicile d'un citoyen est inviolable à dix heures du soir.... Il est bien cruel, quand on est en train de mourir, d'être dérangé par les sbires de la rue de Jérusalem.

— A la troisième sommation, cette frêle porte tombera, dit la voix extérieure.

— Ah ! c'est le portier qui nous a vendus, dit de Vaudreuil : c'est sûr.... Paris, qui a renversé toutes les tyrannies, a laissé debout la tyrannie des portiers, pire que celle des prêtres et des rois !... Allons, il faut nous exécuter de bonne grâce ; il faut nous montrer.... nous leur prouverons que nous ne sommes pas des conspirateurs politiques. Un instant, messieurs de la police, un instant, nous sommes à vous.... Félicien, mettons notre habit, et parlons à ces gens-là ; nous arriverons une heure plus tard à notre rendez-vous dans le néant. »

Et, quand ils se furent assez promptement rajustés, ils ouvrirent la porte, et virent devant eux trois hommes à écharpe tricolore et un serrurier armé d'un marteau.

L'un de ces trois messieurs dit à Félicien et à de Vaudreuil :

« Descendez avec nous au rez-de-chaussée, où nous allons vous faire subir un interrogatoire.

— Je proteste contre cette violation de domicile, dit de Vaudreuil.

— C'est bon, répondit le magistrat, protestez ; cela vous servira, mon petit monsieur. »

Félicien n'avait plus qu'une locomotion automatique, il se regardait déjà comme arrivé au vestibule de l'éternité, se préoccupant fort peu de son dernier acte sur la terre.

Au rez-de-chaussée, Félicien et de Vaudreuil reçurent ordre d'entrer dans un salon pour s'y préparer à l'interrogatoire. On ferma la porte sur eux : Félicien s'assit et appuya sa tête sur ses mains.

Aussitôt de mélodieux accords de cuivre et de violoncelle résonnèrent dans la pièce voisine, et des chants aériens de jeunes femmes arrivèrent aux oreilles de Félicien.

« C'est le chœur des femmes de *Semiramide*, dit de Vaudreuil.

— O dérision du sort ! dit Félicien avec mélancolie.

— Il paraît qu'on donne concert ici pendant que nous nous tuons là-haut. »

La porte du fond s'ouvrit à deux battants, et fit éclater une fusée de bougies sur une table de festin. Une jeune femme, éblouissante de beauté, de fraîcheur et de diamants, s'avança et dit :

« Entrez, messieurs, on n'attend que vous.... »

C'était Émilie !... Félicien tomba la face contre terre, comme l'apôtre sur le Thabor.

« Relevez-vous, Félicien, dit de Vaudreuil ; je vous présente ma nièce, Émilie, votre femme. Excusez-la ; elle a bien des torts envers vous. Elle a voulu prendre un mari à l'épreuve, et le faire vivre un siècle en cent jours, pour l'étudier. Pardonnez-moi aussi, Félicien, d'avoir prêté la main à ce caprice d'une jolie veuve, déjà dégoûtée d'un second mariage par le premier,

Vous lui avez sauvé la vie : elle achève ce soir de s'acquitter envers vous. »

Le sourire de la résurrection étincela sur le visage de Félicien, encadré dans les blanches mains d'Émilie.

« Oh! je vous ai jugé assez fort pour supporter ce bonheur sans perdre la raison. On ne devient jamais fou de bonheur. Eh bien! vous ne parlez pas.... vous êtes fâché contre moi.... Au reste, de Vaudreuil, mon oncle et moi nous avons fait souvent de notre mieux pour vous mettre sur la voie de la plaisanterie, mais vous vous êtes obstiné à prendre nos plus étranges phrases au sérieux. Il a fallu vous conduire jusqu'au réchaud de charbon.

— Émilie, dit Félicien d'une voix tremblante d'amour et d'émotion, douce Émilie, je sens que l'accès dangereux de joie est passé. Encore quelques minutes, et j'arrive de l'enfer au paradis.... Laissez-moi toucher vos cheveux, vos mains, votre front, laissez-moi vous respirer.... Oui.... c'est bien vous!... c'est bien mon Émilie!... Comment! toute mon histoire de ces trois mois est une fable?

— Mais oui, mon ami.... N'est-ce pas que de Vaudreuil a bien joué son rôle?... C'est qu'il a rempli vingt ans des fonctions diplomatiques aux États-Unis. Jugez combien il lui était aisé de vous mener à la lisière, vous si bon, si naïf, si confiant, si neuf, comme de Vaudreuil vous avait si bien jugé.

— De Vaudreuil, je vous pardonne, dit Félicien avec un sourire mêlé de larmes de joie.

— Maintenant, dit Émilie, nous allons faire le repas de nos fiançailles ; nous ferons le repas de noces dans cinq jours. Une brillante société nous attend au salon. Je vais vous présenter à nos parents, au nombre desquels vous trouverez Anastasie, les trois magistrats qui vous ont arrêtés là-haut, et le docteur qui vous a fait une si belle morale. Nous composons une famille de créoles, arrivée l'an dernier à Paris pour nous y établir. Vous lirez nos véritables noms sur le contrat. Cet hôtel appartient à de Vaudreuil, il vous le donne pour cadeau de noces. J'ai, moi, cent mille francs de rente à vous offrir pour me faire pardonner mes torts. Êtes-vous content? »

Félicien se précipita aux pieds d'Émilie et les couvrit de baisers furieux.

« Relevez-vous, dit Émilie, et donnez-moi le bras. »

De Vaudreuil, prenant le ton d'un valet de chambre qui annonce, ouvrit la porte du salon et dit :

« M. et Mme de Saint-Nérée! »

Et quarante personnes se levèrent spontanément pour embrasser l'heureux Félicien.

ULRIC D'ANDUZE.

I

L'an dernier, au mois d'octobre, je dînai à l'hôtel du Luxembourg, à Nîmes, avec un de mes amis qui me raconta longuement les aventures de son compatriote Ulric d'Anduze. Ce récit m'est revenu à la mémoire, l'autre soir, sur le boulevard Italien, parce qu'il faisait très-chaud, et que nos élégants du café de Paris arrosaient galamment le pavé avec des carafes frappées à vingt degrés au-dessous de zéro. Cet arrosement et cette chaleur n'ont rien de commun avec mon récit, mais la mémoire ne joue jamais que de ces tours-là. Mon histoire est historique, contre l'usage des histoires ; je n'aurais pas mieux demandé que de l'avoir inventée : heureux ceux qui inventent, le royaume du mensonge leur appartient !

La soirée était fraîche sous les beaux arbres de la *Fontaine*, cette belle promenade que Nîmes vendrait cent millions à Paris, si Paris pouvait l'acheter. Le premier soleil de juin 1836 tombait à l'horizon du Rhône; quelques familles de riches oisifs vaguaient nonchalamment devant les *bains de Diane*, ruine solitaire, pleine du vieux parfum romain. Deux jeunes gens causaient ensemble, séparés d'une société de dames à laquelle ils paraissaient appartenir. L'un se nommait Ulric d'Anduze, l'autre Durand, comme presque tous les Nimois.

Ulric d'Anduze, né dans les Cévennes, a reçu une de ces éducations qu'on appelle incomplètes ; il n'a jamais connu le collége royal, et n'a pas payé son tribut d'enfant à l'Université ; il a été élevé dans le manoir paternel par un professeur complaisant qui tenait ses classes au bord des petits ruisseaux et dans les bois de chênes. Lorsque l'écolier eut atteint l'âge de seize ans, son professeur donna sa démission entre les mains de M. d'Anduze père. Ulric profita de quelques lambeaux de grec, de latin et de français, que son professeur lui avait laissés par mégarde, pour se vouer à des études solitaires qui charmaient ses ennuis. Il lut et pensa beaucoup. A l'âge de vingt-quatre ans, il hérita de la fortune de son père, et avait abandonné ses montagnes pour faire connaissance avec les villes : il apportait à la société un cœur neuf, une indépendance de montagnard, un trésor de passions vagues, une rudesse d'éducation vernissée par la lecture des poëtes ; une âme noble dans un corps bien sculpté. Son professeur l'ayant rencontré à Nimes lui dit : « Vous êtes un très-bel homme, mon enfant, *sed manent vestigia ruris.* »

« Te voilà donc marié ! disait Durand à Ulric, je t'en félicite.

— Ce sera fait dans huit jours, répondit Ulric.

— Il me semble que tu as soupiré.

— Eh! mon ami, c'est mon habitude; je soupire toujours. Que veux-tu? c'est une affaire, un mariage. Nous avons été chez le notaire aujourd'hui.

— Les préliminaires du mariage sont amusants, n'est-ce pas?

— Quels préliminaires?

— Eh bien, le notaire, les emplettes, les cadeaux, la publication des bans; que sais-je moi!

— Oh! tout cela est très-amusant! le notaire nous a tenus quatre heures devant son bureau; et nous n'avons pu signer le contrat aujourd'hui; il manquait une pièce : il manque toujours une pièce. Le beau-père est un ancien fabricant relié en veau comme son grand livre; il a un million, et fait des chicanes pour cent sous; il prétend qu'en affaires cela doit être ainsi. Moi, j'ai ma terre de Saint-Hippolyte qui n'est pas encore purgée, dit-on, de ses hypothèques légales; trois heures ce mot d'hypothèques m'a déchiré l'oreille droite, que j'avais prêtée au notaire pour économiser la gauche. Hypothèques! hypothèques! J'ai envoyé un courrier à Saint-Hippolyte pour demander au conservateur un certificat de dégrèvement. M. Chartoux, mon beau-père, ne veut rien conclure sans certificat. Que diable! il sait bien que j'ai trente mille francs de rente? Et puis je ne lui demande rien, moi, pour sa fille; c'est lui qui s'obstine à vouloir me donner cent mille francs. Qu'il garde ses cent mille francs, et qu'il me donne Mirrha.

— Elle se nomme Mirrha, ta future?

— Elle se nomme Marguerite; mais c'est un nom qui n'en finit plus : on perd haleine en le prononçant. Je l'ai baptisée Mirrha : c'est la Marguerite des Babyloniens. Au diable les beaux-pères les belles-mères et les notaires ! ils jettent de la glace à pleins seaux sur tout. Me conçois-tu, moi, en présence de cette collection de nénuphars vivants? moi, l'homme de la passion désintéressée? moi, l'artiste, le poëte, le fou, si tu veux, qui ne cherche dans la femme que la femme? moi, qui n'ai demandé au mariage qu'un long rendez-vous où je puisse parler d'amour en toute sécurité, sans craindre toutes les épées de Damoclès que les intrigues promènent sur les têtes des amoureux? Je suis là, tout amour et poésie, attaché à la bordure de cette robe, suspendu à ces belles boucles de cheveux. « Halte-là ! me crie ce beau-père ; donnez-moi votre certificat d'hypothèques légales. » C'est comme si le pôle me coiffait !

— Eh bien! mon cher Ulric, il n'y a qu'à donner le certificat.

— Oui, prose que tu es, il n'y a qu'à le donner ; c'est bientôt dit ; tu ne sens pas tout ce qu'il y a de désenchantement au fond?

— Non.

— Tant mieux!... Oh! regarde-la marcher devant nous, Mirrha! Elle glisse comme un rayon! Que ce mantelet de tulle est gracieux sur ses épaules ! Qu'il est doux le son de cette voix qu'elle laisse tomber langoureusement en arrière, afin que je la recueille dans l'air! Oh! laisse-moi la suivre ; mes pas sur ses pas; je veux boire cet air qu'elle déplace; je veux baiser ces branches qui tremblent encore d'une caresse de ses doigts; je veux m'évanouir de bonheur sur ce sillon qu'elle trace dans l'atmosphère, et qu'elle embaume de son haleine de vierge!

soirée ravissante! ces belles ruines, ces galeries souterraines pleines d'ombres et d'eaux vives, ces murs antiques où le lierre tremble, ces balcons qui se mirent dans la fontaine, ces arbres qui chantent avec les rossignols, tout cela serait incomplet et sans voix si une pensée d'amour ne courait pas dans ces ombres, dans ces eaux, dans ces rayons, dans ces ruines, partout. Oui, j'ai vu les mêmes choses, dans de beaux tableaux, des tableaux qu'on regarde avec les larmes aux yeux, le sourire à la bouche, l'amour au cœur.

Il y a de belles dames qui marchent avec langueur sur des terrasses de marbre, et de jeunes seigneurs qui suivent, et un escalier qui descend au lac et aux gondoles, et par-dessus de beaux arbres arrondis en parasol. Ces charmantes scènes se passaient devant le lac de Como, ou sur la Brenta, ou à Villa-Pamphili, quand la volupté courait l'Italie en robe de brocart, et que pas une flamme d'amour tombée du soleil n'était perdue pour la terre. Aujourd'hui ces tableaux morts ressuscitent pour moi; mon âme se fond de plaisir!...

— Ulric, mon ami, gagne à gauche de ton tableau, le beau-père a une idée, il marche sur nous.... il n'est plus temps, tu vas le subir. »

M. Chartoux avait déjà pris le bras d'Ulric.

« Mon cher gendre, lui dit-il, êtes-vous bien sûr qu'il y ait une conservation d'hypothèques à Saint-Hippolyte? »

Ulric tomba des nues; et, du bout de sa botte, il fit des croix sur le sable de l'allée. Le beau-père continua :

« Réfléchissez, mon enfant : je crois que vous

avez fait une étourderie; nous étions là, occupés à parler affaires avec madame, et elle m'a dit : Mais il n'y a point de bureaux,....

— C'est bien! c'est bien! dit assez brusquement Ulric; attendons le retour de mon courrier.

— Attendons; soit. Mais vous verrez; le conservateur auquel ressortit votre terre est à Montpellier ou à Nîmes; si c'est à Nîmes....

— Attendons le courrier.

— Si c'est à Nîmes, c'est M. Bressan qui vous expédiera, lui ou un autre; je les connais tous. Si c'est à Montpellier, oh! alors....

— Ne pensez-vous pas que nous ferions bien d'attendre le courrier?

— A la bonne heure, mais on peut toujours parler de ses affaires; vous autres, jeunes gens, vous marchez à l'étourderie; vous n'entendez rien aux affaires; vous regardez le mariage comme un amusement; ce n'est pas un amusement le mariage, mon cher Ulric. On a beau être riche, quand les marmots arrivent, on est pauvre : il faut acheter une charge de notaire à celui-ci; il faut faire une dot à celle-là; c'est le diable que d'établir ses enfants....

— Nous n'en sommes pas encore là, monsieur Chartoux.

— Vous y serez dans quatre jours. Si vous saviez comme le temps passe! Ah!... à propos, avez-vous trouvé cette pièce?... l'extrait mortuaire de M. votre père?

— Eh! mon pauvre père est mort à la bataille de Brienne, tout le monde le sait!

— C'est possible, mais enfin il faut le certificat. Avez-vous écrit au ministre de la guerre?

— Oui, depuis dix jours.

— Vous devriez avoir la réponse. Connaissez-vous quelqu'un aux bureaux de la guerre?

— Non, monsieur.

— Tant pis; il aurait fallu connaître quelqu'un....

— Il me semble qu'on pourrait bien se marier sans toutes ces formalités ennuyeuses....

— Ah! voilà encore le jeune homme! mais comment voulez-vous que nous passions au contrat, s'il nous manque une pièce? voyons! soyons raisonnables? mettez-vous à la place d'un notaire; j'en appelle à M. Durand; le notaire ne vous connaît pas.

— Le notaire me connaît; nous sommes amis d'enfance.

— Distinguons; l'ami vous connaît, l'officier public ne vous connaît pas : est-ce raisonné? »

En causant ainsi, ils avaient gravi le sentier en spirale qui conduit à la tour Magne. Ulric n'avait pas écouté les dernières paroles de M. Chartoux; il embrassait déjà de ses regards d'artiste le magnifique panorama que le soleil couchant dorait de sa lumière horizontale. Il contemplait cette Rome française qui nageait à ses pieds dans les vapeurs transparentes d'une soirée de printemps : la blancheur des édifices modernes se détachait sur de sombres ruines éparses; noircies par le volcan sarrasin; à la limite opposée de la ville, s'arrondissait l'amphithéâtre romain, échancré par les dents du ravageur, et respirant à l'aise au milieu des fabriques bourgeoises qui s'étaient retirées, à l'écart, dans un saint respect. Devant la colonnade du théâtre moderne s'abaissait avec orgueil l'attique de la Maison-Carrée, ce diamant qu'un empereur mit au doigt de la cité gauloise, et qu'il avait fait tailler à l'image des temples d'Auguste à Nola, de la Fortune virile à Rome, de Vénus à Vernègue. A droite, l'horizon était fermé de montagnes bleues, ondulées comme leurs sœurs de Tivoli et d'Albano et fécondes aussi en carrières monumentales et en sources d'eau merveilleuse qui demandent des arcs de triomphe pour aqueducs.

La société s'arrêta au pied de la grande ruine romaine qui sert aujourd'hui de piédestal à un télégraphe, et qu'on nomme la tour Magne. M. Chartoux contemplait le télégraphe, et cherchait gravement le mot de l'énigme que ses bras convulsifs jetaient aux intelligences de l'air. Les dames tâchaient de découvrir le toit de leur maison. M. Durand causait avec Mlle Mirrha, sur la fabrication des étoffes de Nîmes. On chercha Ulric d'Anduze. Il avait disparu : on l'attendit vainement jusqu'à la nuit.

« Il doit avoir vu passer son courrier, dit M. Chartoux ; il veut nous faire une surprise : nous aurons la pièce du notaire ce soir. Allons chez nous. »

Cette explication satisfit tout le monde, on se dirigea vers la ville ; la nuit tombait.

Quelques heures après, Durand, qui cherchait Ulric, le rencontra devant les Arènes ; il se promenait mélancoliquement.

« Ne me fais point de question, dit Ulric. Je crois qu'il y a sur le globe de la place pour tous, excepté pour moi et quelques autres. As-tu trouvé la tienne, toi, Durand ?

— Mais oui, je suis casé.

— Oui, tu es casé comme le pion sur l'échiquier ; au moindre mouvement qui se fait derrière toi, tu tombes le front contre le carreau ; et personne ne te plaint. On dit : c'est un pion.

— Moi ! point du tout ; je suis content de mon sort ; je prends le monde comme il est. J'ai une femme que j'aime tranquillement, et deux enfants qui s'amusent ; je travaille le jour, et je me promène le soir.

— Diable ! te voilà dans une fameuse position !

— Mais de quoi te plains-tu, toi, Ulric ? Il me semble que ta part de destin est assez bonne. Est-ce la faute du monde si, à ton âge, tu es déjà arrivé au dégoût, sans avoir passé par le plaisir ! Tu me rappelles l'histoire du comte Gérard....

— Qu'est-ce que ce comte Gérard ?

— C'est un chevalier du treizième siècle, qui....

— Oh ! laisse là les antiquités modernes, mon ami. Que penses-tu de M. Chartoux ?

— C'est un honnête homme, M. Chartoux.

— Eh ! tout le monde est honnête homme ! il est bien question de cela ! Sais-tu qu'il est cruel d'épouser cet honnête homme par-dessus le marché !

— Mais je crois que tu n'as pas besoin de lui.

— Mais lui a besoin de moi ; c'est une ombre qui va me suivre partout ; et quelle ombre ! Tu ne saurais dire la révolution qui se fait en moi lorsqu'il arrive avec son habit bleu, son éternel gilet blanc, et surtout avec sa figure qui est une parodie de la figure de Mirrha. Parole d'honneur, je me sens défaillir devant lui. Que sera-ce quand je serai marié !

— Tu voyageras.

— Il me suivra. Tu as un beau-père, toi, Durand ?

— J'en ai deux : un beau-père et une belle-mère.

— J'entends. Et qu'en fais-tu ?

— Ils meublent le salon; j'aime la société.

— Ah! tu te résignes à tout, toi; je ne me résigne à rien, moi.

— Le bon sens viendra.

— Je suis donc fou?

— Non! mais tu tournes au comte Gérard....

— Ah! voilà le comte Gérard, encore!... Voyons, pour me consoler, parle-moi un peu de Mirrha. Comment la trouves-tu?

— Ravissante! je te l'ai dit cent fois.

— Crois-tu qu'elle m'aime?

— Je le crois; pourquoi ne t'aimerait-elle pas?

— Il faut que je t'avoue que je ne la trouve pas très-empressée autour de moi.

— Ah! c'est naturel; une jeune fille est toujours timide....

— A la veille de se marier?

— Sans doute.

— Ce n'est pas ce qu'ils disent partout dans les romans, dans les vaudevilles, dans les opéras.... Il y a une idée qui me tue, mon ami; je ne trouverai jamais une femme qui s'élève à l'unisson de mon amour, qui me rende ce que je lui donnerai : je fais un métier de dupe. Il faut donc que je traverse la vie, toujours prêt à me jeter corps et âme dans une passion, et sans en retirer d'autre bonheur que ce que les convenances, l'éducation, les préjugés, conseilleront de me donner en échange!

— Attends, attends pour te plaindre; c'est le premier pas que tu fais dans le monde, et tu te révoltes déjà contre l'inconnu!

— Oui, j'ai vécu jusqu'à l'âge de vingt-quatre ans dans mes Cévennes; je me suis livré au monde depuis un an, je crois. Il faut moins de temps pour connaître le monde ; je n'y serai pas heureux, c'est sûr. Tous mes jours sont pleins de lacunes ; j'achète pour des heures d'ennui quelques minutes de bonheur, et, quand ce bonheur vient, ce bonheur après lequel j'ai tant soupiré, le bonheur d'être assis auprès d'une jeune fille et de lui parler d'elle, jamais rien n'arrive comme je l'avais prévu : je ne dis pas ce que je voulais dire, on ne me répond pas ce que j'attendais. J'accours avec des trésors d'amour dans le cœur, et je m'aperçois qu'insensiblement mon cœur se resserre, et que je n'ai rien à dépenser de ce monde d'idées que j'apportais à ses genoux. Il se fait autour de moi un bruit de paroles auxquelles je suis étranger ; on parle une langue que je ne comprends pas. Elle-même, la pauvre fille, reste emprisonnée dans le cercle des banalités bourgeoises ; jamais un élan ne l'emporte vers cette région idéale, où mon esprit l'appelle à un chaste rendez-vous. Nous sommes assis, ses mains dans les miennes, mes yeux dans les siens ; il y a tout un monde entre nous deux ! »

Ulric se tut et prit le bras de son ami. Ils se promenèrent longtemps encore autour de l'amphithéâtre ; on n'entendait d'autre bruit que le vent qui tourmentait les couronnes de lichen et de saxifrages suspendues aux issues des vomitoires, et le hennissement des chevaux alignés devant les loges ruinées des édiles et des consuls. Le silence qui règne la nuit autour des monuments antiques est plus bruyant que le fracas de la tempête sur les grèves de la mer, ou le murmure de la foule sur le pavé des grandes villes. Ces portiques béants ont des voix qui racontent les lamentables histoires du passé. La nuit interroge les ruines; elles répondent à la nuit: elles sont muettes le jour.

« Sonne à la porte du concierge, dit Ulric; fais-toi reconnaître, et entrons à l'amphithéâtre : nous nous consolerons mieux, assis sur ces ruines, que sur des fauteuils de velours, n'est-ce pas? »

Le concierge ouvrit la grille, et ils entrèrent dans les Arènes.

« Asseyons-nous là, dit Ulric, devant la loge des courtisanes; nous occupons un gradin qui fut bien recherché autrefois par la jeunesse des Gaules : personne ne nous le dispute aujourd'hui. C'était un heureux temps : la vie était large; elle vous emportait avec un enivrement qui ne permettait pas la réflexion. L'homme s'est bien rétréci depuis; alors il lui fallait des lambeaux de montagnes pour escabeaux, des voiles de pourpre pour parasols, un peuple de courtisanes nues pour échapper à ses amphithéâtres, les rugissements de tous les monstres de Barca pour orchestre à ses dames. Oh! c'était vivre cela! L'ennui et la mélancolie sont deux inventions modernes : c'est au milieu de ces ruines qu'on découvre cette vérité. Nous sommes devenus si mesquins! Nous avons de petits théâtres, de petits boudoirs, de petites repas, de petits amours; on écrirait sur l'ongle le programme des plaisirs que nous recevons au berceau. Dans la société qu'on nous a faite, il n'y a de place ni pour la vertu ni pour la corruption; on se débat au milieu d'une civilisation étriquée et fade, avec un code de morale bâtarde qui n'est ni la religion ni l'impiété. Les travailleurs s'applaudissent de tuer le temps; les riches et les oisifs traversent les villes la bourse à la main, demandent des émotions en échange de leur or, on prend l'or, et on ne leur donne rien. Tout est compassé dans l'existence ; on tire nos sensations au cordeau ; un notaire enregistre nos voluptés et les numérote ; un père vous marchande le lit nuptial de sa fille ; il cote l'extase, il tarife la passion ; un huissier allume les flambeaux d'hyménée avec du papier timbré ; on a pris au sérieux cette bouffée épileptique qu'on appelle la vie, et on l'a divisée en je ne sais combien de compartiments dans les cartons de l'état civil. C'est bien misérable, tout ce qu'on nous a fait là ! »

Ulric souriait avec amertume, en égrenant un bloc de ciment romain.

« Te voilà dans de singulières dispositions pour le mariage, lui dit son ami ; tu regardes le monde du haut de quinze siècles ; il faudra te faire bien petit pour te mettre à sa hauteur maintenant. Jeune, riche, bien fait, tu te donnes autant de peine pour être malheureux, qu'un autre pour arriver au bonheur. Comment t'es-tu avisé de devenir amoureux, pauvre Ulric ?

— Que veux-tu ? c'est une fatalité ! je me suis trouvé sur le passage d'une jeune fille, et j'ai perdu ma raison. Je suis sage à cette heure ; demain je serai insensé. Une passion inexorable m'emporte, et je sais bien ce qui m'attend au bout. Quand tous mes sacrifices seront consommés ; quand elle aura jeté à mon cou, cette femme, ses belles chaînes de cheveux blonds, je dirai, moi, en croisant mes mains par-dessus ma tête : Comment ! ce n'est que cela ?

— Peut-être !

— Oui, je le dirai ; je suis dans ce moment dans mon intermittence de raison : laisse-moi raisonner. C'est mon dernier jour de liberté. J'ai voulu monter bien haut cette nuit, afin de tomber plus bas et de profiter de l'étourdissement de ma chute pour mettre ma bague au doigt de l'épouse ; oh ! si je pouvais revenir en arrière !

— L'honneur, Ulric ! l'honneur !

— L'honneur ! mais est-ce que j'ai compromis cette femme ! Elle me tient à distance comme un excommunié ; elle m'a donné l'autre soir le bout de son gant à baiser et a fait sonner bien haut cette faveur. Lorsque je l'entoure, moi, d'une atmosphère d'amour ; lorsque la flamme rougit mon front, et que mes paroles tombent de mes lèvres comme des étincelles, son âme reste calme et sa figure sereine. Je ne connais les femmes que par les livres. Oh ! les livres les ont bien calomniées, si elles ressemblent toutes à Mirrha ! Je puis l'abandonner demain ; pas un pli de sa robe virginale n'a été froissé.

— Mais tu ne l'abandonneras pas ?

— Eh ! ne serai-je pas encore à ses genoux demain ! Oui, demain, on danse au château de Remoulens ; ce sera un beau bal, une belle nuit ! Je viens prendre des forces ici, dans cet air puissant, où planent peut-être des ombres héroïques ; je ne veux pas la secouer sur le seuil de la fête, cette poussière qui s'attache à mes pieds ! nous verrons demain.... Mon ami ! mon ami ! regarde là, de ce côté, à droite ; il y a un portique noir qui encadre la constellation d'Orion. Descends plus bas ; il y a un pan de mur écroulé, enveloppé de lierre ; tu distingues, par cette brèche, un angle du palais ; et un peu plus loin, une vitre qui brille comme une grande étoile : c'est la chambre de Mirrha, devant l'Esplanade.

— Elle veille, la belle enfant !

— Elle dort ! elle dort avec la tranquillité d'un ange ! C'est sa lampe qui veille ! Tu verras comme son teint sera rose à son lever. La jalousie seule trouble le sommeil des femmes; l'amour jamais.

— Oh ! tu perds la raison, Ulric, la jalousie, c'est l'amour.

— La jalousie, c'est l'amour-propre blessé; l'amour, c'est la passion jamais satisfaite.

— Je ne comprends pas.

— Ma distinction est claire pourtant.

— La nuit, tout est obscur pour moi.

— Je te la répéterai à midi. »

Durand se leva et tendit la main à Ulric.

« Tu pars, dit Ulric ; c'est bien : moi je reste.

— A demain, au bal. Il faut que je parte pour Arles de bonne heure. A demain.

— A ce soir plutôt ; nous sommes à demain déjà. »

Ulric se coucha sur le gradin, les yeux tournés dans la direction de la vitre lumineuse ; il contempla longtemps encore, du haut de son observatoire, cette étoile qui ne brillait que pour lui.

Le vent pleurait dans les panaches d'herbes qui suivent les broderies des corniches; de nocturnes harmonies couraient le long des corridors circulaires, et se prolongeaient en échos infinis. Chaque frémissement de l'air donnait une commotion mélodieuse à cet immense clavier de ruines. La pierre, la feuille, le grain de sable, l'insecte, l'oiseau, tout avait une plainte à conter à l'invisible divinité du lieu. Dans les intervalles de silence, on pouvait entendre le sourd travail du temps qui minait les assises de granit et l'atome de poussière qui tombait sur le brin d'herbe, et prenait sa place dans le trésor que chaque siècle expirant lègue au siècle qui commence. L'aube jeta sa teinte vaporeuse dans l'édifice, et lui donna un caractère de désolation incomparable. Les hautes murailles opposées à l'horizon du levant conservaient la double obscurité de la nuit et de l'incendie sarrasin ; ailleurs le monument semblait se dépouiller d'un suaire, et préparer au jour le spectacle de ses grandes pierres, semblables à des tombes bouleversées par un ouragan. Au milieu du cirque, et levant les yeux au ciel, on peut croire alors qu'on habite le fond du cratère d'un volcan épuisé par les éruptions, et qui n'a plus de lave à verser aux campagnes, plus de fumée à jeter à l'air ; mais, au lever du soleil, la ruine se relève dans son auréole romaine; l'artiste s'incline de respect devant cet art puissant qui découpa les voûtes, qui arracha tant de blocs à la montagne, les jeta dans la plaine, et les fit remonter aux cieux, comme ces sources d'eau vive qui, tombées du réservoir natal, reprennent agilement leur niveau : à tant de grandeur et de majesté s'allient encore une grâce, une suavité de contours, une ondulation harmonieuse de formes, qui satisfont les yeux comme les vers antiques ravissent les oreilles. Et quel est le prodigieux architecte qui tailla cette œuvre en passant sur la terre des Gaules? On ne le sait pas. Glorieuse abnégation d'artiste! la gloire de l'œuvre n'appartient qu'à Rome. Allez voir la signature de la ville éternelle ; elle luit au soleil levant, sous son aigrette de lierre : c'est la louve allaitant les jumeaux!

Ulric jeta un dernier regard autour de lui, et, souriant avec rage, il dit tout haut à la ruine :

« Allons voir si la pièce des hypothèques est arrivée chez le tabellion. »

II

A peu de distance du joli village de Remoulens, sur la rive gauche du Gardon, on trouve une de ces charmantes maisons de campagne que l'orgueil bourgeois des propriétaires a érigées en châteaux ; c'est une de ces oasis délicieuses comme le Midi en fait tant éclore, à l'écart, loin des grandes voies poudreuses. Le voyageur du Nord qui traverse nos contrées méridionales, et observe la nature en chaise de poste, entre deux haies d'oliviers blanchis par la vieillesse et par la poussière, ne soupçonne pas l'existence de ces fraîches et calmes retraites, où les fontaines chantent, où les peupliers tremblent au vent du solstice, en s'élançant comme des flèches d'églises au-dessus du dôme des marronniers. C'est là que la nature ardente conseille les passions extrêmes ; c'est là que l'amour et la haine ont l'énergie du tison. Autour de ces résidences, la plaine brûle, l'herbe se fane, le roseau s'effeuille et jaunit dans le marécage, la fleur s'incline vers le ruisseau, les blés ondulent comme des vagues dorées ; mille parfums irritants que la terre exhale sous l'embrasement du soleil courent de cette atmosphère, où chaque atome est une paillette de feu. Le démon de midi, caché dans les bois de pins, secoue partout sa torche de résine, et l'homme qui vient demander un asile à ces oasis aux ceintures de flammes, regarde si quelque ravissante image, créée par le désir, ne vient pas s'asseoir, langoureuse, auprès de lui.

Le lendemain de sa visite aux Arènes, Ulric se dirigeait à cheval vers le châtau de Remoulens; quand il passa devant le cadran solaire de l'auberge de Lafoux, l'ombre marquait midi. Il traversa le pont suspendu, et ce ne fut pas sans un vif serrement de cœur qu'il entra dans l'allée de mûriers qui conduisait à la propriété de M. Chartoux. Sur la terrasse, les paysans faisaient des préparatifs de fête; on plaçait des lampions sur les cordons saillants du château, on sablait le quinconce; on hissait des tentes au sommet des arbres; on disposait avec symétrie, devant la façade, les vases de lauriers-roses et d'orangers. Ulric avait été aperçu par son futur beau-père, qui vint le recevoir dans le vestibule et lui serra la main en disant :

« Eh bien! avons-nous la pièce ?

— Nous avons la pièce, » répondit Ulric; et il tira de son portefeuille une double feuille de papier timbré qu'il remit à M. Chartoux.

Ulric jeta un coup d'œil rapide dans les salons; il ne vit que deux raquettes et un volant sur le plancher.

M. Chartoux lut la pièce et la serra soigneusement.

« C'est très-bien! maintenant, dit-il, nous sommes en règle : il ne nous manque plus rien.... Si, si, il nous manque encore quelque chose!

— Encore une pièce! s'écria Ulric consterné.

— Non, non, il nous manque un invité pour rendre la fête complète ; il nous manque mon fils Sylvestre.

— Eh bien ! nous l'attendrons.

— Oh ! oui, l'attendre ! il est en Afrique, le drôle ! Mauvaise tête qui veut être soldat et qui s'est brouillé la cervelle avec un tas de bulletins de l'Empire que j'ai dans mon grenier. Il est maréchal des logis dans les chasseurs à cheval, il m'a écrit l'autre jour qu'il voulait tuer chose, comment l'appelez-vous ? le grand Turc des arabes.... et qu'après il viendrait manger le veau gras. Il n'a que vingt ans, l'enfant ! ça changera.... Vous êtes distrait, mon beau-fils..... Vous craignez la chaleur ; passons au salon.... Je veux vous rafraîchir ; ces dames sont à leur toilette ; elles vont descendre ; elles étaient en négligé ; elles ont entendu votre cheval, elles ont disparu. Vous connaissez les femmes. »

M. Chartoux se mit à rire avec ce fracas qui veut faire violence au sérieux des autres. Ulric garda son silence et sa gravité ; il entrait dans le salon, où tout lui rappelait Marguerite, la broderie négligemment abandonnée au dossier d'un fauteuil, le bouquet de roses effeuillé devant la vitre, la partition de *Robert* ouverte à l'air de *Grâce*, un mouchoir de batiste oublié sur le tabouret du piano ; Ulric laissait errer et mourir ses regards sur toutes ces choses aimées, pleines de ce parfum que laisse l'orange aux feuilles qu'elle toucha. Il respirait avec délice l'air de ce salon, où la douce haleine de Mirrha jouait encore dans les lumineux atomes versés de la persienne ; il écoutait un bruit de pas légers au-dessus de sa tête et une voix bien connue qui chantait, en se mêlant au frémissement des aliziers, au murmure agreste de la fontaine, aux harmonies lointaines qui montent des campagnes aux collines, à toutes les heures de l'été.

« Monsieur d'Anduze, dit Chartoux, je pense que vous devez avoir chaud?

— Moi! dit Ulric toujours distrait, moi! mais, non, pas trop, je ne crains pas trop la chaleur.

— Eh bien! je veux vous montrer quelque chose, ici tout près, qui vous fera plaisir. Nous avons du temps à nous avant le bal, mes invitations ne sont que pour sept heures. »

Ulric se résigna et suivit M. Chartoux. La conversation dura trois heures, ou pour mieux dire, le monologue du riche propriétaire. Pas un brin d'herbe ne passa incognito sous le pied d'Ulric; M. Chartoux fut impitoyable dans ses démonstrations : après avoir énuméré tout ce qu'il avait fait, il énuméra tout ce qu'il comptait faire dans ses projets d'embellissements; il fit deux saignées au Gardon, planta un bois de chênes, creusa un bassin, naturalisa la cochenille, établit une magnanerie; enfin, gardant son dernier projet pour le coup de surprise, il annonça paternellement à Ulric qu'il allait lui faire bâtir, pour son ménage particulier, un grand corps de logis isolé sur les rives du Gardon, et il ajouta gravement :

« Je mettrai devant la rivière une longue balustrade de fer à hauteur d'homme, pour empêcher vos enfants de tomber dans l'eau. »

En ce moment, Marguerite se leva comme une étoile derrière un rideau de peupliers d'Italie. On aurait cru voir une de ces apparitions telles que le désir extrême semble pouvoir les créer, dans cette nature puissante, où la vie anime tout ce qui nous environne, comme autrefois au milieu des saintes forêts de la Grèce. La jeune fille portait une robe blanche, irritante de simplicité ; l'or roulait en boucles de chevelures sur son front et ses épaules ; elle glissa sur l'herbe azurée comme une voile sur un miroir du golfe, et disparut.

Ulric avait vu Marguerite, et il était resté froid, lui qui venait de traverser la campagne en demandant la jeune fille à toutes les voix de l'air ; il s'alarma de ce changement subit qui s'opérait en lui : car, en en écoutant M. Chartoux dans son interminable monologue, il avait entrevu, à travers les arbres d'un parc, sur l'autre rive du Gardon, de flottantes images, d'agiles ombres, couvertes d'un voluptueux mystère, et il avait tressailli, comme si un rayon du soleil lui eût percé le cœur ; et maintenant, la femme adorée, Mirrha, sortie comme une hamadryade de l'écorce d'un chêne, le laissait calme et sans désir ! « Oh ! je me devine trop, se dit-il en lui-même, et je souffrirai bien après mon mariage de cette délicatesse exquise des sensations ! Qu'il faut peu de chose pour ternir l'émail de cette marguerite blanche, et rendre vulnérable sa couleur ! Le moindre souffle profane détache un rayon de sa corolle. Que lui restera-t-il donc au dernier quartier de ma lune de miel ? Et celles-là qui jouent, rient et chantent de l'autre côté du fleuve ; ces formes élyséennes, oubliées du monde ; ces vaporeuses images, couvertes d'ombre au milieu de tant de soleil ; oh ! que j'aime le mystère qui les entoure ! Rien de lourd et de désenchanteur ne gravite sur leur horizon ; un baiser du soleil les a fait éclore, dans ce jardin, à cette heure où tout atome du midi est une lèvre qui féconde les parterres et les change en gynécées! Oh! laissons-les dans leur mystère; n'approchons pas, de peur qu'il ne s'évanouisse à mes yeux, ce doux mirage de femmes, ce tableau divin qui reflète, peut-être, un autre monde, un autre soleil, un autre ciel.

« Vous ne paraissez pas dans votre assiette ordinaire, mon cher beau-fils, dit M. Chartoux, qui s'inquiétait de la rêverie d'Ulric.

— Oui, oui, je suis un peu préoccupé....

— Ah! le mariage n'est pas une petite affaire, j'entends. J'étais comme vous, quand j'allais me marier, absolument comme vous, je crois me voir. Il me survint une faillite de Montpellier qui m'accabla la veille de mon mariage, j'eus un remboursement sur les bras de cent vingt-sept mille francs de traites, je n'avais que dix mille francs en caisse. Sentez-vous cette position? Eh bien! je m'en tirai avec les honneurs de la guerre. Vous n'êtes pas dans le commerce, vous n'avez pas de ces secousses-là. Vos fonds sont bien placés.... Vous m'avez dit.... en rentes sur l'État?

— Oui.

— Cela vous rend le quatre, le quatre et demi?

— Oui.

— C'est peu, mais c'est solide.

— Oui.

— A moins qu'un bouleversement....

— Oui.

— Alors, nous sommes tous ruinés.

— Oui.

— Allons, venez, venez; nous trouverons Marguerite à son piano, elle vous chantera quelque chose. »

Ils entrèrent au salon. Mme Chartoux fit une révérence à son futur beau-fils, et lui présenta un fauteuil; Marguerite lui donna un sourire gracieux et familier.

« Embrassez-vous donc, enfants, » dit le père.

Marguerite et Ulric s'embrassèrent respectueusement. Ulric laissa tomber ses gants et son chapeau.

« M. Durand n'est pas avec vous? dit Marguerite.

— Il viendra plus tard, mademoiselle, répondit Ulric; il est parti pour Arles ce matin, il est allé voir sa femme, chez sa belle-mère.

— Ah! M. Durand est marié?

— Oui, mademoiselle, depuis trois ans; il habite Arles, ordinairement, où sa maison est établie; il est venu me voir à Nîmes; je ne l'avais pas vu depuis sept ans; nous sommes liés dès notre plus tendre enfance; c'est mon seul ami, c'est mon frère.

— Voyons, mets-toi au piano, dit M. Chartoux, et donne-nous une bonne idée de toi; nous venons ici pour t'entendre.

— Ah! mon Dieu! je ne sais rien, rien; il fait si chaud! Je suis là occupée à déchiffrer *Robert*. Connaissez-vous *Robert*, monsieur d'Anduze?

— Non, mademoiselle.

— Nous irons le voir à Paris, n'est-ce pas?

— Ah! il ne s'engage à rien, Ulric, dit le père, très-bien! C'est ainsi qu'il faut être. Ne promettez rien aux femmes, et donnez-leur tout.

— Voici déjà du monde qui nous arrive, dit Marguerite; j'entends des voitures.

— Vous me permettrez de recevoir, messieurs? »

dit la mère avec une certaine affectation de belles manières.

Ulric s'inclina et sortit.

« Grand Dieu ! dit Mme Chartoux, il est bien taciturne, ce soir, ton prétendu, dit-elle tout bas à sa fille.

— Et quel costume pour le bal ! dit Marguerite : en redingote bleue et des éperons !

— Il a trente mille francs de rente, » dit M. Chartoux.

Deux voitures tournèrent la terrasse. Ulric était déjà bien loin.

Le soucieux jeune homme entra dans un massif de chênes et s'assit; son esprit était assailli de pensées décousues, qu'il ne prenait pas la peine de relier en raisonnement; il n'avait plus la force de suivre logiquement une réflexion, pour arriver à une conséquence; il s'abandonnait à la volonté du moment, sans essayer de la maîtriser, comptant toujours, après tant d'hésitation, s'élever à une de ces violentes révoltes de l'âme, où l'on n'a plus besoin de calculer pour agir, où toute inspiration paraît bonne, parce qu'elle enfante un dénoûment.

Il avait ainsi passé plusieurs heures; il avait dépouillé de leurs glands tous les rameaux de chênes qui flottaient sous sa main. La nuit tombait avec sa langueur amoureuse; les collines versaient leurs parfums du soir ; les cloches sonnaient au village; les derniers rayons du crépuscule d'été doraient encore quelques flocons d'azur au couchant, et nuançaient, par intervalles, le sable d'argent que le Gardon roule et dépose sur ses deux rives, avec un léger bruit de satin. L'orchestre conviait les jeunes femmes et les jeunes hommes aux délices du bal. Ulric jeta une poignée de glands au fleuve, et dit, comme le cheval de Job : *Allons!*

Durand fut la première personne qu'il rencontra dans l'avenue. Durand était superbe, comme un élégant du balcon de l'Opéra.

« Très-bien ! s'écria-t-il, j'ai vu le moment où le bal commençait sans toi ; je te croyais encore dans les Arènes, devant la loge des courtisanes. Ah ! mon Dieu ! comme te voilà costumé pour un bal que tu dois ouvrir !

— Un bal de campagne ! dit Ulric avec humeur.

— Un bal de campagne ! mon ami, regarde ce monde, de loin : c'est comme à la préfecture, le mardi gras. Vois cette file de voitures ; nous avons toutes les autorités du département. J'ai amené ma femme, ma sauvage Arlésienne ; elle est coiffée à l'Osiris, comme la fille de Pharaon : prépare-lui un nom égyptien, toi qui connais le calendrier de l'Orient. Non ; mais, parole d'honneur, tu ne peux décemment paraître en redingote et en cravate blanche à ce bal. Écoute, écoute, voilà les premières mesures : c'est le quadrille danois ; on te cherche partout. Tiens, vois-tu le préfet qui passe avec ses décorations, et le général en costume de général, et tout l'univers nîmois !

— Enfin, que veux-tu que je fasse ? il y a trois lieues d'ici à Nîmes.

— Impossible ! ah ! il me semble que nous jouons la comédie.... Attends.... il faut que je me dévoue ; tout pour l'amitié ; voilà mon gilet et mon habit ; donne-moi ta redingote ; voilà ma montre ; pourquoi ne portes-tu pas de montre ?

— Une montre ne sert qu'à savoir l'heure qu'il n'est pas.

— C'est égal, on la porte pour la chaîne.... Voilà mon diamant et mes gants jaunes. Ote tes éperons, et laboure les hautes herbes avec tes bottes ; bien, elles luisent comme le vernis ; les bottes sont reçues au bal depuis la révolution de Juillet : nous avons conquis les bottes. Te voilà beau comme un héros de Balzac.

— Et toi, toi, Durand?

— Moi, je me sacrifie ; je vais prendre ton cheval et repartir ; tu ramèneras ma femme dans mon tilbury ; et ne l'oublie pas au moins !

— Mais je ne la connais pas, ta femme.

— Coiffée à l'égyptienne, avec des bandelettes ; les Arlésiennes descendent d'Osiris, d'Isis, d'Anubis, à ce qu'elles disent ; je l'ai présentée à M. Chartoux.... Une grande brune.... robe de popeline feuille morte ; extravagante, la robe.... Un collier de perles, un bras de la Vénus d'Arles, un pied d'enfant.... Cours ; adieu : on t'appelle.

— Mais comment?

— Va, te dis-je ! à demain ; je me dévoue ; c'est plus beau qu'Harmodius et Aristogiton : l'honneur du bal est sauvé. »

Et Durand poussa vivement son ami dans la direction de la terrasse. L'orchestre jouait : les danseurs cherchaient leurs vis-à-vis.

Ulric, paré des plumes de Durand, fit une grande sensation en paraissant dans le cercle.

« Ah ! vous voilà ! lui cria M. Chartoux ; vous avez été vous habiller à Nîmes? Marguerite se désole ; où est Marguerite? Au diable le bal ! j'ai commandé des glaces à Nîmes, elles sont arrivées brûlantes! Eh bien! il faut commencer le bal; voyons, amusons-nous. »

Une double haie de jeunes gens entourait les dames; Ulric découvrit Marguerite au milieu du cercle; elle rayonnait de joie et suspendait ses lèvres au flot d'adulations qui roulait autour d'elle. Un appel décisif de l'orchestre arrêta les galants propos; Marguerite se leva, regarda de tous côtés, et apercevant Ulric appuyé mélancoliquement contre le tronc d'un arbre, elle fut droit à lui, en disant avec gaieté :

« Venez donc, monsieur, je vous ai retenu pour la première. »

Ulric ne répondit rien; il prit la main qu'on lui tendait, et se mit au quadrille. Elle dansait à ravir les anges, la belle enfant! elle ne touchait la terre que pour ne pas humilier ses voisines; une grâce céleste accompagnait toutes les ondulations de sa robe; une joie d'enfant rayonnait sur sa figure et s'élevait à l'extase; il semblait que l'orchestre ne jouait que pour elle et qu'un nuage d'harmonie la balançait mollement dans l'air; il semblait que le vent du soir ne soufflait du fleuve que pour rafraîchir son teint, enflammé de la fièvre du bal; le sable uni s'amollissait sous ses pieds divins; la feuille de l'alizier se relevait joyeuse au contact de sa chevelure; le jeune danseur qui l'effleurait en passant, ne voyait plus qu'elle; la danseuse qui la regardait une fois, ne la regardait plus.

Le bal éclatait dans toute sa frénésie méridionale; les fleurs de juin croisaient leurs parfums avec les émanations irritantes des collines, ces vases de thym que le soleil échauffe pour embaumer les étoiles. Toutes les harmonies des nuits d'été accompagnaient les harmonies des quadrilles : quand l'orchestre s'interrompait brusquement, on entendait les chants qui montaient du sillon et des marécages, le bruit des fontaines, le roulement lascif du fleuve, la plainte de la brise dans les arbres ; alors tout ce monde heureux de femmes et de jeunes gens délivrés des prisons de l'hiver se précipitait, encore dans son ivresse, à l'air libre et frais de la nuit ; la salle de bal avait l'horizon pour muraille, les arbres pour tenture, le gazon pour siége, les étoiles pour lustres. Le bonheur semblait être invité à une fête après un long exil.

Ulric était épouvanté de se sentir heureux ; les hésitations de la journée avaient fait place à d'autres sentiments. Jamais il n'avait vu Marguerite dans cet éclat de séduction irrésistible.

« Oh ! que je l'avais mal jugée, dit-il ; non, elle n'appartient pas à ce monde, cette femme ! elle vient du ciel, comme la poésie dont elle est faite. Oh ! quel trésor d'amour ce cœur doit recéler et garder en réserve pour un amant ! »

A minuit, après une contredanse, Ulric offrit son bras à Marguerite, et l'entraîna, avec une hardiesse que l'irritation du bal lui donnait, vers une allée voisine, faiblement éclairée par quelques lampions expirants. Il ne lui avait pas adressé la parole depuis le commencement du bal ; il la regardait, et elle dansait toujours.

« Mademoiselle, dit-il, et la parole tremblait sur sa lèvre convulsive, mademoiselle, restez un instant avec moi, afin que seul, je puisse vous voir dans votre grâce de femme ; oui, j'avais besoin de vous voir ainsi de près immobile devant moi; ainsi recueillie pour m'entendre. Les autres vous ont assez vue ; ils ont brûlé votre robe avec la flamme de leurs regards. Oh! si vous n'étiez pas un ange, j'aurais bien souffert!... N'êtes-vous pas fatiguée du bal?

— Du bal! moi! eh! je danserais toute la nuit, et demain encore! Oh! j'adore le bal! ces contredanses de M. Musard sont ravissantes. Aimez-vous les contredanses de M. Musard?... Vous ne les aimez pas? J'en ai reçu un ballot.

— Oui, j'aime tout ce que vous aimez. Dites, n'aimez-vous pas ces belles nuits à la campagne? Ne trouvez-vous pas que l'amour est partout, que là lèvre brûle en prononçant ce nom?

— Nous parlerons de cela quand nous serons mariés, monsieur. A propos, papa se plaint de vous; il dit que vous le traitez déjà comme un beau-père, que vous ne l'écoutez pas quand il parle, ou que vous l'interrompez.

— Ah! votre père dit cela....

— Oui, mais n'y faites pas attention : entre beau-père et beau-fils, c'est la mode de se disputer; vous en verrez bien d'autres. Nous ne quitterons pas la maison, n'est-ce pas? C'est convenu. Papa est vif, mais bon; vous vous disputerez deux ou trois fois par jour : eh bien! vous vous raccommoderez. Moi, je ne puis pas quitter la maison, vous concevez ; une fille unique! Savez-vous jouer au billard?... Papa raffole de ce jeu ; vous jouerez, nous ferons de la musique, maman vous plaira, celle-là ne dit jamais rien, et....

— Écoutez, Mirrha....

— Mais pourquoi donc m'appelez-vous Mirrha?

— Écoutez Marguerite ; l'heure s'écoule, et nous perdons les plus beaux instants de notre vie, des instants que nous regretterons un jour. N'avez-vous jamais désiré ces causeries délicieuses de la nuit, ces douces promenades d'amants aux étoiles, quand tout se fait bonheur autour de soi ?

— Vous avez des questions un peu indiscrètes, monsieur mon prétendu.

— Moi, j'ai rêvé mille fois ces entretiens intimes, où le cœur de l'amant parle au cœur de son amante ; où la parole même est inutile, parce que l'amour est intelligent, l'amour, cette première langue des êtres! Oui, retenons-les bien, de toute la puissance de nos lèvres, ces instants qui s'en vont ; cueillons la minute qui vole, comme la fleur qui va se faner. Si vous saviez que de regrets nous préparons à notre avenir, par le dédain du présent ; le présent, cet or fluide que la jeunesse nous verse à pleines coupes, et que nous laissons fuir sous nos pieds! Dites-moi, avez-vous vu jamais une nuit plus sereine, plus amoureuse, plus embaumée? Avez-vous jamais compté plus d'étoiles au ciel? c'est votre lumineuse couronne d'épouse. La nature aussi vous donne une fête ; elle vous offre une corbeille de noces, elle vous enveloppe de cet air odorant comme d'une robe : cet amour immense qu'on respire partout, cette volupté langoureuse qui circule avec la brise, tout est une émanation de vos lèvres ; vous êtes la reine de la plus belle des nuits!

— Oh! nous aurons bien le temps de nous dire des tendresses ; moi, je ne crois pas que nous perdions les heures, comme vous dites ; je m'amuse beaucoup ; je danse ; j'aime le bal à la folie ; surtout l'hiver, dans un salon, à cause des toilettes ; il fait si chaud l'été ! vous croyez donc que je suis insensible ? Tenez, voilà que la mesure annonce une valse ; eh bien ! le cœur me bat ; mais il bat !

— Eh ! songez-vous aussi à.... notre mariage ?

— Si j'y songe ! je n'en dors pas, monsieur. Hier, j'ai fait une scène affreuse au facteur des messageries de Lyon qui m'apporte des cartons dans un état incroyable. Savez-vous ce que contenaient ces cartons ! une robe de pékin rayée, avec sa jupe de mousseline claire, et un chapeau de velours moiré, avec une fleur ponceau. Tout abîmé ! Vous croyez donc qu'il n'y a que vous qui pensiez au mariage ! Hier encore, j'ai commandé une robe de chambre en foulard, gros grain écossais, à manches pagodes, doublées de marceline bleue.... Comment trouvez-vous ce goût ?... Attendez : un bonnet de tulle-blonde, avec une garniture autour de la tête, et un nœud en chou, en tulle pareil, deux rangs de bavolets et trois nœuds blancs. Ça sera-t-il gentil ? »

Ulric, la tête inclinée sur l'épaule, les bras languissamment croisés sur la poitrine, écoutait Marguerite ; et la figure du jeune homme avait un sourire d'une expression étrange.

« Marguerite, dit-il avec mélancolie, vous étiez bien belle l'autre soir, en négligé, à la ville, quand vous chantiez ces beaux vers de Lamartine :

Un soir, t'en souviens-tu ! nous voguions en silence.

— De quoi donc allez-vous me parler, quand nous parlons affaire....

— Oui, c'est un souvenir qui me revient; excusez-moi.

> Éternité, néant, passé, sombres abîmes,
> Que faites-vous des jours que vous engloutissez !
> Parlez, nous rendez-vous ces extases sublimes
> Que vous nous ravissez !

— Eh bien ! où voulez-vous en venir ? Qu'est-ce que cela signifie ?
— Rien.
— Pourquoi avez-vous retiré votre main de la mienne ?
— Pour croiser les bras.
— Comme il est sec !
— Ah !
— Demain vous me verrez en robe de batiste blanche à manches courtes, avec un petit bracelet en émeraude, et des mitaines de filet; j'aurai les cheveux nattés avec deux médaillons de cristal, ici. Ah ! voilà la valse; valsez-vous ? »

Une grosse voix se fit entendre aux premiers arbres de l'allée.

« C'est papa, dit Marguerite. » Ulric ne bougea pas ; il regardait fixement la terre.

« Mon cher beau-fils, s'écria M. Chartoux, où donc avez-vous la tête ? Qu'est devenu M. Durand ? »

Ulric tressaillit à ce nom.

« Mme Durand a perdu son mari depuis trois heures ; elle vous fait chercher partout pour vous en demander des nouvelles, cette pauvre dame ! c'est qu'elle a failli se trouver mal.

— Ah ! mon Dieu ! dit Ulric portant la main à son front, où puis-je trouver Mme Durand ?

— Cela vous inquiète bien, monsieur, dit Marguerite.... Vous me quittez brusquement comme cela?

— Ne le retiens pas, dit M. Chartoux; il va consoler cette pauvre femme. Je crois que M. Durand s'est noyé dans le Gardon. »

Ulric, sur le seuil de la maison, tourna ses yeux vers la danse; la valse bouillonnait déjà; Marguerite valsait, emportant avec elle, dans l'air, un gigantesque conseiller municipal.

Il trouva Mme Durand, seule dans le cabinet de M. Chartoux, écrivant une lettre à Nîmes, Ulric s'excusa fort poliment auprès d'elle, et lui emprunta sa plume pour écrire un billet.

« Maintenant, dit-il à Mme Durand, nous pouvons partir; je suis à vos ordres. »

Et il regardait Mme Durand, qui, la tête haute et immobile, les bras nus et allongés sur la table, ressemblait à une divinité des mystères d'Isis.

« Cette femme ne rappelle rien de connu, dit Ulric en lui-même. Quels beaux yeux noirs! quelle divine tête! quels bras!

— Vous vous mariez donc, monsieur? dit Mme Durand.

— On le dit, répondit Ulric.

— Le mariage est un tombeau, » dit la belle Arlésienne.

Ulric s'effraya comme s'il eût entendu quelque oracle sortir de la lèvre d'un sphinx, devant la pyramide de Chéops.

Il monta en tilbury avec l'Égyptienne d'Arles, et appelant un domestique, il lui dit:

« Portez ce billet à M. Chartoux. »

La valse finissait, et M. Chartoux donnait le bras

à sa fille, haletante de fatigue, pour la conduire au salon, lorsque le domestique lui remit le billet d'Ulric. M. Chartoux rompit le cachet, regarda la signature, et dit :

« C'est de mon beau-fils ! »

Sa femme et sa fille se groupèrent à ses côtés pour entendre la lecture du billet.

« Je l'ai toujours dit, s'écria M. Chartoux écumant de colère, c'est un fou !

— Lisez, lisez ! dirent les femmes.

— Voici sa lettre, dit M. Chartoux :

« Monsieur,

« Je vous ai demandé votre charmante fille en mariage, il y a quinze jours. Après-demain les bans devaient être publiés ; il est donc urgent de prendre une détermination, voici la mienne : je n'aurai pas le bonheur d'épouser votre fille ; je me déchire le cœur, mais il le faut ; il vaut mieux rompre avant qu'après.

« Ulric d'Anduze. »

Marguerite s'évanouit, selon l'usage, et sa mère crut devoir l'imiter.

III

Le lendemain, à neuf heures du matin, Ulric fut réveillé dans sa chambre de Nîmes par une série de coups lestement donnés à la porte. Le domestique ouvrit, et Durand entra.

« Je te remercie de ta complaisance, dit-il en présentant la main à Ulric ; tu m'as ramené ma femme saine et sauve. Elle m'a conté votre voyage ; vous n'avez donc versé que deux fois ; c'est peu, car il paraît que ta main *sur les chevaux laissait flotter les rênes*, et que le mariage te préoccupait comme un malheur. Moi, j'ai regretté de t'avoir quitté ; car après tout je pouvais me promener dans les bois, bien que cela m'ennuie à la mort. Rien ne m'ennuie comme la campagne, excepté un bal pourtant. J'ai perdu ma soirée, quand je n'ai pas fait vingt tours sur l'esplanade et trois parties d'échecs. Eh bien ! où en sommes-nous ? tu es pâle comme un jeune marié : as-tu bien dansé avec la Myrrha des Babyloniens ? »

Ulric s'habillait lentement ; il prit sur la cheminée un papier chiffonné, et dit d'une voix sourde à Durand :

« Tiens, voilà la copie du billet que j'ai fait remettre à M. Chartoux cette nuit ; lis.

— Admirable ! mon ami, s'écria Durand, prodigieux !... On regrette cent fois de s'être lié, on ne regrette jamais d'avoir rompu. Vraiment, je te croyais perdu, noyé dans le Gardon ; d'autant plus que M. Isambert a laissé tomber à plat le divorce à la chambre. Oh ! je veux t'embrasser.

— Ah ! mon ami, si tu savais ce que cela me coûte !

— Dieu a inventé les lendemains pour nous guérir. Attends vingt-quatre heures.

— Non, non, je suis blessé au vif ; plains-moi.

— Allons faire un tour de promenade aux Arènes.

— Impossible ! vois comme je suis abattu ; moi qui aurais déraciné un chêne, hier.

— Nous irons déjeuner chez Guirand ; nous sortirons forts comme le pont du Gard et gais comme des vaudevilles...Voyez donc comme ce jeune homme est faible! le plus robuste lutteur des Cévennes!... Je ne sais pas pourquoi le comte Gérard me revient encore à l'esprit. Veux-tu que je te conte l'histoire de ce comte, calembour à part?

— Une autre fois ; je n'ai pas l'oreille au récit aujourd'hui.... Malédiction sur ce monde !

— Ah! nous voici retombé dans le drame ! Laissons passer la tirade.

— Pauvre enfant ! pauvre Marguerite!... Elle a fait son métier de femme !

— Réaction ! tu l'épouseras demain.

— Non, non....

— Après-demain.

— Non, te dis-je, cent mille fois non !... J'ai failli me condamner de gaieté de cœur au supplice de Mézence !...

— Ceci sort de mon érudition.

— Quelle vie ! traîner avec soi son corps.... et désirer l'âme ! J'ai bien fait ; je suis content.

— Ah ! bravo ! il ne te manquait plus que ton approbation. Allons déjeuner chez Guirand.

— Mais, dis-moi, où se réfugier maintenant, lorsque la société vous chasse?

— La société ne te chasse pas, mon ami ; M. Chartoux n'est pas la société.

— Hier encore, tu me disais que l'honneur s'opposait à une rupture ; tu t'en souviens?

— Je voulais te sonder ; tu m'as fort bien répondu. Jamais je ne t'aurais donné un conseil dans une démarche de cette nature ; en fait de mariage, il faut laisser le libre arbitre à son ami; aujourd'hui tu brises tout, je t'applaudis, je t'embrasse, je crie bravo!

— Heureux temps où l'homme avait des refuges!

— Viens chez moi.

— Des refuges dans quelque monastère au milieu des bois, bien loin des villes, un monastère isolé comme un navire en pleine mer. Rome n'a plus de Thébaïde, et la France n'a plus de couvents!

— Pour le coup, voici le comte Gérard plus de circonstance que jamais! As-tu l'oreille au récit?

— Parle, si cela t'amuse.

— Je serai court, quoique l'histoire originale ait quatre volumes. Le comte Gérard était de Nevers, je crois, ou de Tournus, ou de quelque autre pays du nord. A vingt-cinq ans il ne savait que faire, parce qu'il avait tout fait et tout mal fait. Il fréquentait un seigneur son voisin; il le défia en champ clos; le seigneur lui fit répondre qu'il n'avait aucune raison de se battre avec un bon voisin, et qu'il ne se battrait pas. Gérard lui enleva sa femme. Il y eut alors une sorte de raison. On se battit, et Gérard tua le mari; selon le jugement de Dieu, qui jugea bien mal cette fois. Ce divertissement ne procura au comte Gérard qu'une quinzaine de jours d'émotions. Après il retomba dans la monotonie de la probité. Il chercha dans le voisinage d'autres seigneurs à tuer; mais c'étaient tous des vieillards veufs et goutteux. Le comte Gérard ne savait où donner de la tête.... Cela t'amuse, Ulric?

— Jusqu'à présent, pas trop.

— Tu vas voir.... D'ailleurs, soyons justes, que pouvait faire un gentilhomme riche en ce temps-là? Le comte Gérard courut la province, cherchant des tournois : dans ces passe-temps chevaleresques, il tua trois chevaliers et en blessa beaucoup. L'ennui le prit encore ; cette fois on prêchait une croisade ; il partit pour la Palestine. Gérard était fort peu dévot, mais il obéissait à la mode : il vit Jérusalem de près ; il rompit des lances avec les farouches musulmans ; il enleva des Clorindes et des Herminies ; il tua deux princes sarrasins ; puis, étant attaqué de la peste, il tua la peste. La croisade finie, il rentra dans ses foyers, et retomba dans un vide affreux. Tous ses voisins étant morts en Palestine, de la peste, et ses vassaux de la faim, il habitait un désert ; il était locataire du néant. L'infortuné Gérard se vit contraint de retourner en Palestine, mais le dégoût arriva bientôt cette fois ; les croisades mêmes lui manquant sous les pieds, il se mit à réfléchir pour la première fois de sa vie. A l'âge de trente-quatre ans, il avait tout usé jusqu'à ses cuirasses ; tout à coup le comte blasé se relève avec une idée. Jérusalem l'inspira : il ramassa son argent et se bâtit un monastère dans le département de l'Ain ; il se fit prieur, comme de raison, et envoya des circulaires à quelques vieux chevaliers, ses amis, aussi ennuyés que lui, pour les engager à se faire moines. La moitié de ces chevaliers persista dans la chevalerie, l'autre répondit à l'appel. On inaugura pompeusement le monastère ; Gérard prit ses grades en théologie et devint abbé, tout le monde se cloîtra et fit pénitence. Le comte vécut, avec un plaisir infini, jusqu'à l'âge de quatre-vingt-quinze ans, et il a été béatifié par le pape Paul III. La légende le met au rang des saints ; c'est fort agréable, ma foi ! Voilà l'histoire du comte Gérard.

— Oui! tu en parles légèrement de ces choses; cependant elles sont toujours sérieuses au fond, malgré ce vernis frivole. Oh! le siècle n'est plus à ces héroïques sacrifices. Je vois Rome, et je ne vois pas le désert.

— Veux-tu habiter un désert? un véritable désert?

— Oui!

— Vas à Paris. Tu ne connais pas cette ville; ah! c'est la Thébaïde du dix-neuvième siècle! il y a tant de monde qu'il n'y a personne. Qui connais-tu à Paris? Pas un être vivant; eh bien! marche dans la foule : ce sera toujours pour toi comme si tu voyais des arbres qui se promènent; on ne salue pas les arbres; tu n'auras pas un *bonjour, monsieur*, à dépenser. Prends un désert, le plus désert possible, tu seras toujours dérangé par quelque bête féroce ou par quelque caravane qui te forcera de chanter avec elle : *Dieu est grand et Mahomet est son prophète!* tu tomberas dans quelque hutte d'Arabe qui t'offrira du lait de chamelle et te fera un conte des *Mille et une nuits* à dormir debout. Promène-toi sur le boulevard de Gand, à Paris, personne ne te fera rien chanter; surtout on ne te donnera rien. Tu peux vivre ainsi, comme le comte Gérard, jusqu'à cent ans; le pape ne te canonisera pas; mais en 1836, on ne peut pas tout avoir.

— Voilà, je crois, ce que tu as dit de plus raisonnable depuis ce matin.

— Il faut se lancer dans les folies pour trouver la raison.

— Oui, je crois avoir lu quelque part que la foule était un désert.

— C'est possible; mais j'ai perfectionné l'idée.

— Oh ! puisque je ne puis vivre.... J'ai la ressource des Cévennes aussi.

— Des Cévennes ! y songes-tu ? c'est ton pays ; on te forcera d'être adjoint, juré, conseiller municipal, sous-lieutenant de la garde nationale, président de la caisse d'épargne et philanthrope ! A Paris, tu ne seras rien du tout, excepté misanthrope. Tu feras de longs monologues contre la société ; pourvu que tu ne les imprimes pas, cette horrible société te donnera, pour ton argent, des filets de chevreuil chez Tortoni du vin de Johannisberg, dans des coupes vertes aux Frères provençaux ; de la musique de Meyerbeer, de Rossini, d'Auber, d'Adam, à trois théâtres ; des drames de Hugo, de Dumas, et des comédies de Scribe partout. Cela manquait au comte Gérard ! Dans le jour, il se fera autour de toi un tel fracas de roues, de chevaux, d'enseignes, de tonnerres d'omnibus, d'orgues barbares, de chiens obscènes, de vendeurs enroués, que tu ne trouveras pas une place dans l'air pour y loger une pensée de désespoir. Paris est la seule chartreuse que la révolution n'ait pas détruite ; va t'y cloîtrer, mon ami.

— Nous réfléchirons à cela.... tais-toi, j'entends mon domestique dans l'escalier.... voici quelque visite, c'est sûr. »

Durand ouvrit la croisée, et la referma avec précaution.

« Mon ami, dit-il à voix basse, il y a là-bas une voiture que je crois reconnaître.... c'est....

— M. Chartoux....

— Bon courage contre l'assaut ; ne mollis pas. Veux-tu que je sorte ?

— Non, demeure.... j'ai besoin de toi.... Entre dans ce cabinet....

— Sois ferme.... songe au comte Gérard. »

Durand s'enferma dans le cabinet. Le domestique annonça M. Chartoux.

Ulric, debout et dans une agitation orageuse, salua froidement le terrible visiteur, et lui présenta un fauteuil.

M. Chartoux fit un geste de refus.

« Monsieur, dit-il en s'efforçant de rassurer sa voix, monsieur, ce billet est-il de votre main? »

Ulric répondit par un signe de tête affirmatif. M. Chartoux ne put continuer qu'après un long repos:

« Vous avez quelque motif grave pour rompre ainsi une affaire conclue?

— Un motif très-grave.

— Pouvez-vous me le communiquer?

— C'est impossible, monsieur.

— Cela touche aux mœurs?

— Oh! non, monsieur.

— A la probité?

— Encore moins.

— Avez-vous découvert chez ma fille quelque inclination secrète, qu'elle aurait eue à l'insu de son père?

— Votre fille, monsieur, est la plus honnête et la plus pure des femmes.

— Auriez-vous entendu des propos tendant à vous laisser supposer que ma fortune n'est pas établie sur des bases....

— Non, non, monsieur....

— C'est qu'il y a des envieux dans les villes.... et lorsqu'on a gagné, à la sueur de son front, une fortune honorable, on est exposé à la médisance, à la calomnie, à une....

— Croyez-bien, monsieur, que je n'ai pas cédé à de pareilles idées; j'ai moi-même plus de fortune qu'il ne m'en faut pour vivre avec une famille et tenir un rang honorable.

— Ne trouvez-vous pas ma fille d'assez bonne éducation? Elle a été élevée chez les dames Lefèvre, de Paris, à Montpellier, où elle a remporté trois prix, le prix de sagesse, le prix....

— Votre fille est charmante et son éducation exquise; elle doit faire le bonheur d'un époux.

— Eh bien! pourquoi ne l'épousez-vous pas.

— Parce que je crains de ne pas la rendre heureuse comme elle mérite de l'être. Ce n'est pas devant votre fille que je recule, c'est devant le mariage.

— Vous aurais-je blessé, moi, par quelques propos? moi souvent à la campagne j'aime à folâtrer, et il serait possible qu'une plaisanterie....

— Je vous assure que vos plaisanteries ont toujours été décentes avec moi.

— Alors, je m'y perds. »

M. Chartoux regardait le plancher en tourmentant le nœud de sa canne. Ulric appuyait son front sur ses mains.

« Il faut donc, dit M. Chartoux après une longue pause, il faut donc que je rentre à la campagne, sans avoir une bonne raison à donner à ma femme? »

Ulric ne répondit pas.

« Je ne puis donc rien vous arracher de satisfaisant, monsieur? »

Même silence.

« Il faut donc que je devienne la risée d'une ville, ou que je m'expatrie?

— Nous nous expatrierons tous, monsieur.

— Expatriez-vous tant que vous voudrez, vous, monsieur, s'écria M. Chartoux en frappant le carreau ; mais moi je veux rester.

— Eh bien ! restez !

— Voilà qui est bien dur, monsieur, et bien insolent ! »

Il leva la canne sur la tête d'Ulric.

« N'oubliez pas que je suis chez moi, dit Ulric avec dignité.!

— Les voilà, les voilà, les jeunes gens d'aujourd'hui, avec leurs idées de philosophes! Des fous qui jouent avec ce qu'il y a de plus sacré, avec l'honneur des femmes, avec le repos des familles !

— Monsieur, dit Ulric, un instant, un seul instant, vous m'avez ébranlé : vous venez de me rendre mon courage ; je vous prie de ne rien ajouter de plus.

— C'est bon ! »

Et M. Chartoux sortit brusquement, pâle de colère, et agitant sa canne en signe de menace. On entendit bientôt le bruit de la voiture sur le pavé.

« Il est à plaindre, dit Durand, ouvrant la porte du cabinet.

— Moi, plus à plaindre que lui, répondit Ulric les larmes aux yeux.

— Mon Dieu! n'allons pas nous plonger dans la tristesse! Il faut prendre un parti. Avant tout, quittons cette chambre, cet appartement, cette maison. Il y a un écho de M. Chartoux qui restera incrusté à ce plafond. Viens chez moi.... Eh bien! tu me regardes avec des yeux effarés.... Tu trouves mon offre extraordinaire?... Ce n'est pas à mon comptoir que je t'invite, c'est à mon jardin *extra-muros*.... Il y a une bibliothèque choisie, une serre, un bassin, un billard, des arbres, ma femme et mes petits enfants.

— Il y a une chose de trop.

— Les petits enfants? J'ai deviné; sois tranquille: ils ne t'inquiéteront pas; je les exilerai. D'ailleurs, ils sont si jeunes! Allons, décide-toi; viens-tu? Le spectre de M. Chartoux va te poursuivre ici.

— Je te suis.

— Embrasse-moi et partons. Le domestique peut rester. »

Les deux amis descendirent. Ils traversèrent la ville, et se dirigèrent vers le jardin hospitalier.

C'était une retraite délicieuse et voisine de la *Fontaine :* tout y respirait une quiétude opulente. La maison se voilait de trois rideaux de tilleuls, et les rameaux avancés flottaient sur les jalousies. Ulric ne put s'empêcher de dire :

« Oh! qu'on est bien ici!

— Ma femme arrivera bientôt, dit Durand, et nous déjeunerons là, devant la volière; le couvert est mis. Tu peux rester ici deux ou trois jours pour ta guérison, et, quand tu seras convalescent, tu iras à Paris.

— C'est entendu; oui, je partirai après-demain.... On peut arrêter les chevaux de poste. Prépare-moi une lettre de crédit de dix mille francs.

— C'est bien peu. En arrivant, il serait sage de se lancer dans toutes sortes de débordements pour t'étourdir; il te faut un crédit de vingt mille francs au moins. D'ailleurs tu ne peux te dispenser de jouer.

— Je n'ai jamais joué.

— Tu commenceras, le jeu tue l'amour. Vá, crois-moi, je ne te donnerai jamais que de bons conseils. Voici ma femme qui arrive; devant elle soyons graves, et respectons le mariage. »

Ulric courut dans l'allée pour offrir sa main à Mme Durand, qui descendait de voiture. Ulric était ému; il voulut s'excuser sur le farouche silence qu'il avait gardé dans le tilbury, la nuit précédente, mais la phrase n'arriva pas heureusement.

« Il faisait bien beau cette nuit, » répondit Mme Durand.

Et elle alla déposer son mantelet dans le salon.

« Comme elle est belle, ma femme! dit Durand à Ulric; n'est-ce pas? On dirait que je l'ai trouvée dans les fouilles du *Proscenium;* eh bien! j'y suis habitué. Chut! mettons-nous à table. »

La belle Arlésienne avait jeté sur ses magnifiques cheveux noirs une résille de soie rouge qui coulait en deux bandelettes sur ses épaules de statue : un arbre de Judée s'inclinait en face d'elle, et nuançait de reflets rouges et mobiles les bras nus, la figure et le sein de l'admirable femme. Ulric tremblait comme l'arbre. Il se rappela l'émotion de cet artiste qui découvrit la Vénus de Médicis dans la fouille de la villa d'Adrien, et il se dit à lui-même :

« C'est tout simplement une émotion d'artiste que j'éprouve à cette heure. »

Hélas! sa statue était vivante.

Au dessert, Durand se leva en disant :

« J'ai donné le matin à l'amitié; maintenant je vais aux affaires. Ulric, je te laisse avec madame; nous nous reverrons au dîner. Ulric, viens m'accompagner jusqu'au portail.... Eh bien! franchement, comment trouves-tu ma femme?

— Mais je te félicite....

— As-tu vu comme je suis digne et réservé devant elle?

— Oui.

— Tu me crois indifférent, n'est-ce pas!... Avoue que je parais un véritable mari de comédie.... Ne te fie pas aux apparences; je l'aime à l'adoration. Adieu. »

Ulric resta encadré dans le portail; il regarda longtemps la même place, et lorsqu'il revint sur la terrasse, il trouva l'Arlésienne assise et brodant sous les arbres. Elle ne regarda point de son côté; elle ne manifesta aucun désir de conversation; aussi le timide jeune homme se tint à distance et se contenta de contempler, toujours en artiste, la plus belle des filles qui aient baigné leurs pieds dans le Rhône, devant la ville aînée de Constantin.

Le soir, après le dîner, Ulric resta seul encore dans le salon avec l'Arlésienne. Ils échangèrent de temps en temps quelques phrases décousues; la femme ne répondait jamais qu'en deux ou trois mots, et ses réponses avaient toujours l'air d'avoir un sens profond qui imposait à Ulric une longue méditation. A minuit, Ulric sentit au cœur une impression toute nouvelle en voyant l'Arlésienne, en robe blanche et la lampe à la main, traverser le corridor et fermer la porte d'une chambre. Il ouvrit une croisée pour respirer la fraîcheur et la vie qui tombent des étoiles, et pour demander au ciel le mot d'une énigme effrayante. Le ciel ne répondit pas.

Huit jours après, en partant pour la ville, Durand dit à son ami :

« A quand les chevaux de poste ? »

Ulric répondit :

« Je suis encore malade, mon cher.

— C'est bon ! quand tu voudras.

— Il faut partir pourtant, dit-il en lui-même ; partir ! Il y a du feu dans cet air ; ce gazon brûle ; il y a des empreintes qui embrasent les pieds ! il faut partir ! tout s'empoisonne autour de moi. Gagnons le port avant la tempête. Oh ! ce n'est pas cette Arlésienne au moins que je redoute, quoiqu'elle soit terrible.... je crains cette vague passion, cette passion inassouvie qui gronde là.... ce démon qui déchire mon sein, et qui veut un aliment.... »

Et il marchait, la chevelure au vent et broyant les herbes sous ses pieds ; dans sa préoccupation, il ne voyait pas son domestique arrêté au bout d'une allée devant lui.

« Que veux-tu ? dit Ulric.

— Un étranger demande monsieur.

— Son nom ?

— Il ne l'a pas dit.

— Où est-il ?

— A la *Fontaine,* devant les *bains de Diane ;* je n'ai pas voulu le conduire ici.

— Tu as bien fait.... je vais le joindre.... aux *bains de Diane !* Quel souvenir ! »

Il jeta un coup d'œil d'habitude à la muette Arlésienne, posée sur un vase, comme la Polymnie du Louvre, et sortit du jardin.

La promenade de la *Fontaine* était déserte ; on entendait un bruit ravissant d'eaux, de feuillage et d'oiseaux ; un calme divin régnait dans les allées ombreuses : c'était une de ces heures où l'homme se réconcilie avec Dieu et avec l'homme en voyant tant de sérénité autour de lui.

Ulric recula comme devant une apparition. Entre deux touffes de figuiers sauvages qui flottaient aux parois de la ruine romaine, il vit Marguerite en habits d'homme : une redingote verte serrait étroitement sa taille élégante ; une casquette écarlate couvrait ses cheveux blonds et bouclés. Le fantôme fit un signe du doigt, et Ulric marcha hardiment vers la ruine.

« Vous m'avez reconnu, c'est bien, dit l'apparition ; approchez. »

Ulric avait au visage cette pâleur nerveuse qui arrive aux plus braves dans les crises surnaturelles.

« Ce n'est pas sa voix, dit-il ; ce ne sont pas ses yeux.

— Ajoutez, en tremblant, ce n'est pas son sexe. Je suis le frère de Marguerite. »

Ulric changea de maintien et se posa fièrement.

« Savez-vous manier une épée, monsieur ?

— Non ; je n'ai jamais perdu mon temps à ces futilités.

— Savez-vous presser la détente d'un pistolet ?

— C'est possible.

— Avez-vous du courage ?

— Je n'en sais rien ; je n'ai jamais trouvé l'occasion d'en montrer.

— Je vais vous l'offrir. Acceptez-vous un combat à mort ?

— Avec qui ?

— Avec moi.

— Avec Satan, oui; avec vous, non.

— Non! dites-vous ; non!...

— Ne menacez pas, enfant, ou je vous écrase entre ces deux doigts, comme la meule écrase le grain de blé.

— C'est bien! votre conduite se soutient.... Allez, allez.... J'ai cru trouver un homme.... le malheureux! il a sacrifié ma sœur à la femme de son ami, et il me refuse satisfaction! »

Ulric bondit sur les ruines, et s'écria écumant de rage :

« Qu'avez-vous dit? qu'avez-vous dit? Répétez votre phrase : je ne l'ai pas entendue.... Qu'avez-vous dit?

— La vérité, puisque vous êtes si ému.

— Vous allez rétracter cette atroce calomnie.

— Je ne rétracte rien.

— Si vous la rétractez, je me bats.

— Je la rétracte.

— Votre jour.

— Ce soir.

— Le lieu?

— Au pont du Gard.

— Vos armes?

— A votre choix.

— Vos témoins?

— Je serai le vôtre, vous serez le mien. Quand il s'agit de l'honneur des femmes, on est déjà trop de deux.

— Vous parlez comme un homme.

— Vous verrez si je suis un enfant. Ce soir, à dix heures, devant la grotte des Bohémiens.

— Au pont du Gard. »

IV

Quand un épouvantable incident vient de bouleverser votre âme, et que vous emportez au cœur, dans la tranquille demeure de vos amis, un secret de vengeance et de mort, une pensée de sang, rien ne frappe et n'attendrit comme le calme heureux qui règne dans la famille où vous vivez ; car elle ignore la terrible scène dont elle est menacée ; elle vous reçoit dans vos angoisses du jour, comme dans votre sérénité de la veille ; elle est trompée par ce faux air de quiétude que votre visage emprunte à la force de l'âme ; elle ne voit pas, comme vous, le nuage livide qui souille l'horizon.

On dînait à cinq heures chez Durand : Ulric se promena quelque temps à la *Fontaine*, pour se composer une figure, et quand il se sentit l'homme de tous les jours, il entra au jardin. Durand jouait avec ses enfants ; la belle Arlésienne souriait à sa famille ; les oiseaux chantaient dans la volière ; un rayon dorait le figuier du puits et parfumait la treille de l'odeur du pampre ; la petite gerbe du bassin donnait à l'écho un bruit clair et joyeux ; par intervalles, le rossignol jetait du haut du peuplier une roulade éclatante comme une fusée d'or. Dans les rêves qu'on fait du bonheur on entrevoit toujours un tableau de ce genre ; le bonheur a des accessoires peu variés ; il est simple et facile à saisir. L'homme dédaigne toujours les conquêtes faciles.

On se mit à table. Ulric avait établi sur sa figure

un sourire en permanence. Il s'était résigné à cette expression de béatitude avec un courage héroïque.

« Nous t'avons ménagé une surprise, lui dit Durand, et, ma foi! tu me parais ce soir de si bonne humeur, que je m'applaudis de mon idée. Écoute : ma femme est folle du bal; les Arlésiennes ont toujours adoré la danse; on a trouvé l'autre jour encore dans les fouilles du *Podium* quatre statues de danseuses; tu vois que c'est une passion héréditaire. Comme tu as pris ton parti en brave, je puis te rappeler que madame était venue d'Arles exprès au bal de Chartoux pour danser à mort; tu sais ce qui est advenu : elle n'a pas fait un temps de galop. Il fallait donc réparer les torts de cette soirée, et nous donnons ce soir un petit bal de famille et d'intimes. »

Ulric retint à deux mains son sourire stéréotypé, et dit :

« Ce soir, ce soir.... ah!

— Ce soir même. J'ai fait douze invitations, tu vois qu'on ne s'étouffera pas. Il y aura deux sœurs de ma femme et trois de ses cousines; elles arrivent d'Arles dans une heure, exprès pour notre bal : cinq belles créatures qui descendent de la famille arlésienne de l'empereur Gallus. C'est une collection ravissante de profils antiques, à angle droit, comme on n'en trouve plus que chez nous. Tu vois que je songe à toi, artiste.

— Ah! c'est pour ce soir? dit Ulric nonchalamment et n'ayant pas la force de retenir le mensonge de son sourire.

— Oui, ce soir, ce soir à neuf heures; je te prêterai un habit.... Eh bien! cela te rend soucieux.... Tu avais des projets?

— Non.... oui.... oui.... j'avais....

— Quel projet?

— Oui.... tu sais..., ce que nous avons dit l'autre jour.... La Thébaïde.... le comte Gérard.... la caravane du désert.... Dieu est grand et Mahomet....»

Mme Durand ouvrait des yeux de sphinx d'une dimension pyramidale.

« Oh! dit Durand, rien ne presse ; la caravane attendra.... un ou deux jours de plus....

— Combien faut-il de temps pour aller à cheval au pont du Gard?

— Que diable me demandes-tu là.... Tu as été vingt fois au pont du Gard.

— Oui, le jour.... mais la nuit.... au clair de lune....

— Eh bien! la lune ne meurt pas aujourd'hui.... Ah çà! il est donc écrit que tu troubleras tous les bals de la ville et de la banlieue?

— Il faut bien une heure et demie, à cheval!...

— J'ai deviné! tu as un rendez-vous avec Myrrha.»

Ulric fit un signe mystérieux, comme pour prier son ami de se taire. Durand resta la bouche béante. Sa femme couvrit Ulric de ses beaux yeux noirs et quitta la table. Les deux jeunes gens continuèrent.

« Tu es tombé dans le piége! dit Durand ébahi.

— Non, non.... pas précisément.... Tu ne conçois pas que....

— Voyons.... parle....

— Tu sauras tout demain.... Aujourd'hui, j'ai une raison....

— Et mon bal?

— Oh! il faut commencer le bal! J'espère.... il est possible que je sois de retour avant la fin.

— Mais où donc as-tu pris le temps de renouer?

Comment cela s'est-il fait? Tu n'as pas quitté la maison depuis dix jours.... On t'a écrit?

— Oui.... J'ai reçu des nouvelles de vive voix.... Il se fait tard.... Combien faut-il de temps pour aller, à cheval, à la grotte des Bohémiens?

— Un rendez-vous dans une grotte?

— Non.... la grotte n'y est pour rien.... Tu verras.... Il est fort tard, je crois?...

— Ma foi! si tu n'es pas fou.... Oh! je ne te quitte pas.... Ulric, tu me caches un projet sinistre.... Ta figure est verte comme une feuille de vigne.... Tu me fais peur.... Eh bien! tu te lèves! Tu pars!

— Oui.... oui.... laisse.... nous nous reverrons.... embrasse-moi....

— Ah! tu as quelque horrible idée!.... Oui, ta gaieté n'était pas naturelle quand tu es entré.... tu as une infernale pensée au cœur!...

— Embrasse-moi, mon ami.

— Oh! je ne te quitte pas!... »

Durand saisit Ulric à deux mains et s'efforça de le retenir; Ulric, avec ses bras d'athlète, se débarrassa facilement de ses étreintes, et s'élança comme un chevreuil des Cévennes par-dessus les haies : l'homme le plus agile n'aurait pu suivre dans sa course ardente le jeune et impétueux montagnard. L'air porta un *adieu* déchirant au paisible jardin.

Son domestique, qui avait déjà reçu ses instructions, attendait le jeune homme dans le vestibule de sa maison.

« Tout est-il prêt? demanda Ulric.

— Oui, monsieur.

— Mon cheval?

— Sellé, à l'écurie.

— La boîte que tu as achetée?

— Pendue sous la selle et couverte.

— Tout de suite fais mettre les chevaux de poste à ma calèche, et va m'attendre à l'auberge de Lafoux, dans la cour de l'auberge, entends-tu? Surtout, de la diligence. Si on t'interroge, ne réponds à aucune question et paye bien. A minuit, si je ne suis pas de retour, tu ramèneras les chevaux à Nîmes, et tu partiras le lendemain pour Saint-Hippolyte, avec cette bourse de mille écus que je te donne. Pas un seul mot de plus. »

Neuf heures sonnaient à Remoulens quand Ulric arriva au pont suspendu; mais, cette fois, il ne le traversa pas. Il laissa le village et le pont à droite, et s'enfonça dans la sombre forêt de chênes qui borde la route du pont du Gard. Il avait encore une heure devant lui. Ne craignant pas d'arriver trop tard au rendez-vous, il ralentit le pas de son cheval et se plongea mélancoliquement dans les réflexions qui naissaient de la circonstance

« Quel monde et quelle vie! se disait-il à voix basse, comme s'il eût fait des réflexions mystérieuses à un ami. Dieu nous a donné l'amour, plaisir qui fait beaucoup de bruit, et bien au-dessous de sa réputation! Enfin, on s'en contenterait, faute de mieux, et voilà que le hasard épuise toutes ces combinaisons pour troubler notre petite joie d'enfant! Il y a autour d'une passion plus de buissons épineux que dans cette forêt. Il semble que tout conspire icibas contre l'amour : c'est le jardin des Hespérides, gardé par un dragon; il faut toujours courir la chance d'être dévoré pour cueillir une pomme d'or. Moi, j'aurais pu me retirer tranquillement de cette intrigue innocente et continuer mon chemin ; point du tout : il y a un frère.... S'il n'eût existé ! La route du plaisir est semée de frères, de pères, de maris, de rivaux, de jaloux, d'envieux, tous armés d'épées et de pistolets! O volupté !... les anciens avaient fait de l'amour un *petit dieu malin!* C'est la seule sottise des anciens.... Allons nous faire tuer. »

Et, tout en parlant ainsi, Ulric se rapprochait toujours du lieu du rendez-vous. Un ruban argenté se dessinait derrière les chênes : c'était le Gardon. Ulric doubla un promontoire de collines à sa gauche, et découvrit le pont du Gard dans la transparence d'une nuit d'été.

Cependant le tonnerre grondait par intervalles sous un nuage noir encore tout enflammé des exhalaisons du jour. Le roulement de la foudre retentissait à triple écho sur les arches superposées de l'aqueduc triomphal, comme la roue d'airain d'un char à une ovation consulaire. Le ciel était écartelé d'azur lumineux et de ténèbres orageuses, un sourd murmure de feuilles druidiques se prolongeait dans les bois de chênes, en se mêlant aux plaintes nocturnes et monotones du grillon.

Ulric arriva devant la grotte des Bohémiens ; il poussa un cri d'appel, et personne ne répondit ; sa voix ricocha d'ellipse en ellipse sous les arches colossales de l'aqueduc romain, comme un son que l'orchestre varie à l'infini. Le monument éternel qui a survécu aux folies séculaires de l'homme étendait ses bras pour se reposer à l'ombre de la nuit sur deux montagnes. La forêt de chênes couvrait son front comme une immense couronne murale décernée au triomphateur. Le fleuve, brisé aux angles de ces assises prodigieuses, les remplissait d'harmonie, et il semblait alors que l'aqueduc faisait un entretien sublime à la nuit, et racontait ces temps passés où Rome s'associait avec Dieu pour accomplir quelque magnifique travail.

« Quelle dérision, disait Ulric, de venir traîner nos misères au pied de ce géant! quel flot d'ironie ce monument laisse tomber sur nous, lui qui a usé l'ongle et la dent du sarrasin! »

Le jeune homme descendit de cheval devant la grotte et l'attacha à un arbre. Il prit ses armes, et suivant le sentier latéral qui part et monte de la grotte, il arriva bientôt sur le sommet de cette montagne ciselée qu'on appelle le pont du Gard.

Il marchait d'un pas exalté sur cette allée suspendue qui court et tremble dans l'air, comme la planche d'un architecte italien à la voûte d'une basilique; roseau délié qui flotte entre deux abîmes. Ce troisième rang d'arches, rempli des harmonies de l'orage et du fleuve, semblait encore retenir dans ses veines la source d'eau triomphale qu'il transvasait d'une montagne à l'autre, selon la volonté d'Agrippa.

Les dalles énormes frémissaient comme des dalles d'airain sous le pied impétueux d'Ulric, car le temps les a disjointes et a fondu leur ciment de fer. La course rapide avait calmé le sang brûlant du jeune homme. L'artiste, dans le voisinage du ciel, avait oublié les infirmités du monde; du haut de son piédestal sublime, il embrassait tous les horizons; il était perdu dans les nues, comme le passager d'un aérostat, et croyait voir passer fantastiquement la terre au-dessous de lui.

A chaque instant le spectacle changeait de décor; aux ténèbres succédait une clarté livide, qui laissait voir dans la plaine d'autres lignes d'aqueducs, comme les ombres du pont du Gard. Puis retombait encore la nuit sourde, et l'œil distinguait à peine au fond du double précipice le fleuve pâle, perdu sous les masses noires de chênes; à cette hauteur, le bruit de l'eau torrentielle arrivait comme un soupir à demi éteint, exhalé par une âme en peine errante dans le vallon.

Le naïf enfant des Cévennes se laissait bercer par ces poétiques rêveries.

Une voix d'homme et un galop de cheval ramenèrent Ulric aux réalités de sa vie. On entendit en même temps le son de la cloche lointaine. Ulric répondit énergiquement à la voix. Cartel funèbre échangé entre la terre et le ciel!

Ulric entendit bientôt des pas agiles qui brisaient les ronces le long du petit sentier; le frère de Marguerite était devant lui.

« Dix heures! dit l'enfant.

— C'est bien; répondit Ulric; j'arrive, je vous attendais; voulez-vous descendre?

— Nous sommes bien ici. Où sont vos armes?

— Les voilà.

— Il ne faut en charger qu'une, n'est-ce pas?

— Comme vous voudrez.

— Chargez-la, monsieur.

— Je n'entends rien à ce travail; vous êtes militaire, cela vous revient de droit.

— Donnez. »

L'enfant chargea un pistolet, ramassa l'autre, mit

ensuite les deux armes dans un foulard, et donna le foulard à Ulric en lui disant :

« Choisissez. »

Ulric plongea brusquement sa main, et prit un pistolet.

« A deux pas maintenant, monsieur, dit l'enfant ; armez, je compte les coups ; au troisième, feu !... Un.... deux.... Attendez, monsieur, attendez.... il me vient une idée.... un cas n'a pas été prévu.... Nous ne voulons passer pour assassin ni l'un ni l'autre, n'est-ce pas ? Comme nous n'avons pas de témoins, écrivons sur une feuille de papier, au crayon, notre adhésion réciproque à ce duel.

— Tout ce que vous voudrez, dit Ulric. Écrivez, je signe. »

Les deux adversaires cherchèrent vainement ; ils n'avaient ni papier ni crayon.

— Nous reviendrons demain, dit Ulric.

— Non, s'écria vivement le frère de Marguerite, non ! c'est impossible ! il est déjà trop tard aujourd'hui. Il faut que je sois vivant à Toulon demain, ou mort cette nuit au pont du Gard ! »

L'enfant jeta un regard sur le double abîme qui tombait à pic.

« Monsieur, dit-il, tout peut s'arranger ; vous avez votre arme, j'ai la mienne. Gardons notre chance. Étendez votre main sur le précipice, comme moi, et pressons la détente. Celui de nous deux qui tient l'arme non chargée se précipitera dans l'abîme. Nous ferons croire au suicide, n'est-ce pas.

— Accordé, dit Ulric ; cela m'arrange d'autant mieux que je viens de quitter un ami comme si je marchais à un suicide. A vos ordres, monsieur.

— Même commandement, alors. »

Les deux adversaires appuyèrent leurs armes sur un figuier sauvage qui saillissait de la corniche de l'aqueduc. Au signal, les deux adversaires lâchèrent en même temps la détente de leur arme ; mais on n'entendit qu'un coup, le pistolet d'Ulric avait fait feu. L'enfant jeta le sien sur la dalle et s'élança.

Ulric le saisit dans l'air et fut renversé, la moitié du corps dans l'abîme ; l'enfant se débattait sous la main vigoureuse qui le retenait suspendu à la corniche tremblante. Ulric, pour donner un point d'appui à sa force, embrassait étroitement un rameau de figuier ; à chaque secousse l'arbre tremblait avec un bruit effrayant, et des lambeaux de corniche tombaient au fleuve. Enfin, l'athlète montagnard fit un effort suprême ; il abandonna l'arbre au moment où l'habit de l'enfant se déchirait sous des ongles convulsifs ; il le saisit à deux mains, et se releva tel qu'un acteur du Cirque avec son fardeau. Un coup de tonnerre éclata dans l'aqueduc comme un applaudissement d'amphithéâtre.

« Laissez-moi, criait l'enfant, qui se débattait toujours avec rage ; laissez-moi mourir ; ne me déshonorez pas deux fois.

— Venez ! venez ! criait Ulric ; je veux vous rendre à votre père.

— Non, non.... n'usez pas de violence aujourd'hui, monsieur.... ce serait inutile.... je reviendrai demain ici, à la même place, seul, et je me tuerai.

— Eh bien ! j'épouserai votre sœur ! »

Ulric, épuisé par tant d'efforts et surtout par cette dernière parole, avait rendu la liberté au frère de

Marguerite ; l'enfant ne bougeait plus ; Ulric lui tendit une main qui fut serrée cordialement.

Ils descendirent en silence le petit sentier, et remontèrent à cheval devant la grotte des Bohémiens.

« Au château de Remoulens, dit Ulric.

— Oui, il n'est jamais trop tard pour faire une bonne action.

— Votre sœur doit être bien affligée, je pense ?

— Oh ! ma sœur est mourante, monsieur, depuis ce bal.

— Ah ! si vous saviez ce qu'il m'en a coûté pour faire ce coup d'éclat.... comme mon cœur a été déchiré ! il m'eût été plus aisé de mourir !

— Je le crois, monsieur.

— Ah ! je l'avais peut-être mal connue, Marguerite.... L'amour est un mauvais juge. Je la croyais légère, froide, insensible, évaporée ; et moi j'ai tant besoin d'une âme de feu qui réponde à la mienne !

— Oui, vous l'aviez mal jugée, ma sœur.... Si je croyais qu'elle ne dût pas vous rendre heureux, je serais le premier à m'opposer au mariage. Car vous méritez du bonheur, Ulric ; tout enfant que je suis, je vous comprends, et je vous ai jugé.

— Ne craignez-vous pas que mon retour ne cause à votre sœur quelque mouvement de joie dangereux.... dans son état de faiblesse ?

— Sans doute.... nous la préparerons.

— Connaît-elle notre affaire du pont du Gard ?

— Oh ! personne n'est dans le secret. On me croit au théâtre à Nîmes.

— C'est sage.... Quelle douceur dans l'air ! Comme on se calme vite, en respirant la fraîcheur de ces bois, n'est-ce pas ?

— Oui, vous avez raison; l'orage se dissipe et la soirée devient délicieuse; moi, je suis tout renouvelé à cet air pur et embaumé; je me sens léger sur mon cheval; je crois vivre dans un heureux rêve. Donnez-moi la main, Ulric, mon frère.... mon sauveur.

— Merci, merci de votre affection.... Oh! comme le cœur me bat!... Ralentissons nos chevaux.... Voilà le pont suspendu de Remoulens.

— Il est moins dangereux que le pont du Gard, celui-là.

— Je vois des lumières au château.... dit Ulric, qui, en approchant du château, se sentait gagner par une émotion étrange. Écoutez; traversons le pont, et allons à pied dans l'avenue, pour nous refaire un peu; nous devons être dans un état horrible. »

Après le pont, Ulric et le frère de Marguerite descendirent de cheval; ils entrèrent dans une ferme et réparèrent à la hâte le désordre de leur toilette. Ulric ne s'était pas trompé, il y avait beaucoup de lumière à la maison de campagne. Les deux jeunes gens avançaient silencieusement et avec timidité.

« Je dois me tromper, dit tout à coup Ulric en riant, il me semble que j'entends le piano....

— Oh! le piano, dit le frère, à cette heure.... c'est impossible.... Ma sœur n'a pas touché le piano depuis.... A moins qu'elle ne joue la *Folle* de Grisar.... quelque chose de situation.... l'andante de la symphonie en *ut mineur* de Beethoven....

— Parole d'honneur, dit Ulric, j'ai un mensonge dans les oreilles.... Je crois entendre une contredanse.... le quadrille danois....

— Bah! impossible.... *Tra la la, tra la la,* quel est donc cet air?... c'est la *Folle*....

— C'est incroyable! mes oreilles mentent....

— *Il s'approcha vers moi.... d'un air....* c'est la *Folle.*

— Mais on danse aussi, on danse, vous dis-je....»

Le frère resta muet, lui aussi n'osait plus accuser ses oreilles de mensonge. Ulric traversa la terrasse, et colla ses yeux aux persiennes du salon.

Il fit un signe au frère pétrifié sous les derniers arbres de l'avenue, et celui-ci s'approcha la tête basse.

Le conseiller municipal de l'autre soir jouait le quadrille danois au piano. Un grand éclat de rire remplit le salon. Ulric reconnut celle qui riait ainsi. Marguerite, rayonnante d'un bonheur perpétuel, en robe de batiste blanche, les cheveux nattés, avec deux médaillons de cristal, dansait le *solo* de la *pastourelle*, et le père offrait des rafraîchissements à la société.

Ce rire traversa la poitrine d'Ulric comme la lame acérée du poignard. Il se pencha à l'oreille de l'enfant, et d'une voix éteinte lui dit :

« Voulez-vous retourner au pont du Gard? »

Le frère de Marguerite, les yeux humides de larmes, embrassa Ulric et lui dit :

« Je vous comprends! adieu! séparons-nous et ne nous revoyons plus. »

Ulric serra de nouveau la main du frère de Marguerite et s'éloigna. Il courut à la ferme, remonta à cheval, et en trois bonds il atteignit l'auberge de Lafoux. Là, il trouva sa chaise de poste et deux hommes, son domestique et Durand.

« Toi ici, Durand?

— Depuis une heure.

— Eh bien! comme tu vois, je me porte bien.... je suis calme.

— Oh! que j'ai de plaisir à te revoir! Laisse-moi te serrer la main, mon ami.... tu m'expliqueras ce mystère.... plus tard; on a toujours le temps d'expliquer.... Allons à Nîmes; viens.... laisse là ta chaise de poste....

— Je suis bien indécis....

— Oh! tu ne partiras pas cette nuit!

— Je ne sais pas....

— Depuis deux heures je serais ici; mais tu nous as bouleversés à la maison : ma femme s'est évanouie, elle est sensible à l'excès. Il a fallu donner des secours, que sais-je, moi! »

Ulric regarda fixement son ami et parut agité d'une convulsion nerveuse. Il voyait clairement dans son cœur. Ce fut avec une voix bien altérée qu'il dit à Durand :

« Me voilà décidé, je pars!...

— Où vas-tu?

— Embrassons-nous. »

Ulric s'élança dans la calèche, et tendit encore les mains à son ami.

« Je vais à la Thébaïde de 1836, lui dit-il. Adieu.... Postillon, toujours en courrier en avant, et route de Lyon par Remoulens! »

PONCE PILATE A VIENNE.

Il est des villes dont le nom semble porter avec lui quelque chose de mystérieux. De ce nombre, Palerme, en Sicile; Venise, en Italie; Cologne, en Allemagne. Nous avons en France Vienne la Dauphinoise, qui a aussi sa physionomie à part, et qui emprunte à de vagues et singulières traditions un intérêt que le voyageur ressent et qu'il ne peut définir. Vienne est la Cologne française. Cologne a une cathédrale bâtie par le démon : sombre église qui regarde passer le Rhin, et dans laquelle ont été inhumés les trois rois adorateurs de Jésus enfant. Cela suffirait déjà pour donner à cette ville un caractère merveilleux. Vienne a sa cathédrale aussi; l'église chrétienne a remplacé un temple que Brennus avait élevé à Teutatès. Le Rhône coule devant, avec son impétuosité si gracieuse. Sur sa rive gauche on voit un tombeau sans nom et d'une architecture étrange. C'est le tombeau de Pilate, dit la tradition; Pilate, sous lequel Jésus-Christ a souffert : *Passus est sub Pontio Pilato*. On montre aussi tout près de Vienne le mont *Pilat : mons Pilatus*. Ce qui est certain, c'est que le gouverneur de la Judée est mort à Vienne sous l'empereur Caligula[1]. L'auteur de la légende du Juif errant fait passer Isaac Laquedem à Vienne, en Dauphiné, en 1777; il a choisi cette ville de préférence à une autre, par inspiration de localité.

> Il passa par la ville
> De Vienne en Dauphiné.....
> Jamais on n'avait vu
> Un homme si barbu,

dit la légende. Il fallait, en effet, que le Juif errant se révélât dans la ville où Pilate est mort.

Ce court préambule était nécessaire pour arriver à la chronique suivante, qui m'a été inspirée par un vieux manuscrit latin que j'ai lu au château de M. V. S***, entre Vienne et le Péage, au mois de septembre dernier.

I

Caligula régnant, et C. Marcio étant préteur de Vienne, on vit arriver par la porte triomphale, dans cette métropole de la Gaule, une litière escortée de plusieurs cavaliers. Il y eut un grand concours de peuple. La litière s'arrêta devant une maison d'humble apparence et presque contiguë au temple de

---

[1]. On trouve en Suisse un autre mont Pilate; c'est ce qui a pu accréditer chez les Suisses que Pilate était mort dans leur pays. Rome n'aurait jamais désigné la Suisse pour lieu d'exil à un vieillard qui avait passé toute sa vie sous les plus chaudes latitudes de l'empire. C'est incontestablement à Vienne que Pilate est mort.

Mars. Le nom de F. Albinus était écrit en lettres rouges sur la porte de cette maison. Un vieillard d'une taille haute et courbée, *proceritate curva*, descendit assez lestement de la litière, malgré son âge, et entra, précédé de deux esclaves hébreux, dans le salon de réception, *exedra*, où sans doute il était attendu par le maître, dont il était l'ami.

L'esclave du bain conduisit le vieillard à la *nymphée*, pour le baigner et l'oindre d'essences. Ensuite on alluma les lampes du cénacle, et on servit le repas du soir.

Albinus était seul au *triclinium* avec l'étranger. A peine eut-on servi le plat d'œufs frais, que l'entretien commença entre les deux convives.

« Bien des années se sont écoulées depuis notre séparation, dit Albinus; vidons une coupe de vin du Rhône à ton retour.

— Oui, bien des années, dit le vieillard ; et maudit soit le jour où j'ai succédé à Valérius Gratus dans le gouvernement de Judée! Mon nom est malheureux; il y a une fatalité attachée à qui le porte. Un de mes aïeux, le consul Pontius, imprima sur le front de Rome une note d'infamie; il passa sous les fourches caudines dans la guerre des Samnites. Un autre a péri chez les Parthes, un autre dans la guerre contre Arminius; et moi, moi !!! »

La coupe s'arrêta sur les lèvres du vieillard, et des larmes tombèrent dans le vin.

« Eh bien, toi qu'as-tu fait?... L'injustice de Caligula t'exile à Vienne; et pour quel crime ? J'ai lu ton affaire au *tabularium*. Tu as été dénoncé par Vitellius, préfet de Syrie, qui est ton ennemi; tu as châtié les Hébreux rebelles qui avaient égorgé des Samaritains de notre famille et s'étaient retranchés ensuite sur le mont Garizim. On t'accuse d'avoir agi ainsi en haine des Juifs....

— Non, non, Albinus; par tous les dieux, ce n'est point cette injustice de César qui m'afflige.

— As-tu commis des exactions en Judée ?

— Jamais.

— As-tu enlevé de belles Juives à leurs maris ?

— Jamais.

— As-tu mis au gibet des citoyens romains, comme Verrès en Sicile ? »

Pilate ne répondit pas.

« Je t'ai toujours connu bon et sensé, poursuivit Albinus; aussi ai-je crié tout haut dans la Cité qu'on avait agi contre toi royalement (*regie*) en te dépossédant. Il n'en a pas été référé au sénat. Tu es victime d'un caprice du préfet de Syrie.

— Albinus, mettons l'entretien sur un autre sujet. Je suis fatigué, j'arrive de Rome. Remettons à demain les choses sérieuses, comme dit le sage. Ce vin du Rhône est exquis.

— Garde-toi du vin du Rhône, Pilate, il trouble la raison.

— Tant mieux! mais je ne le crains pas; je suis habitué au vin qu'on récolte à la vigne d'Engaddi; c'est un puissant Bacchus!

— Fais à ta liberté. Dis-moi, toi qui viens de Rome, quelle chose publique avons-nous ?

— Les augures sont mauvais. Je n'ai pas reconnu Rome; elle ne monte plus, elle descend.

— Que dis-tu ?

— Je dis ce qui est. Tu n'entends pas, toi, d'ici, ce bruit souterrain qui gronde. Il y a une puissance invisible et supérieure qui pousse l'empire à sa ruine. Nos dieux sont vaincus; nos dieux s'en vont. Écoute, Albinus, laisse-moi ce soir encore donner un sourire à tes pénates. Ne parlons pas de ce qui afflige. La nuit est la mère de la tristesse, mais le triclinium conseille la gaieté. Dis à l'enfant de verser du vin de Crète, et à l'esclave cubilaire de m'apporter mes sandales et de préparer mon lit. Je n'aime pas la nuit sombre; ayons hâte de dormir pour faire avancer le jour. »

Albinus s'inclina, et il fut fait selon les désirs de Pilate.

Et comme l'esclave s'approchait avec une aiguière d'argent pour servir à l'ablution des mains, et la présentait à Pilate, on vit sur la figure du vieillard une grande pâleur, et dans ses yeux un reflet infernal.

Le lendemain, c'était la vieille des calendes d'Auguste, Pilate se promenait avec son hôte Albinus dans la cité romaine de Vienne, et il écoutait avec distraction les paroles de son ami, qui se plaisait à lui montrer les divers quartiers, et les monuments superbes qui s'y élevaient de toutes parts.

« Il ne reste déjà plus de trace ici de la domination des Allobroges, disait Albinus. Depuis la mort de Jules César, les Allobroges ont cessé d'inquiéter cette ville. La vie est douce et paisible à Vienne, et tu peux y passer avec sécurité les jours que te laisseront les dieux.

« Voilà devant nous le palais des empereurs; il n'est pas aussi grand, aussi voluptueux que celui du Palatin, mais il peut suffire à des maîtres qui ne l'habitent pas. Si tu regardes à gauche, tu reconnaîtras le temple d'Auguste et de Livie : si tes yeux ne sont pas affaiblis par le soleil de Judée, tu peux lire d'ici l'inscription : *Divo Augusto et Liviæ*. Plus loin est le temple dédié aux cent dieux. Si nous allons au promenoir de Rome, nous trouverons l'étang qui sert de naumachie, et nous descendrons du côté du fleuve, pour respirer un peu de fraîcheur sur le pont. Vienne, comme tu peux déjà le remarquer toi-même, est une résidence fort agréable ; le climat y est doux ; les montagnes qui l'entourent et la dominent de près l'abritent aussi contre la violence des vents. Nous sommes à quinze milles de Lyon ; le Rhône nous abrége le chemin de Marseille et d'Arles. Ces trois importantes cités sont sous la dépendance de Vienne, ainsi que Tibère l'a décrété. Remercie donc le destin, qui t'a donné Vienne pour lieu d'exil. »

Albinus remarqua du trouble sur le visage du vieillard.

Pilate avait les yeux fixés sur un nuage de poussière qui s'élevait de la rive du Rhône, et à travers lequel on voyait luire des armes et galoper des cavaliers.

« C'est le préteur, dit Albinus ; il vient de visiter les travaux de l'amphithéâtre ; c'est sa promenade de tous les jours.

— Évitons le préteur, dit Pilate ; que mon visage ne lui soit jamais connu. »

Ils gagnèrent la rue Quirinale pour rentrer chez eux ; mais la foule des oisifs, attirée par le bruit des clairons, descendait vers la rive pour voir passer le préteur et l'escorte. Pilate se trouva environné par le flot de la populace, et sa précipitation fut remarquée, comme il arrive toujours lorsqu'un homme seul marche avec hâte dans une direction opposée à un attroupement de curieux.

Son costume aurait suffi d'ailleurs pour lui attirer quelques brocards. Pilate, dans un long séjour en Judée, avait pris des habitudes hébraïques de corps, de gestes, de tournure, de vêtements. Sa figure même, ses cheveux noirs et crépus, son teint brun (il était Espagnol d'origine), décelaient plutôt l'Hébreu que le Romain.

Des voix disaient à côté de lui :

« Laissez passer le Juif, il va au sabbat. »

D'autres voix :

« Petites mères (*materculæ*), gardez bien vos enfants, le loup est descendu du Quirinal. »

Un sculpteur s'écria :

« Il faut le prendre et le mettre en croix. »

Ces menaces n'eurent pas de suite; Pilate, la tête basse et le geste suppliant, traversa la foule et parvint au haut de la rue Quirinale. Là, une autre scène l'attendait.

Une porte était ouverte : dans son trouble, il crut reconnaître la maison d'Albinus; elle ressemblait à toutes les maisons voisines, et il entra précipitamment, fermant la porte derrière lui.

Un cri foudroyant le glaça de terreur; il entendit son nom prononcé devant lui; et il se boucha les oreilles avec ses mains.

Le maître et sa famille travaillaient à des ouvrages de vannerie sous le péristyle intérieur, appelé *impluvium*. En voyant entrer Pilate, le maître l'avait reconnu, car il savait le nom trop célèbre de l'étranger arrivé la veille en exil dans la cité de Vienne.

« Pilate! Pilate! » s'était-il écrié; et les femmes et

les enfants, laissant tomber leurs tresses d'osier, avaient répété ce nom formidable tout couvert du sang de Dieu.

C'était une famille chrétienne.

Pilate leur demandait asile, mais on ne le comprenait pas; il parlait un latin mêlé d'hébreu à des Gaulois allobroges. Cependant, comme le nom d'Albinus revenait souvent dans sa supplique, le père de famille fit signe aux femmes et aux enfants de s'asseoir, et, comme s'il se fût souvenu de quelque divin précepte recueilli la veille dans un lieu secret de prédication, il s'approcha de Pilate avec une physionomie calme, ouvrit la porte de sa maison, et lui désigna du doigt la demeure de son voisin Albinus. Pilate traversa la rue et rentra chez son ami.

Albinus avait été séparé violemment par la foule de son compagnon de promenade; peut-être même celui-ci avait-il été ravi de trouver une favorable occasion de s'écarter d'un homme dont l'intimité pouvait le compromettre en public.

Quoi qu'il en soit, le prudent Albinus regarda passer le préteur, fit bonne contenance de courtisan, cria : *Vivat imperator!* et loua la rare magnificence de l'escorte prétorienne et la beauté des chevaux. Après il s'achemina lentement vers sa maison, où il trouva son ami dans les convulsions du désespoir.

« Je suis reconnu ! s'écria Pilate en voyant Albinus; les petits enfants me désignent du doigt sur le chemin. O Albinus ! souviens-toi que nos lèvres d'adolescents se sont murmuré des paroles d'amitié; souviens-toi que nous avons joué ensemble sur l'arène du Tibre, que nous nous sommes assis aux mêmes banquets, que nos coupes se sont unies dans les mêmes libations. Souviens-toi de tout cela, et protége-moi de l'ombre inviolable de ton laurier domestique; je me réfugie sous les ailes de ta sainte hospitalité. »

Albinus fut ému ; il bégaya quelques mots ; il prit une des mains de Pilate et la serra.

« Il y a donc des chrétiens à Vienne? demanda Pilate en tordant ses bras au-dessus de son front.

— Oh ! n'y en a-t-il pas partout, dit Albinus, excepté dans nos temples? Tu redoutes donc bien ces gens-là?

— Oh ! oui, oui, je les redoute ; je redoute tout le monde : Juifs, Romains, païens, tous me sont terribles et odieux. Les Romains voient en moi un homme criminel puisqu'il est tombé dans la disgrâce de César, les Juifs le proconsul sévère qui les a persécutés, les chrétiens le bourreau de leur Dieu.

— De leur Dieu ! de leur Dieu ! les impies !

— Albinus, garde-toi de ta langue !

— Ils adorent comme un Dieu ce Jésus le Nazaréen, né dans une étable, et mis à mort sur une croix!

— Ils ne l'adoreraient pas s'il eût vécu sur des tapis de pourpre et s'il eût respiré sous des poutres d'or... Albinus, je vais soumettre ma vie au tribunal de ton amitié, tu vas voir si je suis digne de l'hospitalité que tu me donnes. »

II.

Pilate s'assit sur une estrade, et dit :
« Ordonne, Albinus, qu'on ferme les portes, et que l'esclave veille sur le seuil, comme si la jeune

vierge venait de recevoir le fruit de l'arbre de coing des mains de son époux. L'oreille de César est ouverte partout.... Écoute maintenant, Albinus. Tous mes malheurs viennent de la mort de cet homme, le Nazaréen : Tibère m'a maudit à cause de lui ; Caligula m'exile encore à cause de lui ; car cette audace des chrétiens qui menacent l'empire a commencé au pied du Calvaire. Si Jésus n'eût pas été mis à mort, la secte de ses disciples n'eût pas franchi la mer de Césarée et l'eau du Jourdain. C'est la mort d'un homme qui a fait tant de martyres. Mais la pouvais-je empêcher, moi, cette mort ?

« Lorsque je partis pour succéder à Valerius Gratus dans son gouvernement, Séjan me fit appeler au Palatin, et me donna ses instructions.

« — La politique romaine, me dit-il, est connue de toi ; peu de paroles te suffiront. La Judée est un beau pays ; après l'avoir conquise par les armes, il faut en achever la conquête par une paternelle administration. Applique tes soins à faire bénir le nom romain. Nous avons laissé aux Juifs un roi de leur race ; nous leur avons laissé leur temple, leurs lois, leur religion, leurs usages. C'est un peuple fier et brave ; il a des annales héroïques, et il s'en souvient ; gouverne-les avec sagesse, afin qu'ils te regardent comme un étranger qui les visite, et non comme un maître qui les tient sous le joug.

« Je partis avec ma femme et mes serviteurs. Arrivé au bourg de *Tres Tabernæ*, je rencontrai Tibère qui s'en revenait de la Pannonie. En reconnaissant la litière impériale, je descendis de la mienne pour saluer César. Il avait connu à Brindes ma nomination, et l'avait sanctionnée ; il me tendit la main avec bienveillance et me dit :

« — Pontius, vous avez un beau gouvernement ; ayez une main forte et une parole douce. Agissez pour la chose publique, selon votre bon sens, et n'oubliez pas l'éternelle maxime du peuple romain :

Parcere subjectis et debellare superbos.

Allez et soyez heureux.

« Les augures étaient favorables, tu le vois.

« J'arrivai à Jérusalem, je pris possession du prétoire avec solennité, j'ordonnai les préparatifs d'un festin splendide, auquel j'invitai le tétrarque de Judée, le pontife et les princes des prêtres. A l'heure fixée aucun de mes convives ne parut ; c'était un affront sanglant. Quelques jours après, le tétrarque daigna m'honorer de sa visite ; il fut grave et dissimulé. Il prétendit que la religion leur défendait de s'asseoir à nos tables et de faire des libations avec les Gentils. Je crus devoir accepter gracieusement cette excuse ; mais dès ce jour les vaincus se déclarèrent en hostilité avec les vainqueurs.

« En ce temps-là Jérusalem était la cité conquise la plus difficile à gouverner qui fût au monde ; le peuple était d'une telle turbulence, que je m'attendais chaque jour à voir éclater une sédition. Je n'avais pour la réprimer qu'un centurion et une poignée de soldats. J'écrivis au préfet de Syrie de m'envoyer un renfort de troupes ; il me répondit qu'il en avait à peine assez pour lui. Ah ! c'est un malheur que l'empire soit si grand : nous avons plus de conquêtes que de soldats.

« Entre tous les bruits qui circulaient chaque jour autour de mon prétoire, il y en eut un auquel je prêtai quelque attention. La rumeur publique et mes agents secrets disaient qu'un jeune homme avait paru en Galilée avec un charme onctueux de paroles et une noble austérité de mœurs, et qu'il s'en allait par la ville et les bords du lac prêchant une loi nouvelle au nom du Dieu qui l'avait envoyé. Je crus d'abord que cet homme avait l'intention d'ameuter le peuple contre nous, et que ses discours préparaient la révolte. Mes craintes furent bientôt dissipées ; Jésus le Nazaréen parlait plutôt en ami des Romains qu'en ami des Juifs. Un jour je passai en litière sur la grande place publique de Siloë, il y avait un grand concours de peuple, et je remarquai au centre des groupes un jeune homme, le dos appuyé contre un arbre, qui parlait avec calme à la foule. On me dit que c'était Jésus ; je l'aurais deviné sans peine, tant il était différent des autres hommes qui l'écoutaient. Il paraissait âgé de trente ans ; ses cheveux et sa barbe, d'un blond de feu, donnaient à sa figure dorée une teinte lumineuse. Je n'ai jamais vu un regard plus doux, une face plus sereine ; quel contraste il faisait à côté de ses auditeurs aux barbes noires, au teint brun ! De peur de gêner par ma présence la liberté de sa parole, je continuai ma promenade, et je fis signe à mon secrétaire de se mêler aux groupes et d'écouter. Mon secrétaire se nommait Manlius ; il était petit-fils de ce chef de conjurés qui campait en Étrurie en attendant Catilina. Manlius habitait depuis longtemps la Judée ; il connaissait à fond la langue hébraïque ; il m'était dévoué, je pouvais me fier à lui. Rentré au prétoire, je trouvai Manlius qui me rapporta les paroles que Jésus avait prononcées à Siloë. Je n'ai jamais entendu au Portique, je n'ai jamais lu dans les livres des sages quelque chose de comparable aux maximes qui étaient arrivées aux oreilles de Manlius. Un de ces Juifs rebelles, qui abondent à Jérusalem, ayant demandé à Jésus s'il fallait payer l'impôt à César, Jésus lui répondit : *Rendez à César ce qui est à César, et à Dieu ce qui est à Dieu.*

« De là vint cette grande liberté que je fis accorder au Nazaréen ; il était en mon pouvoir sans doute de le faire arrêter à son premier discours, de l'embarquer sur une galère et de l'envoyer dans le Pont ; mais j'aurais cru agir contre la justice et le bon sens romain. Cet homme n'était ni séditieux ni rebelle ; je le couvris, à son insu peut-être, de ma protection ; il put agir, parler, assembler le peuple, remplir toute une place de ses auditeurs, se créer une légion de disciples, s'en faire suivre au lac, au désert, à la montagne ; jamais un ordre du prétoire n'est venu troubler ni l'auditoire ni l'orateur. Si quelque jour, que les dieux écartent ce présage ! si quelque jour la religion de nos pères tombe devant la religion de Jésus, c'est à sa noble tolérance que Rome devra de précoces funérailles ; et moi, malheureux ! moi, j'aurai été l'instrument de ce que les chrétiens nomment la Providence, de ce que nous nommons le destin.

« Mais cette liberté infinie que Jésus tenait de ma protection révoltait les Juifs, non pas ceux de la populace, mais les riches et les puissants. Ceux-là, il est vrai, Jésus ne les ménageait point, et c'était pour moi une raison politique de plus de laisser la parole libre au Nazaréen. *Scribes et pharisiens*, leur disait-il, *vous êtes des races de vipères, vous êtes des sépulcres blanchis.* D'autres fois, il raillait amèrement l'orgueilleuse aumône du publicain, et lui disait que l'obole secrètement déposée par la pauvre femme était plus précieuse devant Dieu. Chaque jour de nouvelles plaintes arrivaient au prétoire contre l'insolence de Jésus. Je recevais des députations qui venaient faire leurs doléances au pied de mon tribunal. On me disait qu'il arriverait malheur à Jésus; que ce ne serait pas la première fois que Jérusalem aurait lapidé ceux qui se disent prophètes, et que si le prétoire refusait justice, on en référerait à l'empereur.

« J'avais pris les devants, moi. J'avais écrit des lettres à César, et la galère de Ptolémaïs les avait portées à Rome. Ma conduite était approuvée par le sénat; mais on me refusait le renfort de troupes que je demandais, ou du moins on me faisait espérer que la guerre des Parthes terminée, on augmenterait la garnison de Jérusalem. C'était me renvoyer bien loin, car les guerres des Parthes ne finissent jamais chez nous.

« Étant trop faible pour prévenir une sédition, je résolus de prendre un parti qui devait ramener le calme dans la cité sans faire descendre la fierté du prétoire à d'humiliantes concessions. Je mandai auprès de moi Jésus le Nazaréen.

« Il s'inclina devant le porteur de ma missive, et se rendit au prétoire sur-le-champ.

« O Albinus! aujourd'hui que l'âge a brisé les ressorts de mon corps, et que mes muscles demandent en vain un peu de force virile à mon sang refroidi, je ne m'étonne point si quelquefois Pilate tremble ; mais alors, j'étais jeune et j'avais au cœur un sang espagnol mêlé de sang romain, à l'épreuve de toute puérile émotion. En voyant entrer le Nazaréen dans ma *basilique*, où je me promenais, il me sembla qu'une main de fer me clouait sur le pavé de marbre : je crus entendre gémir, aux colonnes, les boucliers de bronze doré consacrés à César. Le Nazaréen, lui, était calme comme l'innocence ; il s'arrêta devant moi, et, par un geste simple, il eut l'air de me dire :

« — Me voici.

« Je considérai quelque temps, avec une admiration mêlée de terreur, ce type extraordinaire d'homme inconnu chez nos innombrables sculpteurs qui ont donné une forme et un visage à tous les dieux, à tous les héros.

« — Jésus, lui dis-je enfin, et ma langue était émue, Jésus de Nazareth, depuis trois ans environ je vous ai laissé librement discourir sur la place publique, et je ne m'en repens pas. Vos paroles ont toujours été d'un sage ; je ne sais si vous avez lu Socrate et Platon, mais il y a dans vos discours une simplicité majestueuse qui vous élève même au-dessus de ces grands philosophes ; l'empereur le sait, et moi, son humble représentant à Jérusalem, je me félicite d'avoir appelé sur vous une tolérance dont vous êtes digne. Il ne faut point vous cacher, cependant, que vos paroles ont excité autour de vous des haines terribles et puissantes ; ne vous étonnez point d'avoir des ennemis : Socrate, à Athènes, a eu les siens qui l'ont tué ; les vôtres sont doublement irrités contre vous et contre moi ; contre vous, à cause de vos discours; contre moi, à cause de la liberté que je vous accorde; ils m'accusent même sourdement d'être de complicité avec vous pour ruiner le peu de puissance civile que Rome a laissée aux Hébreux. Je ne vous intime point l'ordre, je vous engage seulement à ménager davantage l'orgueil de vos ennemis, afin qu'ils n'ameutent point contre vous une populace stupide, et que je ne sois point obligé de détacher de ces trophées la hache et les faisceaux, qui ne doivent être ici qu'un ornement, et jamais un épouvantail.

« Le Nazaréen me répondit :

« — Prince de la terre, vos paroles viennent d'une fausse sagesse. Dites au torrent de s'arrêter au milieu de la montagne, parce qu'il va déraciner l'arbre des vallées. Le torrent vous répondra qu'il obéit à l'ordre de Dieu. Il n'y a que Dieu qui sache où va l'eau du torrent. En vérité, je vous le dis, avant que les rosiers de Sàrons aient fleuri, le sang du juste sera répandu.

« — Je ne veux point que votre sang soit répandu! m'écriai-je vivement. Vous êtes plus précieux devant moi, à cause de votre sagesse, que tous ces turbulents et orgueilleux pharisiens, qui abusent de la tolérance romaine, conspirent contre César, et prennent notre bonté pour de la crainte. Malheureux! qui ne savent pas que la louve du Tibre se revêt quelquefois d'une toison de brebis! Moi, je vous défendrai contre eux; mon prétoire vous est ouvert comme lieu de refuge; c'est un asile sacré.

« Il secoua nonchalamment la tête avec un sourire d'une grâce divine et me dit :

« — Quand le jour marqué par les prophètes

sera venu, il n'y aura point d'asile pour le Fils de l'homme, ni sur la terre ni dans les lieux profonds. L'asile du juste est là-haut. Il faut que ce qui a été écrit dans les livres des prophètes soit accompli.

« — Jeune homme, lui dis-je, je viens de vous adresser une prière ; je vous intime un ordre, maintenant. La sécurité de la province confiée à ma vigilance l'exige ; je veux que la modération rentre dans vos discours ; prenez garde d'enfreindre mes volontés. Vous connaissez mes intentions. Allez, et soyez heureux.

« En disant cela, ma voix descendit de la sévérité au ton de la douceur. Une parole acerbe ne trouvait pas d'issue pour s'exhaler devant cet homme extraordinaire, qui apaisait les tempêtes du lac d'un signe de tête, ainsi que ses disciples le témoignaient.

« — Prince de la terre, me dit-il, ce n'est point la guerre que j'apporte aux nations, mais l'amour et la charité. Je suis né le jour où César-Auguste donnait la paix au monde romain. La persécution ne peut venir de moi ; je l'attends des autres et je ne la fuis pas. Je vais au devant d'elle pour obéir à la volonté de mon Père, qui m'a tracé la route. Gardez votre prudence insensée. Il n'est pas en votre pouvoir d'arrêter la victime au pied du tabernacle d'expiation.

« Après avoir dit ces choses, il disparut comme une ombre lumineuse derrière le rideau de la basilique.

« Je restai longtemps plongé dans mes réflexions, cherchant dans ma tête comment j'apaiserais l'orage que je voyais poindre à l'horizon.

« Mais que pouvais-je de plus ? Il fallait subir le

destin. Le tétrarque qui régnait alors en Judée, et qui est mort dévoré par les vers, était un homme imbécile et méchant. Les chefs de la loi avaient choisi cet Hérode pour en faire l'instrument de leurs haines. Ce fut à lui que toute la cohorte ennemie s'adressa pour tirer vengeance du Nazaréen.

« Si Hérode n'eût consulté que sa passion, il aurait fait mettre Jésus à mort sur-le-champ ; mais, quoiqu'il prît sa débile royauté au sérieux, dans les petites circonstances, il recula cette fois devant un acte qui pouvait le desservir auprès de César.

« Quelques jours après, je le vis arriver au prétoire. Il entama l'entretien avec moi sur des choses indifférentes, pour cacher le but de sa visite, et, comme il se levait de son siége pour sortir, il me demanda, avec une parole nonchalante, quelle était mon opinion sur le Nazaréen.

« Je lui répondis que Jésus me paraissait un de ces philosophes graves, comme les grandes nations en produisent quelquefois ; que sa parole n'était nullement dangereuse, et que l'intention de Rome était de laisser à ce sage sa liberté d'action et de discours.

« Hérode me sourit avec malignité, et me saluant avec un respect ironique, il partit.

« La grande fête des Juifs approchait. On voulut mettre à profit l'exaltation populaire qui se manifestait toujours aux solennités de Pâques. La ville était inondée d'une populace tumultueuse qui vomissait des cris de mort contre le Nazaréen. Mes émissaires me rapportaient que le trésor du temple avait été employé à soudoyer le peuple. Le danger était pressant. Un centurion venait d'être insulté ;

on lui avait brisé son cep de vigne ; on avait couvert sa figure de crachats.

« J'écrivis à Ptolémaïs, où résidait le préfet de Syrie, et je lui demandai cent fantassins et autant de cavaliers. Le préfet persista dans son premier refus. J'étais seul avec quelques vétérans dans une ville mutinée; trop faible pour comprimer le désordre, et n'ayant d'autre parti à prendre que de le tolérer.

« On s'était emparé de Jésus, et la populace triomphante et désordonnée, qui non-seulement savait qu'elle n'avait rien à craindre du prétoire, mais qui croyait, sur la foi de ses meneurs, que je donnais une adhésion tacite à la sédition, la populace se ruait sur les pas du Nazaréen en criant :

« — Qu'on le saisisse et qu'il soit mis en croix !

« Trois castes puissantes s'étaient coalisées contre Jésus : les hérodiens et les saducéens d'abord ; ceux-là paraissaient agir dans la sédition par un double motif : ils haïssaient le Nazaréen et ils étaient impatients du joug romain. Ils ne m'avaient jamais pardonné d'être entré dans leur ville sainte avec des drapeaux à l'image de l'empereur ; et, bien que dans cette circonstance je leur eusse fait une fatale concession, le sacrilége n'en avait pas moins été commis à leurs yeux. Ils se souvenaient encore d'un autre grief. J'avais voulu faire contribuer le trésor du temple à des monuments d'utilité publique, ce qui m'avait été brutalement refusé. Une autre caste, les pharisiens, était les ennemis directs de Jésus ; ceux-là ne songeaient point au gouverneur ; ils avaient supporté trois ans avec aigreur les discours sévères que le Nazaréen allait semant contre

9

eux partout. Trop faibles et trop pusillanimes pour agir isolés, ils avaient embrassé avec ardeur la querelle des hérodiens et des saducéens. En dehors de ces trois partis, j'avais encore à lutter contre cette foule d'hommes perdus qui sont toujours prêts à se jeter dans une sédition pour jouir du désordre et boire du sang.

« Jésus fut traîné au conseil des prêtres et condamné à mort. Le grand prêtre Caïphe fit alors un acte dérisoire de subordination ; il se souvint que j'étais le représentant et le chef de la force publique, et m'envoya le condamné pour que j'eusse à prononcer le jugement et à le faire exécuter. Je fis répondre que, Jésus étant Galiléen, cela ne me concernait point, et je renvoyai Jésus à Hérode. Le rusé tétrarque se fit humble ; il protesta de sa déférence envers le lieutenant de César, et remit entre mes mains le sort de l'homme.

« Bientôt mon palais ressembla à une citadelle assiégée par une armée ; car à chaque instant la sédition recevait de nouveaux renforts ; il en était venu des montagnes de Nazareth, des villes de Galilée, des plaines d'Esdrelon. Toute la Judée inondait Jérusalem.

« J'avais pour femme une Gauloise qui tenait des filles de sa nation le don surnaturel de lire dans l'avenir. Elle vint se jeter pleurante à mes pieds, et me dit :

« — Garde-toi de porter sur cet homme des mains violentes. Cet homme est sacré. Cette nuit je l'ai vu en songe ; il marchait sur les eaux, il volait sur l'aile des vents, il parlait à la tempête, aux palmiers du désert, aux poissons du lac, et on lui répondait.

Le torrent de Cédron a roulé du sang ; les images de César m'ont paru souillées par la fange des gémonies ; les colonnes du prétoire se sont écroulées ; le soleil s'est voilé de noir comme une vestale au tombeau. Il y a du malheur dans l'air, ô Pilate ! et, si tu ne crois pas aux paroles de la Gauloise, écoute dans l'avenir les malédictions du sénat et de César contre le lâche proconsul.

« En ce moment, mon escalier de marbre tremblait sous les pas de la multitude. On me ramenait le Nazaréen. J'entrai dans la salle du tribunal, suivi de mes gardes, et je dis d'une voix sévère à la foule :

« — Que voulez-vous ?

« — Nous voulons la mort du Nazaréen, criait le peuple.

« — Quel est le crime du Nazaréen ?

« — Il a blasphémé, il a prédit la ruine du temple ; il se dit le fils de Dieu, il se dit le Messiah, il se dit le roi des Juifs.

« — La justice romaine ne punit pas ces crimes par la mort.

« — Qu'on le saisisse, qu'il soit mis en croix ! hurlait la foule sans écouter mes paroles.

« Le palais était ébranlé jusqu'en ses fondements par ces cris épouvantables. Un homme seul était calme au milieu de cette scène, le Nazaréen. On l'aurait pris pour la statue de l'Innocence dans le temple des Euménides.

« Après bien des efforts tentés inutilement pour l'arracher au pouvoir de cette multitude qui s'était faite souveraine, j'eus la faiblesse condamnable de prendre une résolution, la seule, selon mes idées du moment, qui pût au moins sauver sa vie ; c'était tout ce que je pouvais espérer. J'ordonnai qu'il fût battu de verges, et, demandant une aiguière, je me lavai les mains aux yeux de la foule, qui n'écoutait pas ma voix, mais qui pouvait du moins saisir le sens allégorique de mon action.

« C'était sa vie qu'ils voulaient, les malheureux ! Bien des fois, dans nos troubles civils, j'ai vu ce que peut l'acharnement de la foule ; mais tous mes tableaux de souvenir étaient effacés par ce que je voyais en ce moment. On aurait dit qu'une puissance infernale avait peuplé Jérusalem de tous les fantômes du Ténare ; ces visages qui défilaient devant moi étaient rouges d'une sueur de sang et illuminés d'un reflet sulfureux. Ces hommes ne marchaient pas, ils étaient emportés comme dans un tourbillon d'étincelles ; ils roulaient comme des ondes vivantes, du seuil du prétoire à la montagne de Sion, avec des hurlements, des cris, des râles, tels que nous n'en avons jamais entendu ni dans les séditions de la Pannonie ni dans les tempêtes du forum.

« Par degrés, le jour s'était fait sombre comme un crépuscule d'hiver, tel qu'on l'avait vu à la mort du grand Jules ; c'était aussi vers les ides de mars. Moi, gouverneur avili d'une province infiniment rebelle, je m'étais appuyé contre une colonne de ma basilique, et, à travers ce jour livide, je suivis longtemps du regard cette théorie du Tartare, qui entraînait au supplice l'innocent Nazaréen. Autour de moi la ville se fit déserte. Tout Jérusalem avait franchi la porte funèbre qui mène aux gémonies. Un air de désolation, une teinte de deuil, m'environnaient ; mes gardes s'étaient mêlés aux cavaliers, et le centurion, pour affecter encore une ombre de pouvoir, régularisait le désordre. J'étais resté seul ; et, au brisement de mon cœur, je compris que la chose qui se passait en ce moment rentrait plutôt dans l'histoire des dieux que dans celle des hommes. J'entendais de grands bruits qui venaient du Golgotha, et qui, portés par le vent, semblaient m'annoncer une agonie qu'aucune oreille humaine n'avait encore entendue. Des nuages de plomb couvraient le pinacle du temple, et leurs larges déchirements s'abaissaient sur la ville, pour la couvrir d'un voile. Des signes d'épouvante se manifestaient ainsi avec tant d'accord prodigieux, sur la terre et dans l'air, que Denis l'Aréopagite, m'a-t-on rapporté, s'écria :

« *Ou l'auteur de la nature souffre, ou toute la machine du monde se dissout.*

« A la première heure de la nuit, je m'enveloppai d'un manteau et je descendis dans la ville, du côté du Golgotha. Le sacrifice était consommé. L'attitude du peuple n'était plus la même. La foule rentrait à Jérusalem, toujours orageuse, mais triste, taciturne, honteuse, désespérée. Ce qu'elle avait vu lui donnait des peurs et des remords. Je vis passer aussi devant moi ma petite cohorte romaine, silencieuse comme le peuple ; le vexillaire avait voilé son aigle en signe de deuil, et j'entendis, dans les derniers rangs, quelques soldats qui se murmuraient des paroles qui me semblèrent étranges et dont je ne compris pas le sens. D'autres racontaient des prodiges à peu près semblables à ceux qui ont souvent épouvanté Rome par la volonté des dieux. Par intervalles, des groupes d'hommes et de femmes éplorés s'arrêtaient sur cette voie douloureuse, et se retournaient vers le mont du supplice, comme pour y chercher quelque nouveau prodige attendu.

« Je rentrai au prétoire, rapportant dans le sein toute la désolation de cette foule.

« En montant l'escalier, je vis, à la lueur d'un éclair, le marbre des degrés couverts du sang du Nazaréen. Là, un vieillard m'attendait dans l'attitude des suppliants; derrière lui se groupaient quelques femmes, dont je n'entendais que les sanglots, car l'ombre voilait leurs figures. Le vieillard se jeta à mes pieds et pleura abondamment; c'est affreux à voir un vieillard qui pleure.

« — Que demandez-vous, mon père? lui dis-je avec douceur.

« — Il me répondit :

« — Je suis Joseph, natif d'Arimathie; je viens vous demander, à genoux, la faveur d'ensevelir le corps de Jésus de Nazareth.

« Je fis relever le vieillard, et je lui dis :

« — Il sera fait selon vos vœux.

« En même temps, j'appelai Manlius, qui partit avec quelques soldats pour surveiller l'inhumation, et placer des sentinelles sur le lieu de la sépulture, de peur qu'elle ne fût profanée. Quelques jours après, ce sépulcre était vide. Les disciples de Jésus publiaient partout que leur maître était ressuscité, ainsi qu'il l'avait prédit.

« Il me restait un dernier devoir à remplir : j'avais à instruire César de toute cette histoire extraordinaire; je le fis dans les plus grands détails, je ne lui cachai rien. J'écrivis cette lettre dans la nuit même qui suivit le jour fatal. L'aube me surprit le stylet à la main.

« Je quittai mes tablettes en entendant les clairons qui sonnaient l'air de Diane ; et, comme je jetais un coup d'œil du côté de la porte de Césarée, je vis un grand mouvement de sentinelles et de soldats, et j'entendis, dans le lointain, d'autres clairons qui jouaient la marche de César ; c'était mon renfort de troupes, deux mille hommes d'élite qui m'arrivaient, et qui, pour faire diligence, avaient marché toute la nuit.

« — Oh ! il fallait donc que la grande iniquité s'accomplît ! m'écriai-je en tordant mes bras sur ma tête ; c'est le lendemain qu'ils arrivent pour sauver l'homme immolé la veille ! O cruelle ironie des destins !

« Hélas ! comme l'avait dit le Nazaréen sur la croix : *Tout était consommé !*

« Dès ce moment, investi d'un pouvoir redoutable je ne mis plus de bornes à ma haine contre ce peuple qui m'avait fait lâche et criminel. Je frappai de terreur Jérusalem. Bientôt, comme pour donner une plus forte excitation à mes vengeances, l'empereur me fit une lettre où il blâmait sévèrement ma conduite. Mon *procès-verbal* de la mort de Jésus, lu en plein sénat, y avait excité une émotion profonde. L'image du Nazaréen, honoré comme un Dieu, venait d'être placée dans le lieu sacré du palais impérial. Les courtisans, qui m'étaient contraires, prirent de là prétexte pour commencer cette longue série d'accusations qui, bien des années après Tibère, m'ont enfin amené dans cette ville d'exil, où ma vie doit s'achever dans les angoisses et les remords.

« Maintenant je t'ai tout dit, ô Albinus ! mon discours t'a fait descendre dans mon âme ; et tu me rendras au moins cette justice de dire que Pilate fut plus malheureux que méchant. »

III

Le vieillard se tut; des larmes coulaient le long de ses joues ridées; ses yeux fixes et ternes semblaient regarder avec effroi un tableau invisible pour tout autre que lui, lugubre fantasmagorie d'un passé toujours présent. Albinus était en proie à une inquiétude sombre, et il cherchait des paroles adroites pour donner quelque consolation à son redoutable ami.

« Pontius, lui dit-il, tes malheurs ne sont pas ordinaires, mais le baume peut encore être versé sur les ulcères de ton cœur; il faut invoquer les Prières, ces filles boiteuses qui désarment la colère des dieux. »

Pilate fit un sourire mêlé de larmes qui épouvanta le prudent Albinus.

« La ville est mauvaise pour toi, poursuivit Albinus, la haine habite les places publiques, et Janus, qui veille au seuil des maisons, ne protége pas le foyer domestique contre les orages du dehors. Que ne vas-tu demander à nos montagnes un peu de cette quiétude qui te sera refusée ici? l'air des champs invite au repos et conseille l'oubli des soucis cuisants.

— Je crains de te comprendre, dit Pilate, l'émotion sur les lèvres et la pâleur aux joues, oui, je crains de te comprendre : tu fais, comme le serpent, un long détour pour atteindre ton but; tu veux fermer au vieillard la porte de ta maison.

— Les dieux, qui m'écoutent et que j'atteste, dit

Albinus, savent si j'ai jamais violé les saintes lois de l'hospitalité, mais....

— Oui, interrompit le vieillard, oui, envers les autres, mais envers moi tu vas t'excuser de les violer; je te comprends encore, n'achève pas : il faut sauver à un ami l'embarras des paroles qui répugnent aux lèvres. Albinus, le vieux stoïcien se réveille en moi, la torche de cire éblouit les yeux avant de s'éteindre; écoute, Albinus, je vais saluer tes pénates, je vais partir. »

Albinus baissa les yeux et se tut.

« Bien! bien! ton silence crie, comme dit Marcus Tullius. Je vais appeler mes serviteurs.

— Tes serviteurs, dit Albinus à Pilate, qui se levait de son siége, tes serviteurs! tu n'en as plus, ils ont fui leur maître.

— C'est bien! dit Pilate.

— Un seul t'est resté fidèle jusqu'au bout, c'est un vieux soldat.

— Ah! c'est Longinus! je le reconnais. Dis à l'enfant d'appeler Longinus, permets-moi de souffler sur ta lampe, elle n'a plus d'huile; voici l'aube.

— Oh! ne m'accuse pas, Pontius! Que ton adieu n'insulte pas à mes pénates!

— Moi, t'accuser! non, je te plains, voilà tout. Le sang de Rome s'appauvrit dans toutes les veines, il n'y a plus de Romains; qu'on institue partout des autels à la Peur : la maison d'Albinus est bâtie sur le parvis du temple de Mars! »

Pilate poussa un grand éclat de rire qui ne cessa qu'à l'arrivée de Longinus.

« Ah! que ta fidélité soit bénie, Longinus! Tu n'as pas suivi, toi, les pas des déserteurs. Albinus, savez-vous ce qu'il a fait, ce soldat? Il servait dans les *hastati*; il était sur le Golgotha, au pied du gibet, le jour que le Nazaréen mourut; il eut pitié des souffrances de l'homme agonisant; il lui perça le cœur d'un coup de lance. Longinus mourra chrétien. As-tu ceint ton épée, vieux soldat, mon dernier ami? »

Le soldat fit un signe affirmatif.

« Tout est donc prêt.... Pilate salue Albinus. »

Une heure après, ces deux hommes étaient arrivés à mi-côte d'une montagne qui domine la cité de Vienne. Le soleil se levait avec cet éclat tranquille des belles aurores de l'été; sa lumière resplendissait sur la coupole de bronze doré du temple de la Victoire et sur l'attique de marbre du temple des Cent Dieux. Une nuit mystérieuse régnait encore dans les bois sacrés qui couronnent la demeure des immortelles. La ville, penchée sur le Rhône, semblait écouter les harmonies du fleuve et prolongeait le silence de la nuit. Les collines flottaient dans une limpide atmosphère d'or; une fraîcheur suave, des bruits de cascades, des chants d'oiseaux, des mélodies sans nom, montaient de la vallée à la montagne, et faisaient bénir la vie à ceux qui la portent légèrement.

Pilate tenait les yeux fixés sur un gouffre noir qui était ouvert à ses côtés. Une eau sombre se roulait au fond; on l'entendait mugir, on ne la voyait pas: des touffes entremêlées de chênes nains et de figuiers sauvages avaient tissu leur réseau sur l'épouvantable abîme, et le bloc de rocher lancé au gouffre se débattait longtemps avec les plantes avant d'arriver à l'eau sourde, qu'il faisait jaillir avec d'horribles échos. Pilate souriait au gouffre; puis il contemplait l'immense et sublime paysage qui entourait si gaiement son agonie de désespoir; il songeait à la mort du Nazaréen, à cette mort qui fut si calme au milieu de la nature bouleversée, et il pleurait amèrement.

« Longinus, dit-il, remets ton épée au fourreau, je n'en ai pas besoin; je saurai mourir sans toi; je ne veux pas souiller tes mains de mon sang; car tu es encore couvert d'un autre sang qui ne s'effacera jamais. Oui, Longinus, ce sage du Golgotha descendait des esprits supérieurs; conserve cette croyance. Tous ceux qui ont trempé leurs mains dans son sang ont péri d'une mort misérable; songe à Hérode et à Caïphe, Tibère même a été étouffé sur son lit de Caprée; je leur survis encore, moi. Tu vas voir comment je vais les imiter. »

Et il s'élança dans l'abîme.

Longinus entendit craquer les branches entrelacées, et ne vit plus que les lambeaux de la toge accrochés aux plantes épineuses du gouffre. Il entendit aussi les sourds ricochets du corps, et un cri suprême agrandi par l'écho et qui se mêlait à un fracas d'eau brisée dont l'écume vint étinceler au soleil.

Ainsi mourut celui sous lequel le Christ avait souffert.

Après dix-huit siècles, cette mort, cet homme, ce souvenir, semblent encore planer sur la vieille cité romaine. L'aspect de Vienne met le voyageur en rêverie; tout lui dit qu'il s'est passé là quelque chose de mystérieux et d'inouï. Ses îles de maisons basses et noires sont coupées par intervalles de grandes lignes d'architecture. Ses hôtelleries sont pleines de vastes et sombres salles empreintes d'un caractère antique.

et qui semblent veuves d'un peuple colossal mort la veille. On trouve cela dans toutes les villes que les Romains ont aimées et qu'ils ornèrent de leurs monuments, modèles éternels de grandeur et d'exécution puissante.

Quand vous passez devant cette noble Vienne, en vous abandonnant au torrent du Rhône, la ville se révèle en masse dans son étrange physionomie : elle semble se retirer et s'incruster dans ses collines, pour laisser passer le fleuve. Tout à coup elle brise son prolongement de maisons indigentes et découvre, en respirant, sa magnifique cathédrale, héritière du temple païen. La façade du saint édifice est couverte, comme sa sœur de Pise, de cette belle teinte dorée qui ressemble à un voile oriental tissu de rayons du soleil. On comprend que l'on est arrivé sur les limites du Nord, et que le Midi commence. Vienne appartient au premier par ses maisons, au second par son temple; et cette double nature de climat, insaisissable au premier aspect, donne le dernier coup de pinceau à la robe de la cité mystérieuse, et complète le rêve du voyageur.

UN DIEU DE MES AMIS.

I

Les écrivains qui n'ont pas reçu du ciel le don de l'invention devraient habiter les villes maritimes. Lorsque le temps est favorable, une trentaine de navires arrivent à l'écrivain, les uns de l'Inde, les autres d'Amérique, et ils lui apportent des cargaisons de romans et de feuilletons, francs de port à la douane, et qui vont, hélas! s'ensevelir dans les archives des chambres de commerce, si personne ne les accueille pour les livrer à la publicité. Un capitaine fait sa déclaration en style de capitaine, et cette déclaration est une Iliade ou une Odyssée beaucoup plus amusante qu'un poëme épique. Le secrétaire de la chambre de commerce prend cette épopée, lui appose le sceau légal et la livre au ver du carton. Pendant que cent écrivains comme moi se brisent le front avec le poing pour en extraire un sujet absent, il y a des flottes marchandes qui débarquent à Marseille des tonneaux de sujets passés au vinaigre, et qui expirent sur le môle à côté d'une once triomphante d'indigo et de café.

Car la nature est obligée, par sa profession, de s'inventer des aventures à travers les océans et les archipels lointains, et la nature invente bien, croyez-moi ; elle prend plaisir à opérer des prodiges d'invraisemblance pour amuser les veilles de ces pauvres marins qui lui font une cour assidue à la sueur de leur front ; elle jette à la pointe de chaque vague une anecdote, comme une feuille de journal, afin qu'elle soit ramassée au vol par quelque matelot conteur. L'Océan est une bibliothèque dans des rayons de soleil.

L'autre jour, je cherchais un sujet sur le bord de la mer, comme Boileau cherchait une rime dans son jardin, au temps heureux où les poëtes cherchaient les rimes, et je ne trouvais que du sable ironique pour sabler un manuscrit impossible à créer. La Providence m'envoya mon ami Louis Bergaz, qui s'est promené toute sa vie de Marseille à partout : la mappemonde est dans sa tête ; si une comète anéantissait notre globe, Bergaz le recomposerait de souvenir ; il a trois cent soixante-cinq anecdotes de rente à donner à chacun de ses amis.

Je lui exposai ma crise d'auteur stérile ; il eut pitié de moi, et il mit les deux Indes à ma disposition, et l'Océanie par-dessus le marché ; alors je choisis dans son répertoire universel la première histoire qui me tomba sous la main ; un volume in-octavo ! hélas ! j'en fais un feuilleton !

Le trois-mâts, *l'Érable* voguait vers Sumatra, venant de l'île de France (année 1818). Il allait vendre des meubles de la rue Vivienne et du faubourg Saint-Antoine aux nababs des îles de la Sonde, et demander en échange du café pour les digestions de Tortoni. La mer était d'un calme effrayant. La mer est une singulière chose! Son repos est aussi terrible que sa colère : elle était donc unie comme un miroir sous la quille de *l'Érable*. Les marins disaient : Quel beau temps épouvantable! et ils rongeaient leurs poings.

Le capitaine mit *l'Érable* en état de ration; c'est l'état de siége des vaisseaux.

On avait épuisé les biscuits, les salaisons, les poutargues, les poules, les croûtes de Moullet, les tablettes de chocolat et les *conserves* de Colin, cette providence visible du marin affamé.

Le jour de l'Ascension arriva. Comment célébrer cette fête? On fouilla tous les recoins de *l'Érable* : disette et famine partout. Cependant le cuisinier, nègre de Madagascar, nommé Neptune, trouva un coq perché sur une vergue et pleurant son harem dévasté, comme Mourad-Bey après la bataille des Pyramides. On pluma le coq, et l'équipage mit le couvert.

On se réjouissait à l'odeur de la broche; les passagers humaient la fumée au vol, et le capitaine faisait la sieste en attendant le dîner, trompant la faim par le sommeil. Le lieutenant veillait autour de la cuisine, pour repousser toute tentative violente de la faim, mauvaise conseillère toujours : *malesuada fames*.

Un cri déchirant de désespoir, un cri de nègre mordu par un serpent, fit trembler la cuisine métallique où le coq rôtissait. Neptune, pâlissant d'effroi sous l'ébène de son visage, sortit de l'officine, les mains crispées dans les touffes de ses cheveux crépus. L'équipage crut que le cuisinier avait mangé le coq par distraction et en détail, et qu'il demandait grâce pour l'inexorable exigence de son estomac. Hélas! le pauvre cuisinier n'avait pas commis ce crime! L'excès d'attention amène souvent le même résultat que la négligence dans le domaine des cuisiniers. Le coq, notre dernière ressource, était brûlé de la tête aux pieds, brûlé à l'état de charbon!

Oh! qu'il est terrible, un accès de colère chauffée au soleil de l'équateur! Le lieutenant poussa le cri du tigre frustré de sa proie, et, saisissant un large couteau, il se précipita sur Neptune.... Au même moment, le passager Louis Bergaz se jeta devant le nègre pour parer le coup mortel. Le nègre fut sauvé, mais Bergaz reçut dans son avant-bras la pointe du fer, et le sang rougit bientôt le pont de *l'Érable*. Si les autres passagers n'eussent pas à leur tour retenu Bergaz, tout blessé qu'il était, il aurait lancé le lieutenant à la mer. Quant au pauvre Neptune, il tomba aux pieds de son sauveur, et mouilla ses pieds des larmes de la reconnaissance.

Après cette scène, les habitants de *l'Érable* se résignèrent et continuèrent de souffrir les horreurs de la faim jusqu'à Sumatra.

Quatre ans écoulés, Louis Bergaz dînait à la table d'hôte de la pension anglaise à Batavia. Il y avait parmi les convives deux savants et un philanthrope, commissionnés par divers gouvernements. Au dessert, le nom de Bergaz ayant été prononcé à haute et intelligible voix, le plus âgé des savants, jusqu'à ce moment courbé sur son assiette, releva vivement la tête et dit :

« Qui se nomme Bergaz ici?

— Moi, répondit mon ami.

— Ah! c'est drôle! dit le savant, vous avez le même nom qu'un dieu de Madagascar.

— Il y a un dieu qui se nomme Bergaz! dit Bergaz en souriant.

— Bergaz, dit le savant, B.E.R.G.A.Z.

— Un faux dieu, sans doute? demanda l'autre savant.

— Cela va sans dire, » remarqua le philanthrope.

Tous les convives, plus ou moins athées, comme tous les voyageurs indiens, lancèrent à mon ami Bergaz un oblique regard de dédain. Cet incident n'eut pas de suite. On acheva de dîner.

Le lendemain, à la même heure, le savant remit à Bergaz un numéro de l'*Asiatic Review*, et lui dit :

« Voici ce que j'ai écrit à Madagascar sur le dieu Bergaz, dans une lettre envoyée aux sociétés savantes de Londres et de Paris; vous pouvez garder cet exemplaire comme souvenir. »

Bergaz remercia le savant et lut cet article :

« La population de Madagascar offre un mélange d'Africains, d'Arabes et de Madécasses; ces derniers peuplent en grande partie le royaume des Ovas, qui est gouverné par une reine. Les Madécasses diffèrent de la race éthiopienne par des caractères physiques et moraux très-particuliers. Ils sont doux, humains et hospitaliers, mais extrêmement belliqueux, parce que la guerre leur donne des esclaves.

« C'est à tort qu'on a prétendu que les Madécasses adorent le diable et qu'ils ont à Teintingue un arbre consacré à cette divinité. Les Madécasses n'ont qu'un temple, il est dédié au dieu Bergaz (BER, *source* ou *puits*, du chaldéen, et GAZ, *lumière*, du madécasse);

ils sont fort dévots à cette divinité, et ils lui sacrifient un coq, comme les anciens Grecs à Esculape. Tant il est vrai que les superstitions et les langues sont liées entre elles par un chaînon mystérieux que les mers, les montagnes et les siècles n'ont jamais pu briser ! »

Cette dernière réflexion philosophique frappa mon ami Bergaz.

« Vous ne sauriez croire, dit le savant, combien ces rapprochements, découverts par nous au prix de tant de fatigues, font faire des pas à la science ! Qui se serait douté que le mot *ber*, le mot fondamental de la langue hébraïque, fût arrivé d'Adam à Madagascar ! Inclinons-nous devant ces mystères, et taisons-nous ! »

Bergaz s'inclina et se tut.

Les soins du commerce firent bientôt oublier à Bergaz et l'article et le savant.

II

Neuf mois après cet incident vulgaire dans une vie indienne, Bergaz allait acheter du bois d'ébène au cap Sainte-Marie de Madagascar, lorsqu'une tempête força le vaisseau qu'il montait à relâcher à Simpaï, sur la côte du royaume des Ovas.

Pendant que l'équipage réparait les avaries du vaisseau, Bergaz, suivi de son domestique, entra dans la campagne pour l'explorer. Il n'y a point de bêtes féroces à Madagascar ; c'est un pays où l'Européen trouve la sécurité dans ses promenades ; il n'y a que des fièvres terribles, qui tuent le malade du jour au lendemain. Les forêts sont pleines de ces fièvres intenses, mais on n'y rencontre pas l'ombre d'un lion.

En sa qualité de Marseillais, Bergaz se livrait aux délices de la chasse dans cette île bienheureuse où la grive, la perdrix, la caille, le faisan, pullulent comme les cigales à Montredon, au mois d'août. Sur la lisière d'une forêt de bambous, notre chasseur vit quelques naturels du pays prosternés devant une grande cabane.

Ces naturels psalmodiaient un hymne d'une voix traînante, et à chaque refrain le nom de Bergaz revenait si distinctement que mon ami n'en perdait jamais une syllabe. « Ah! dit-il, voilà le temple de ce dieu Bergaz dont me parlait un savant à Batavia. »

Bergaz fut poussé par une curiosité bien naturelle; il voulut voir l'intérieur de ce temple, espérant même y découvrir l'idole Bergaz.

Son espoir ne fut pas déçu. Le temple, dans ses quatre murs de bambous cimentés à l'argile, n'avait aucun ornement, mais dans le fond s'élevait sur un piédestal la statue du dieu Bergaz, et sa physionomie et son attitude frappèrent vivement mon ami.

Le dieu Bergaz n'était pas un chef-d'œuvre d'art, mais il était encore bien supérieur de ciselure aux idoles d'Ea-eï-no-move et de Ta-vaï-poeen-na-moo, dans la Nouvelle-Zélande, lesquelles, comme chacun sait, représentent grossièrement le triple symbole de la force qui engendre, parle et frappe; encore une trinité mystérieuse, née au bout du monde! Le dieu Bergaz se rapprochait davantage du sentiment de l'art européen; d'abord, il était vêtu à l'européenne, chose rare chez un dieu indo-africain; il portait un chapeau de paille de riz à larges ailes, une large cravate rouge de Madras, nouée à la Colin; une chemise bleue, un large pantalon de basin anglais, et une veste de coutil. Il était posé dans l'attitude d'un homme qui arrête un coup meurtrier, et son bras droit avait de larges taches de sang.

Mon ami Bergaz, en détaillant les traits du visage de ce dieu homonyme, leur découvrit une certaine ressemblance avec les siens : comme lui, ce dieu avait de larges favoris réunis massivement sous le menton; et en 1818, dans la mer des Indes, mon ami Bergaz était le seul portant une barbe de cette façon. Quant au costume du dieu, il était absolument le même que celui de mon ami à bord de *l'Érable*. Plus de doute, ce temple s'élevait à la mémoire de mon ami Bergaz. Toute incertitude sur ce point fut levée lorsque Bergaz reconnut sur le cou du dieu sa propre cravate rouge, marquée L. B., qu'il avait donnée à Neptune, le cuisinier.

En ce moment une procession de naturels entra dans le temple. On alluma du bois dans un réchaud, on déposa un coq sur la flamme, et on le brûla devant le dieu, aux acclamations des adorateurs.

Mon ami Bergaz n'eut pas la force de garder son air sérieux devant cette cérémonie religieuse; il poussa un imprudent éclat de rire marseillais qui ébranla les murailles de bambous.

A cette explosion d'irrévérence, les sectateurs du dieu Bergaz sortirent de leur mansuétude ordinaire; ils se précipitèrent avec des cris de fureur sur mon ami, et ils s'apprêtaient à le sacrifier comme un coq pour apaiser la divinité outragée, lorsqu'un bruit de cymbales annonça l'arrivée du chef de la tribu. Louis Bergaz ne riait plus, et, dans cet extrême danger, il eut recours à une hypocrisie bien excusable : il se prosterna devant le dieu et manifesta le plus vif repentir.

Le grand prêtre de Bergaz reçut le chef de la tribu à la porte du temple, et lui fit son rapport sur le sacrilége de l'Européen. Le chef bondit de rage et, saisissant un *crid* malais, il courut sur l'infâme profanateur.

Mon ami se retourna vivement au bruit des pas du chef; deux cris de surprise éclatèrent, l'arme tomba des mains noires qui la brandissaient. Le chef était aux pieds de mon ami Bergaz. Le grand prêtre faisait une pantomime qui signifiait : Quel est donc ce mystère? Et les chœurs répétaient la pantomime, comme dans un ballet.

Louis Bergaz releva le chef roulé dans la poussière, et, désignant la statue, il l'interrogea par son geste. Tirant de sa poitrine un soupir énergique, le chef s'écria :

« *Na pa Bergaz moun dié?* (Eh! Bergaz n'est-il pas mon dieu?)

— Ce bon Neptune! » dit mon ami; et il serra les mains de l'ex-cuisinier.

Cependant, ainsi que l'exigeaient les convenances religieuses du pays, et sur la prière de Neptune, mon ami Bergaz, avant de quitter le temple, se prosterna dévotement devant sa statue; il s'adora quelques instants, et sortit avec l'ancien cuisinier Neptune, qui l'avait invité à dîner à son palais.

Chemin faisant, Neptune conta son histoire en deux mots à Bergaz. Le puissant Radam, souverain de Madagascar, avait enfin conclu un traité de paix avec son implacable ennemi, René, ce corsaire qui désolait l'île. René avait une femme de génie, qui fut nommée reine des Ovas par un édit de Radam, et cette reine était sœur de Neptune, l'ex-cuisinier de *l'Érable*. Assise sur le trône des Ovas, elle avait retiré son frère de la domesticité, et lui avait donné le commandement absolu de la petite province de Simpaï. Investi de cette dignité, Neptune éleva un temple à mon ami Bergaz ; ce fut son premier acte de souveraineté. La reconnaissance est une vertu noire, comme l'ingratitude est un vice blanc.

III

Je remerciai vivement mon ami de son histoire, et il me dit :

« Croyez que j'ai ri longtemps de cette aventure, et que dans mes nombreux voyages sur la mer indienne j'ai souvent excité une gaieté folle quand je la racontais dans les veillées du bord. Aujourd'hui je ne sais pourquoi ce souvenir ne me paraît plus aussi plaisant. Quand je me promène sur le rivage de la mer, je me laisse involontairement attendrir à l'idée que suis adoré comme un dieu de l'autre côté de ces eaux, à l'autre bout du monde, dans une île qui tue les Européens. Il me semble parfois que les vagues m'apportent le refrain du cantique entonné en mon honneur :

O Bergaz ! écarte le serpent et le tigre,
Et donne-nous une bonne moisson de riz.

Alors j'écoute et je fais des vœux pour que les vœux de ces pauvres gens soient exaucés. Quant au serpent et au tigre, je suis fort tranquille, on n'en a jamais vu à Madagascar, et probablement il n'y en aura jamais. Je ne m'inquiète que de la récolte du riz.

« Ce qui me fait rire quelquefois, c'est de me voir prendre ainsi par distraction ma divinité au sérieux. Lorsqu'il m'arrive un de ces intolérables malheurs qui troublent l'existence du riche; lorsque ma pendule s'arrête dans la nuit, lorsque mon habit neuf reçoit une tache, lorsque le vernis de ma botte s'écaille subitement, lorsque je perds la clef de mon secrétaire et que toutes mes recherches sont inutiles, lorsque les voisins parlent à mon oreille au quatrième acte des *Huguenots*, lorsque Eugène Sue me dit : *La suite à demain*, pour m'apprendre ce que devient *Mathilde*; enfin, dans ces mille circonstances éparses dans la vie où chacun se considère comme le plus infortuné des hommes, heureux pour ma part, je me console en tournant mes yeux vers l'hémisphère où brille la Croix-du-Sud; je vois ma statue adorée par les fidèles sectateurs du culte bergazien; j'écoute la prière qu'ils m'adressent avec leur foi naïve; et, même seul dans ma chambre, je me surprends dans l'attitude de l'idole, telle que je l'ai vue sur son piédestal de bambous. O vanité ! »

Pendant qu'il me parlait de sa divinité et des temples élevés en son honneur par les braves nègres de Madagascar, Bergaz avait conservé sur ses lèvres le sourire de l'homme d'esprit qui sait le prix qu'on doit ajouter à toutes les fatalités humaines. Mais à ces derniers mots sa voix se voila tout à coup et le sourire disparut un instant.

L'heure de la bourse et des affaires réclamait Bergaz.

Je serrai la main que m'offrait mon ami, et je lui chantai, en le quittant, le refrain : *O Bergaz, écarte le serpent,* sur un air inconnu.

LE FRÈRE DE BERTRAM.

(HISTOIRE DE MINUIT.)

I

On donnait au théâtre de Mansfeld la première représentation du chef-d'œuvre de Meyerbeer. Je parvins à m'asseoir avec beaucoup de gêne à côté d'un jeune fashionable parisien, voyageur comme moi, qui m'offrit généreusement la moitié de sa stalle. Une impatience toute française éclatait dans les loges en trépignements.

Le rideau se lève, chacun se recueille, se pose, croise ses bras, s'assure tous les avantages de l'audition. Bertram s'avance pour chanter sa première phrase; il reste la bouche béante et ne chante pas. Le chœur s'arrête. Robert demande avec inquiétude à Bertram s'il a oublié la première note de son rôle. Bertram pousse un *la* aigu et s'assoit convulsif en disant par signes :

« Je ne puis pas chanter.

— Il ne peut pas chanter ! s'écrièrent à la fois cinquante barons; qu'est-ce que cela signifie ? Nous avons fait vingt lieues pour voir *Robert*, et nous le verrons ! »

Bertram se leva, fit de nouveaux efforts ; on n'entendit que l'orchestre ; rien ne sortit du gosier de l'acteur.

Le chef d'orchestre se retourna et dit :

« C'est une extinction de voix.

— Il n'y a pas d'extinction de voix ! » s'écrièrent les barons, la canne haute.

Un jeune homme se penche sur le bord d'une loge et dit :

« Qu'on aille chercher un médecin ! y a-t-il un médecin dans la salle ? »

Silence général.

« Qu'on aille chercher le docteur Sterm. »

A cette heure, le docteur Sterm donnait à dîner à des philosophes ; il vida sa coupe de Bohême parfumée de Johannisberg, et courut aux coulisses. Il tâta le pouls de Bertram, lui pressa la gorge et dit gravement :

« C'est l'émotion de la scène qui a paralysé les nerfs du larynx. Il lui faut le repos et les bains de mer. »

Et le docteur Sterm disparut.

« Comment ! les bains de mer ! s'écrièrent les barons ; il n'y a pas de mer à Mansfeld ! et quand même il y en aurait une, ce remède ne nous rendrait pas *Robert le Diable* ce soir ; il nous faut *Robert !* »

Le régisseur s'avança rayonnant jusque auprès de la rampe, et fit trois saluts ; la salle entière se suspendit aux lèvres de l'orateur scénique.

« Messieurs, dit-il, un artiste en voyage, qui était

dans la salle et qui sait le rôle de Bertram, s'offre à moi pour le jouer; c'est un bonheur dont.... »

Deux mille applaudissements interrompirent le régisseur; il se retira. Le nouveau Bertram excita une tempête d'acclamations à son entrée en scène.

« Tiens! je le connais, me dit mon voisin, le jeune Parisien; je l'ai vu débuter à Feydeau, dans *Zampa*: il se nomme Florival, ou Florval, ou Blinval; c'est un pauvre talent; mais il rend service aujourd'hui. »

Au premier acte, le nouveau Bertram eut un petit succès d'estime et de reconnaissance. Le Parisien criait à chaque note :

« Ah! ça ne vaut pas Levasseur! ça ne vaut pas Levasseur! quel homme, Levasseur! l'avez-vous entendu dans ce passage :

Console-toi,
Fais comme moi....

Ce Florival, ou Florval, n'entre pas dans l'esprit de son rôle; ce n'est pas un démon.... Où diable a-t-il pris ce costume?... Il faut voir comme Levasseur.... »

Un grave Allemand l'interrompit tout court :

« Monsieur, lui dit-il, vous nous avez assourdi avec votre Levasseur : laissez-nous entendre la musique, ou sortez. »

Au troisième acte, après le duo bouffe, au moment où Bertram chante : *Roi des anges déchus*, il se fit un silence effrayant. Bertram souriait en laissant tomber des notes mélancoliques : le chœur infernal sortait de la coulisse comme un ouragan de voix souterraines. Il semblait qu'un orchestre surnaturel accompagnât les grincements de l'orchestre visible, et que des voix de géants roulassent dans les porte-voix de cuivre. De temps en temps le chef d'orchestre se retournait, pâle, pour saisir au passage des torrents de notes mystérieuses qui sortaient d'instruments inconnus. Par-dessus tout planait la voix tartaréenne de Bertram : cette voix qui roulait entre deux orchestres avec une fluidité métallique et harmonieuse; cette voix infernale qui disait à Alice : *Approche donc!* cette voix qui se faisait railleuse à scier l'épiderme, qui se mêlait au rire strident et corrosif du violoncelle, qui criait : *Désormais tu m'appartiens,* en déchirant les fibres comme le son intolérable qui suit le vol de la bombe. Alice s'était repliée comme la colombe sous le vautour : elle avait oublié que tout cela n'était qu'un jeu : le souffle de Bertram était tombé sur ses lèvres comme une trombe d'air sulfureux. Elle poussa trois cris, non pas trois cris de métier, mais des cris vrais, tels que la nature les note pour la mère qui voit broyer son enfant sous une roue. Alice s'était évanouie.

Les dames se levèrent sur les stalles, avec des figures bleuâtres, avec des yeux fous ; et elles s'enlaçaient au cou des barons avec de grands rires, des pleurs et des frissons épileptiques.

Des voix criaient :

« Baissez le rideau! »

Le rideau tomba.

« C'est singulier! dit mon jeune Parisien, voyez comme ces dames sont impressionnables! Oh! où en seraient-elles si elles entendaient Levass...? »

Il s'arrêta, car il régnait autour de nous un silence qui faisait peur, et que personne n'osait interrompre. Nul n'osait communiquer à son voisin ce sentiment de stupeur et d'admiration qui dominait la salle.

On attendait la scène des nonnes avec impatience et terreur. Pour moi, je ne savais dans quelle classe ranger mes impressions.

Le rideau se leva et découvrit le tombeau des nonnes. Oh! mille ans je me rappellerais cette scène! Ma plume se hérisse en l'écrivant, et chaque lettre me semble briller comme un diamant phosphorique. Bertram reparut. A coup sûr il avait grandi d'un pied dans l'entr'acte, illusion à part. La salle était toute noire de nuit: il n'y a pas de lustre au théâtre de Mansfeld: une faible lueur blanchissait la scène. Dans cette atmosphère sombre on distinguait les deux yeux de Bertram, comme deux étoiles oubliées sous un ciel d'orage. Déjà les trombones éclataient avec un fracas inouï, avec une verve tellement surnaturelle qu'elle cloua dans l'air la baguette du chef d'orchestre; il chercha vainement, lui, dans la partition cette surabondance de notes improvisées par les instruments, et qui étaient pourtant à l'unisson des notes écrites; puis l'étonnement paralysa les doigts et les lèvres des musiciens: l'accompagnement cessa. Bertram semblait s'accompagner lui-même en chantant l'évocation; deux sons bien distincts sortaient de son gosier; le chant, et quel chant! il corrodait les nerfs comme une succession de coups de tam-tam, et avec le chant, un infernal écho de poitrine, un solfatare de poumons qui grondait en mesure avec les paroles et qui arrivait à nos oreilles comme la répercussion du marteau sur la cloche, ou d'un balancier souterrain de faux monnayeurs.

Quand les nonnes se groupèrent autour de Bertram, elles étaient pâles sous le fard : elles se crurent véritablement mortes pour une heure. La supérieure tomba, la face contre les planches, et elle se blessa au sein avec la croix qu'elle avait suspendue à son cou : on la replaça mourante sur le tombeau où tantôt elle jouait au jeu de la mort. Ces faibles femmes s'effrayèrent de se voir couvertes du suaire : l'épidémie de la peur les saisit toutes en un instant. La salle entière fut envahie par une recrudescence de terreur folle. Ces ténèbres que sillonnaient des reflets phosphoriques ; cette voix monstrueuse à deux parties avec laquelle Bertram meurtrissait les auditeurs ; le double tison de ses yeux, les cris des nonnes, le silence incompréhensible de l'orchestre ; ce double rang de tombeaux, ce décor désolé, enfin une impression mystérieuse d'épouvante qui courait dans le théâtre comme un mauvais parfum, tout cela bouleversa l'assemblée. On voyait fuir les dames par les issues des loges ; d'autres étaient emportées évanouies ; les enfants nous poignardaient avec leurs cris si bien aiguisés. Quelques femmes disaient d'une voix de fantôme :

« Ah ! mon Dieu ! c'est un cauchemar ! nous rêvons ! éveillez-moi, éveillez-moi, au nom de Dieu ! »

Dans ce tumulte, le rideau tomba avec le bruit d'une grande branche de chêne sur vingt tambours, et la salle tressaillit. On se précipita par tous les vomitoires avec cette furie que donne au théâtre le cri :
Au feu !

« De l'air! de l'air! donnez-nous de l'air! » criait-on en chœur.

Quelques voix d'esprits forts disaient :

« Restez donc, restez donc; il y a encore deux actes. »

La foule en masse répondait :

« Fini, fini, au diable *Robert le Diable !* nous sommes assassinés ! »

En deux minutes la salle fut vide. Mon jeune Parisien, intrépide et calme, suivit à regret l'entraînement irrésistible de la foule.

« Une idée ! me dit-il, je vais inviter ce Florival ou Florval à boire avec nous un verre de punch : il a beaucoup gagné, le drôle, depuis son début à Feydeau. Ces Allemands sont fous; Kant et Goethe les ont perdus. Ces Allemands voient partout des Méphistophélès et des chiens noirs. Allons inviter Florival ou Florval.

Nous montâmes aux coulisses; elles étaient désertes; mon jeune étourdi criait :

« Florival, Florival, venez donc que je vous complimente. Il se déshabille peut-être dans sa loge; montons à sa loge. Où est sa loge? dites, monsieur, vous, le prince de Grenade? »

Le prince de Grenade nous regarda fixement et nous dit :

« Vous demandez l'acteur qui a joué Bertram?
— Oui, prince.
— Après l'acte, il a disparu.
— Comment disparu! en costume de diable?

Oui, monsieur, nous l'avons cherché longtemps, et sans le trouver! C'est fini! ah ! quelle soirée ! »

Et le prince de Grenade se retira en levant les mains aux frises célestes.

« Voilà une singulière aventure, dit le Parisien, allons nous coucher. »

II

Le lendemain nous étions au château du baron d'Halsteim, situé à une pipe et demie de Mansfeld, sur la grande route d'Erfurth. C'est une résidence féodale qui remplit toutes les conditions du genre : forêts de sapins, lacs voilés de feuilles mortes, kiosques abandonnés, métairies sans troupeaux, étangs sans poissons, fontaines sans eaux, bruyères sans gibier, mélancolie partout.

J'avais présenté au baron d'Halsteim mon jeune ami de la veille, Wilfrid de V.... Le baron a une fille délicieuse ; Goethe a été son parrain à Weymar, car la baronne y fut surprise en voyage par les douleurs de l'enfantement. Goethe a nommé sa filleule Marguerite, selon son usage. La fille du baron a dix-sept ans ; elle est blonde, veloutée, éblouissante ; elle a peur des revenants et des livres de son illustre parrain.

Avant de souper, Wilfrid me fit signe de le suivre. Nous entrâmes dans le bois de sapins.

« On s'ennuie à la mort, me dit-il, dans ce nid de fantômes. La petite blonde est assez bien, mais je n'aime pas les blondes, et puis elle prend des airs d'une héroïne d'Auguste Lafontaine ; elle me regarde avec des yeux d'une vertu tourmentée. Il n'y a donc rien là pour moi. Je retourne à Mansfeld, adieu l'Allemagne; on y périt d'ennui quand on n'est pas philosophe. Avez-vous quelque commission à me donner pour Paris?

— Oui, lui dis-je, plaignez-vous de la solitude ; voilà deux cavaliers qui peuplent la grande route ; ils viennent au château, je crois.

— Oh! je les vois ; ce sont deux voyageurs égarés ou deux phénomènes équestres. Mais pourquoi fait-on des routes dans ce pays ? on aurait dû au préalable faire des voyageurs.... Mais ils sont bien, ces cavaliers, très-bien.... Avançons un peu ; j'ai besoin de voir des figures humaines.... Ah! mon Dieu!... Non, je ne me trompe pas.... C'est lui! lui, Florival! et avec un groom! quel genre! »

Il m'entraîna vers la grande route, et les deux cavaliers s'arrêtèrent en devinant notre intention de les aborder.

« Ah! je vous trouve enfin, monsieur Florival. Sans indiscrétion, nous pouvons un instant interrompre votre petite promenade pour causer en artistes? »

Celui que Wilfrid appelait Florival fit un singulier sourire.

Wilfrid continua et dit en me désignant :

« Monsieur, mon ami, qui est en pied au château d'Halsteim, un château charmant que vous voyez là-bas dans les arbres, vous invite au nom du baron à vous arrêter dans ce domaine un instant. Il faut que nous causions un peu de la représentation d'hier.

— Je veux bien, répondit Florival, si cela vous oblige.

— Oh! charmant, aimable à l'excès. Suivez-nous; nous allons vous indiquer le chemin. Enfin, nous allons secouer l'ennui ; voici une soirée charmante. Je suis fou des artistes. »

Florival, le Bertram de la veille, était un jeune homme de trente ans ; il avait une figure d'une laideur gracieusement belle, des cheveux d'un noir d'ébène, des yeux d'un azur d'orage, une jolie moustache déliée comme une accolade typographique. Voici son costume : habit bleu à boutons de métal phosphorique, gilet blanc croisé, pantalon gris de fer, gants d'écuyer hongrois : le tout aussi lustré qu'aux potences de Staub. Seulement le pantalon était troué au genou gauche. Wilfrid ne pouvait se lasser de regarder ce genou.

On allait se mettre à table au château lorsque nous y entrâmes avec l'étranger. Wilfrid, avec cette audacieuse politesse du beau monde, présente Florival à la société.

« Nous avons cru, dit-il, faire une chose agréable à madame la baronne en priant M. Florival de passer quelques heures au château d'Halsteim. Comme le singulier spectacle d'hier a été pour vous, mesdames, le sujet d'un entretien inépuisable, nous avons pensé que M. Florival nous donnerait des explications qui....

— Des explications de quoi? interrompit Florival avec un organe au timbre de cuivre, il n'y a eu hier, au théâtre, rien que de fort naturel. On a chez vous des imaginations trop exaltées, les dames ont des nerfs comme des cheveux ; elles ont des cordes de violon dans les fibres, et ma voix roule dessus comme un archet, voilà tout.

— C'est bien étrange, ce que dit là ce monsieur, » murmuraient tout bas les dames.

Marguerite pâlissait.

Pourquoi donc êtes-vous sorti brusquement après le troisième acte? demanda Wilfrid.

— La salle m'a fait peur, répondit Florival froidement.

— Ah! c'est singulier! Avez-vous vu Levasseur dans Bertram, monsieur Florival?

— Levasseur, oui, je l'ai vu, il m'imite; c'est mon plagiaire.

— Eh bien! donc, pourquoi ne débutez-vous pas à la rue Le Peletier?

— Parce qu'on a bâti une église rue Laffitte.

— Ah! »

Cet *ah!* annonçait qu'on acceptait l'explication de Florival, mais qu'on ne la comprenait pas.

On annonça que la baronne était servie.

Le couvert était mis dans une salle tapissée en camaïeu. Aux quatre angles on voyait quatre portraits en pied des ancêtres du baron d'Halsteim : un lustre à cinq branches était suspendu sur la table. Un piano colossal s'élargissait entre deux croisées. Florival s'assit en face de Marguerite, et regarda un des portraits de famille avec une singulière attention.

« C'est mon bisaïeul, dit le baron.

— Je crois l'avoir reconnu, dit Florival.

— C'est difficile à croire, mon aïeul est mort en 1743; on lui a donné dans notre peuple campagnard un singulier surnom....

— Lequel?

— Halsteim le Damné.

— Ne dites pas cela, mon père! s'écria Marguerite, cela fait peur. »

Il y eut un grand silence; Florival cachait un

sourire dans sa moustache noire; les convives mangeaient.

Marguerite ne mangeait pas. Elle tenait tout le haut de son corps en avant, et mêlait ses regards aux regards fixes de Florival, comme si elle eût cédé à quelque attrait irrésistible de fascination : ses beaux yeux se rapetissaient en distillant des larmes perlées ; son sein haletait comme le sein d'une mariée au coup de minuit, dans un bal de noces ; elle portait à ses lèvres le gobelet de cristal, pour se distraire pour donner le change à quelque impression non encore ressentie, et elle le replaçait sur la table sans avoir bu ; et elle faisait grincer sur les reliefs du cristal ses petits ongles blancs, purs et déliés. Oh ! il y avait en elle quelque chose d'étrange, quelque mystérieuse sensation que les femmes n'avouent pas, elles qui disent tout.

J'essayai de distraire Marguerite par une question oiseuse ; elle se révolta contre mon indiscrétion avec une espèce de roucoulement sourd, un soupir long et musical qui n'articule rien. Puis une pâleur luisante couvrit sa figure comme un masque de cire. Ses longs cils se hérissèrent ; ses yeux s'ouvrirent dans une dimension surnaturelle ; elle allongea ses bras sur la table avec des contorsions ; elle se roidit, rejeta sa tête en arrière, frappa violemment le parquet de ses talons et s'évanouit en criant : *Halsteim le Damné !*

En ce moment un coup de vent fit mugir l'orchestre des sapins et brisa ses harmonieuses roulades sur les créneaux du manoir ; il s'engouffra dans les rideaux pesants des croisées de la salle, en leur donnant des formes de fantômes ; il se mit à rire derrière la tapisserie décollée, derrière la toile volante d'*Halsteim le Damné*; il fit palpiter les flammes du lustre comme les chevelures des Euménides; il agita les touches du piano colossal, et en exhuma une mélodie courte et funèbre comme l'accompagnement d'un *Ci-gît*. Tous les convives, épouvantés, furent saisis d'une telle stupeur, que personne ne songeait à porter secours à la pauvre Marguerite.

III

L'intrépide Wilfrid courut à la jeune fille; il lui parlait avec une voix douce et prenait ses mains avec une délicatesse touchante.

Les autres convives semblaient anéantis.

De temps en temps Wilfrid disait en forme d'aparté:

« Allons, voilà les scènes d'hier qui recommencent.

— Ce n'est rien, rien, dit froidement Florival; la voilà qui reprend ses esprits.

— Oh! s'écria le baron revenu à lui, ce sont les lectures des livres de son parrain qui la tuent! je brûle tout son parrain demain; je veux la mettre au régime des idylles de Gessner. »

Un voisin, baron invité, se leva en faisant signe à sa femme de le suivre.

« Vous partez, voisin? lui dit d'Halsteim.

— Oui, la soirée s'annonce mal, » reprit le voisin en secouant la tête avec mélancolie.

Marguerite avait repris ses sens.

« Comment! dit-elle d'une voix émue, c'est moi qui vous mets en fuite! mais, je vous en prie, restez donc. Passez la soirée avec nous. Que mon accident ne vous inquiète pas. Il fait très-chaud ici ; qu'on ouvre les croisées, l'air me remettra.

— Ouvrez les croisées, dit Wilfrid ; le vent est mort, l'air est calme. »

Par les croisées ouvertes, on découvrait un paysage de mauvais rêve. La campagne était comme rongée par les teintes d'une lune artificielle. On distinguait au bord de l'étang un bouquet de sapins hauts et grêles, qui ressemblaient à des spectres conspirateurs ; la forêt s'arrondissait sur la colline avec des formes bouleversées. Il y avait dans l'air des plaintes d'oiseaux et des hennissements de chevaux en délire.

« Il paraît que Cramrr fait des siennes dans l'écurie, dit Florival.

— Comment appelez-vous votre cheval ? demanda Wilfrid en riant.

— Cramrr.

— Joli nom ! je veux le donner à ma jument arabe. Cramrr ! oui, c'est fort original ; je ne l'ai jamais vu. Comment écrivez-vous ce nom-là ?

— Je ne l'écris jamais. »

Les hennissements des chevaux redoublèrent dans l'écurie du baron.

Wilfrid se leva en disant :

« Je vais mettre Cramrr à la raison ; je crois qu'il mord vos chevaux, monsieur le baron.

— Restez, » dit Florival avec un ton inouï.

Et Wilfrid, qui déjà s'acheminait vers la porte, s'assit lourdement, comme si une main de fer l'eût refoulé dans son fauteuil. Mais il n'était pas homme à s'émouvoir longtemps. Il s'exalta tout à coup de cette ivresse joyeuse que donnent les vins du dessert,

« Allons, dit-il, de la gaieté, de la gaieté! chantons! A Paris on chante au dessert, chantons!

— Oui, oui, chantons, » dirent les dames avec un visage triste et décomposé.

Wilfrid continua.

« Chantons le grand trio de *Robert*, je sais ma partie, moi....

> Prenez pitié de moi.... Vois le ciel....
> Prenez pitié de moi.... qui t'attend.

Ah! il nous manque une Alice.... Eh bien! il faut aller chercher mademoiselle Zoé Briton, qui joue au théâtre de Mansfeld.... C'est l'affaire d'une heure au plus en berline.... Ah! monsieur le baron, vous avez des scrupules d'aristocratie allemande. Oh! l'horreur! une actrice dans votre château! Bah! tous ces vieux préjugés sont aujourd'hui coulés à fond. Je suis d'aussi bonne maison que vous, moi, et, quand je reçois dans mon hôtel, j'invite Dorus, Damoreau, Grisi, Falcon.... Voyons, quelqu'un de vos gens peut-il se détacher?...

— Attendez, dit Florival, je vais envoyer mon domestique.... Furcger, écoute, monte à cheval, va à Mansfeld et ramène en croupe Zoé Briton. Elle demeure rue Quelle heure est-il, n° 13. »

Furcger partit.

« Qui se mettra au piano? dit Wilfrid.

— Furcger, répondit Florival.

— Ah! votre domestique est pianiste?

— Il a donné des leçons à Field et à Thalberg.

— Diable! quel domestique!

— Messieurs, dit Marguerite, avec une voix charmante, mon piano n'est pas accordé ; c'est un meuble de famille. Il y manque trois octaves, d'ailleurs.

— Je vais l'accorder, mademoiselle, » dit Florival.

Il se leva aussitôt, et fit courir ses longs doigts sur le clavier avec une agilité merveilleuse. Pendant qu'il accordait, on achevait le dessert, onze heures sonnèrent lentement à la pendule du salon.

« Onze heures ! s'écria Florival ; il est bien tard. C'est aujourd'hui vendredi, je crois ; j'ai rendez-vous à....

— A ?... demanda Wilfrid.

— A rien.... Voici Furcger et Zoé. »

En effet, ces deux mots n'étaient pas achevés qu'ils entraient au salon. L'actrice avait une effronterie qui terrifia le baron. Elle fit des saluts étranges et saccadés comme un automate de Vaucanson. Elle visita, en pirouettant, tous les recoins de la salle, et rit comme une folle devant la toile d'Halsteim le Damné.

Furcger se mit au piano. Florival, Wilfrid et Zoé se groupèrent au fond de la salle, chacun sa partie de chant à la main,

Ce n'étaient point deux hommes et une femme qui chantaient ; c'était le trio de l'enfer, du ciel et de la terre ; l'enfer qui chantait avec ses grincements, ses vagissements, ses rugissements ; le ciel avec toutes ses mélodies d'amour, de joie, de volupté sans fin ; la terre avec ses angoisses de douleur, ses blasphèmes d'athéisme, ses cris sauvages de désespoir ; et toutes ces harmonies roulaient à l'unisson avec un bonheur monstrueux ; et la puissance infernale ou divine qui nous faisait tomber aux oreilles cette triple cataracte de sons dévorants nous donnait encore une force merveilleuse de nerfs pour ne pas succomber à l'émotion quand le château lui-même semblait frissonner entre ses huit tours.

Abîmés dans nos fauteuils, nous fermions nos yeux, de peur qu'une distraction nous dérobât une seule note de cette musique gigantesque ; nous les ouvrîmes à la fin du trio....

Wilfrid était renversé sur le sofa, comme épuisé, anéanti par les prodigieux efforts qu'un pouvoir surhumain lui avait imposés. Furcger et Zoé avaient disparu. Le piano abandonné mugissait encore, comme la mer après la tempête.

« Où donc est Florival ? » demandai-je à Wilfrid.

Wilfrid me montra le panneau de boiserie où était peinte la grande figure d'Halsteim le Damné. A sa place riait sardoniquement une autre image peinte et improvisée, la face de Florival.

Une voix de femme s'écria :

« Mais quel était donc cet homme ? »

Et le piano répondit avec le refrain lugubre de la ballade de Raimbaut :

C'est un démon.

Cette histoire fut contée, en 1837, à Meyerbeer, au bal, chez mademoiselle Taglioni. L'illustre maëstro me dit en souriant :

« C'est un conte bien difficile à croire ; mais tout est croyable à un bal de minuit. »

UN AMOUR DE SÉMINAIRE.

J'ai pour habitude, l'été, quand il fait chaud, de courir la campagne. Les environs de Paris sont peuplés de villas délicieuses, qui n'ont qu'un défaut à mon sens ; il est vrai qu'il est capital : celui de ne pas être habitables toujours.

J'étais donc, selon ma coutume, allé passer quelques jours au château de M. le comte de V***, à G***. Je ne connais pas d'hospitalité au monde plus cordiale et en même temps plus splendide que celle du comte de V***. Son château est une de ces grandes et belles habitations quasi princières, qui montrent par leur luxe que les grands seigneurs n'ont pas encore tout à fait disparu. En même temps tout est agréable et doux à l'œil dans le paysage, et, quand on a parcouru ces hautes collines aux molles ondulations, ces grands bois peuplés pour les chasseurs et pour les poëtes, toute cette campagne, enfin, pleine d'harmonie et de parfums, on n'est nullement étonné de l'aménité des gens qui l'habitent. Le vers de Virgile revient malgré soi à la mémoire, et on le modifie, car ceux-là connaissent leur bonheur et s'en contentent.

Le château du comte de V*** reçoit chaque jour quelque hôte parisien qui y apporte les nouvelles courantes. De la sorte, on y trouve tous les charmes de la campagne, sans aucun des désagréments de la ville, et on n'a pas à les regretter.

Un des hôtes habituels du château de G*** était un vieux prêtre fort instruit, qui longtemps avait été professeur dans les maisons ecclésiastiques. C'était un homme qui parlait avec une onction touchante et une grâce rare. Nous l'écoutions volontiers, ne regrettant qu'une chose, c'est que sa modestie l'empêchât trop souvent de prendre part à nos conversations.

Un soir, après une de ces journées rares à Paris, où la chaleur accablante a vaincu les plus intrépides, nous étions assis en cercle sur la terrasse. La soirée avait ce charme particulier aux nuits italiennes, et l'électricité qui chargeait l'atmosphère nous invitait à l'abandon.

C'est alors que le vieil abbé nous raconta cette histoire, que j'intitule, sans le consulter, *un Amour de séminaire*.

I

J'ai connu au séminaire d'Issy un jeune abbé que je ne désignerai que par son surnom, Adrien ; sa famille est de Compiègne, où elle a toujours été fort estimée ; aujourd'hui elle habite Paris ; elle est dans une aisance qui touche à la richesse, et jouit d'une bonne réputation de voisinage, la seule que les bourgeois puissent ambitionner.

Adrien fut irrésistiblement poussé par sa vocation vers l'état ecclésiastique ; il descendit du collége Henri IV avec son premier diplôme, et, sans daigner traverser Paris, même un jour, il courut s'enfermer dans ce calme et frais séminaire qu'on aperçoit parmi les massifs d'arbres, après le village de Vaugirard.

Rien ne lui souriait dans ce monde, à l'âge où le malheur même est riant, où la jeunesse fait tout oublier ; plein d'âme et de feu, il se méprit sur la nature de ses sensations passionnées ; il se crut organisé pour ces mystiques extases où le prêtre se fond d'amour au pied de l'autel, où son cœur est une fête continuelle ; il se disait, le pauvre enfant :

« Je veux être Paul ou Jérôme, sans passer comme eux parmi le monde et l'impiété. »

Je l'ai souvent accompagné dans ses promenades aux allées du parc d'Issy ; nous nous avancions vers le parapet qui domine les prairies de la Seine ; Paris mugissait à notre droite comme une ville prise d'assaut ; la rivière fuyait, emportant son trésor de cadavres et d'immondices ; devant nous, Chaillot montait à Passy dans le nuage industriel de la pompe à feu. Tout cela était triste.

Adrien me disait :

« Ce Paris que nous voyons est l'image du monde ; le monde nous cache ses plaies, ses douleurs, ses angoisses, pour nous montrer ce qu'il a de serein et d'aimable. Ainsi, cette grande ville nous dérobe ses maisons, ses palais, ses rues ; nous ne voyons d'elle que ses clochers et ses dômes saints ; laissez-vous prendre à cet artifice de la cité criminelle, entrez, vous trouverez sous vos pieds tant d'embûches et de fange que vous n'aurez pas le loisir de regarder là-haut et de songer à Dieu. »

Il avait au cœur beaucoup de pensées comme celle-là, et il les disait à ses amis dans les heures de l'épanchement, le soir après vêpres, devant la mélancolique chapelle du parc, lorsque la vapeur du dernier grain d'encens passait avec la brise sous les arbres et la parfumait, et que les dernières notes du *Pange lingua* vibraient encore à nos oreilles; ravissante et chaste mélodie qui changeait en nous le vieil homme, rendait nos pas légers sur la terre, et nous conseillait de bonnes actions.

Un jour, le supérieur appela le jeune Adrien dans son cabinet, et lui dit :

« Implorez les lumières de l'Esprit-Saint, mon enfant; vous serez sous-diacre à la première ordination, dans un mois au plus tard. »

Adrien tressaillit de joie. Il allait briser le dernier lien qui l'attachait au monde et prononcer des vœux redoutables, qu'on ne peut plus rompre sans pactiser avec l'enfer. Mais Adrien ne pensait pas même à l'enfer. Il tourna ses regards vers Paris, et lui dit :

« C'est aujourd'hui qu'il n'y a plus rien de commun entre moi et toi, ô Babylone! Aujourd'hui et toujours! je suis prêt pour les vœux! »

Le jeudi suivant, jour de promenade, les jeunes séminaristes poussèrent jusqu'à Versailles; Adrien s'était écarté de ses condisciples et méditait seul sur la pelouse qui mène à Trianon. Son âme était calme, toute détachée du monde, pure comme l'âme d'un séraphin; mais il sentait, hélas! dans le fond de cette quiétude religieuse, bouillonner par intervalles une ardeur indéfinissable qui ne semblait pas s'adresser à Dieu. La journée était belle, l'air tiède, le buisson embaumé; Trianon et Versailles se renvoyaient leurs magnifiques souvenirs et s'entretenaient de leurs nobles histoires à jamais éteintes. Sans doute l'imagination mystique d'Adrien était fort éloignée de toutes les pensées profanes qui sont encore attachées au château de Louis XIV : eh bien! le jeune séminariste entendit tout à coup comme une voix de tentation qui murmurait à son oreille les noms de Fontanges et de La Vallière. Il ferma les yeux et s'arrêta pour se recueillir en Dieu; il psalmodia lentement la prière du soir, *Procul recedant somnia;* il prit ensuite son rosaire et l'égrena d'un doigt convulsif, en prononçant les paroles de saint Bernard : « Le serviteur de Marie ne périra jamais. »

Pour la première fois de sa vie, il ne put donner à une pensée charnelle une distraction pieuse; en rouvrant les yeux pour suivre son chemin, il rencontra du premier regard la colonnade de Trianon, voluptueuse dans ces bois comme un temple de Gnide ou d'Amathonte; il mit les mains sur ses lèvres pour leur interdire de respirer cet air de molle langueur qui s'infiltrait dans sa poitrine comme un poison incendiaire; puis il ouvrit son livre d'office pour se fortifier, avec les paroles du Psalmiste, contre l'orage de son cœur. Que n'aurait-il pas donné pour être transporté tout à coup par un ange dans sa cellule du séminaire, toute tapissée de versets choisis dans l'Ecclésiaste, toute parfumée de l'amour de

Dieu! Chaste asile placé sous la protection de saint Louis de Gonzague, le patron de la pureté!

Mais sur la pelouse du Trianon, douce aux pieds comme le velours de la chambre d'une reine; sous ces beaux arbres qui semblaient soupirer encore les hymnes de fête du grand roi; dans ce parc langoureux tout retentissant d'oiseaux et de fontaines, rien ne prêtait un appui sauveur au pauvre ecclésiastique; sur les pages bénies de son bréviaire il voyait des lettres magiques et des noms de femmes; malgré lui, il prononçait ces noms, et ces noms semblaient se fondre dans sa bouche en rosée amère. Les arbres de Versailles, avec leurs claires harmonies, la chute des gerbes dans le cristal sonore des bassins, les roulades lascives des rossignols, remplissaient les bosquets d'éclatantes syllabes; toutes ces voix mêlées semblaient nommer Fontanges, Montbazon, La Vallière, Maintenon, Montespan; et, dans les éclaircies du parc, les statues, voilées d'ombre flottantes ou colorées de rayons, apparaissaient de loin avec des formes qui répondaient à ces gracieux noms de femmes; on aurait cru voir sur des piédestaux ces amantes royales, tout à coup divinisées, recevant sur leurs autels l'encens et les fleurs dans le lieu même où elles avaient tant vécu, tant gémi, tant aimé.

« Oh! que la solitude est mauvaise à qui n'est pas avec Dieu! dit Adrien frissonnant de peur. La sagesse a bien raison : la foule n'est point à redouter; on ne voit rien dans la foule; mais ici, dans ce désert, tout est peuplé d'images impures. O mon Dieu! toi qui m'as sauvé tant de fois des fantômes charnels des nuits, sauve-moi du démon de midi, *a demone meridiano!* »

Et il allait rejoindre ses amis, dont on entendait les voix joyeuses à une certaine distance, lorsque deux dames s'offrirent soudainement à lui, comme si elles fussent sorties de dessous terre.

Elles s'approchèrent du jeune séminariste, et la plus âgée, la mère sans doute, lui dit :

« Votre société n'est pas éloignée d'ici, monsieur l'abbé ; en suivant cette allée, vous la trouverez à la grande pièce d'eau. »

Adrien demeura interdit.

« Madame.... » dit-il.

Et il s'arrêta court sans pouvoir continuer.

La dame dut attribuer ce trouble à la timidité de l'ecclésiastique ; elle ajouta :

« J'ai cru que vous cherchiez vos amis, monsieur l'abbé, vous paraissiez indécis dans votre démarche. Je vous demande pardon si j'ai interrompu vos méditations pieuses. »

Adrien fit un effort pour trouver quelque chose qui ressemblât à une réponse.

« Non, madame.... Je vous remercie beaucoup.... En effet, je cherchais les séminaristes.... je ne connais pas bien ce parc, et....

— Vous êtes sulpicien, sans doute ? dit la dame.

— Oui, madame, sulpicien : nous sommes venus nous promener à Versailles.

— La promenade est un peu longue, » dit l'autre dame avec un sourire céleste.

Adrien fut comme ébloui. Il ferma les yeux, s'inclina profondément, et partit sans pouvoir même balbutier les formules d'usage.

Ce trouble qui l'avait saisi était bien naturel dans le cœur du pauvre abbé ; jamais il n'avait vu, sous un gracieux chapeau de paille, s'arrondir et rayonner une plus belle figure de jeune fille; c'était l'éblouissante carnation de la santé heureuse et opulente, l'idéale expression de la vierge de sang noble, la vierge blonde, rose, veloutée, suave, créée pour Trianon et Versailles, comme Fontanges ou Montespan.

Adrien courait au hasard sur la verte pelouse, comme bouleversé par une tempête intérieure; l'image divine était encore sous ses yeux, sa voix mélodieuse à son oreille; il ouvrit son bréviaire et le ferma; il prit son rosaire et le laissa tomber sur le gazon; il détacha de son livre le portrait de sainte Catherine de Sienne, qui servait de signet; il baisa ce portrait avec des lèvres de flamme, et, sous l'obsession charnelle qui le dévorait, ces baisers dévots qu'il donnait à l'image de la sainte se transformèrent en baisers profanes; il dévora le portrait.

Effrayé de son illusion, et chancelant comme après une crise d'amour, il s'appuya contre un arbre, lança au ciel un regard de détresse et lui renvoya le cri du Calvaire : Éli! Éli! pourquoi m'abandonnez-vous? Et, comme son œil descendait du ciel sur la terre, il aperçut, à l'extrémité de l'allée, la robe blanche de la jeune femme, son ombrelle abattue sur ses souples épaules, sa main gauche chargée d'un bouquet de fleurs; Adrien la suivit quelques minutes d'un regard agonisant; elle avait disparu derrière les boulingrins; il la perdait et la retrouvait selon les caprices des allées; enfin le massif d'un bosquet se ferma sur elle, et ne permit plus aux éclaircies de laisser luire un seul pli de la robe blanche aux yeux du pauvre Adrien. La vision avait complétement disparu.

Ce furent les séminaristes qui rejoignirent Adrien ; un de ses amis intimes l'aperçut assis sous un arbre, les yeux fixes et tournés vers le bosquet où la vision s'était évanouie.

« Nous te cherchons, Adrien, lui dit-il ; depuis deux heures je soutiens thèse contre ces messieurs ; nous jouons à la Sorbonne ; tu nous as manqué, toi qui es le grand casuiste de la maison. Tu sauras qu'on m'a traité d'hérétique ; on m'a lancé l'anathème si je ne venais à résipiscence ; nous discutons sur la grâce ; j'ai soutenu, moi, que l'homme ne péchait que par insuffisance de la grâce ; je pense que si la grâce était suffisante, l'homme ne pécherait jamais. Suis-je un hérétique, Adrien ? »

Les séminaristes entourèrent Adrien ; il était pâle comme un cadavre.

« Messieurs, leur dit-il d'une voix mourante, si vous le permettez, nous parlerons de cela un autre jour ; je me trouve mal.... »

Il n'eut pas besoin d'ajouter d'autres excuses pour se dispenser de soutenir thèse sur la grâce suffisante : son état de faiblesse était visible ; on lui prodigua ces soins affectueux et fraternels qu'on trouve dans la vie du séminaire. Mais lui, cette fois, rougissait de ces soins, parce que la cause secrète qui les avait rendus nécessaires était une cause criminelle ; il se vit contraint de mentir à Dieu et à ses frères ; il leur dit qu'un passage subit de la chaleur au frais des arbres l'avait incommodé, qu'un peu de repos et la prière lui rendraient ses forces indubitablement. On trouva tout cela naturel ; une voiture fut appelée ; deux séminaristes y montèrent avec lui, on reprit la route de Paris.

II

La nuit qui suivit cette journée n'eut pas une heure de sommeil à donner au pauvre Adrien ; après les exercices du soir, il était resté en prière dans la chapelle ; là un peu de calme lui était revenu au cœur : le parfum mystique de l'encens et de la cire éteinte, la clarté religieuse de la lampe du tabernacle, les images des deux chérubins voilés de leurs ailes, le tableau vénéré de saint Louis de Gonzague, tout dans cette chapelle le ramenait à des émotions qui lui étaient chères, à de séraphiques souvenirs qui lui rafraîchissaient le sang. Après, il revit le dortoir où il s'était endormi tant de fois de ce sommeil tranquille que Dieu donne au chevet du juste ; mais cette nuit Dieu semblait avoir abandonné Adrien.

À peine le jeune séminariste fermait-il la paupière, qu'il était secoué brusquement sur son lit par une voix douce comme celle d'un ange, et cette voix, hélas ! ne descendait pas du ciel ; il priait, et ne priait que des lèvres ; il collait son visage sur son chevet pour absorber toutes ses pensées en Dieu dans une attitude de méditation qui lui était habituelle ; alors il entrevoyait un horizon immense, sombre, inconnu, où tourbillonnaient des flots d'étincelles; le jour semblait se glisser par degrés sur ce fond de tableau noir comme la nuit.

Sur des vapeurs indécises comme celle de l'aube, sous des ombrages transparents comme le feuillage des acacias, flottait une image aérienne, un visage rose avec des cheveux blonds et des regards d'azur; puis la vision fuyait, l'horizon reprenait sa première teinte, des myriades de pâles étincelles tournoyaient encore dans l'infini. C'était la vision du délire; la prière était une œuvre morte, le sommeil ne venait pas.

Une semaine s'écoula avec des jours et des nuits troublés par les mêmes fantômes. Le jeudi ramena la promenade. Adrien revit le parc de Versailles; il s'écarta, comme la première fois, de ses amis; il s'assit dans l'allée de Trianon avec l'attitude désœuvrée d'un homme qui attend. Une heure s'écoula, rien ne parut. Le gazon était doux, l'air enivrant, la lumière sereine; mais tout ce paysage lui semblait pâle et mort.

Son habit lui imposait trop de ménagement et de réserve pour qu'il pût se hasarder à questionner les personnes qui sortaient de ces petites fermes, éparses dans les bois, et qui paraissaient au fait des localités et des habitudes des promeneurs; car Adrien s'était abandonné à l'idée que les deux dames avaient leur domicile dans le parc, ou du moins qu'elles habitaient Versailles, et cette supposition, caressée avec complaisance, équivalait maintenant à une certitude. Il parcourut les longues allées, il fouilla le parc dans tous ses rayons, dans tous ses massifs les plus secrets; il visita les deux Trianon au pas de course; les galeries en étaient désertes, et l'introducteur qui en explique les tableaux avait peine à suivre Adrien, car il n'écoutait pas et ne regardait pas ; il glissait sur le parquet poli.

En sortant sur la terrasse, Adrien entendit une voix qui disait :

« Ce pauvre prêtre est fou ! »

Le rouge lui monta au visage ; il composa soudainement sa démarche, et, se retournant vers celui qui avait parlé, il dit avec beaucoup de douceur :

« Je n'ai pas l'honneur d'être prêtre, je ne suis qu'un simple tonsuré. »

Une sorte de désespoir s'empara du pauvre Adrien ; il avait donc trahi, aux yeux du monde, les secrets orages de son cœur ; il avait livré sa soutane à l'insulte du passant ; son intérieur était donc à découvert, sa passion était écrite sur son visage. De quel front oserait-il maintenant se présenter devant ses supérieurs, et mentir ? car ce n'est pas seulement la parole double qui fait le mensonge, le visage muet ment aussi lorsqu'il prend une expression contraire à l'état de l'âme et du cœur.

Ainsi se parlait Adrien, et, le cœur triste, il rejoignit ses camarades.

Ce jour-là, après le repas du soir au séminaire, le supérieur prit familièrement le bras d'Adrien, et il l'entraîna, en causant amicalement, dans cette petite allée du jardin qui aboutit à la fontaine.

« C'est donc jeudi prochain, mon cher enfant, lui dit-il, que vous entrez dans les ordres sacrés. Je vois avec une grande joie que vous avez depuis quelque temps cette gravité, cette tenue décente qu'exige notre sainte profession. Je vous observe beaucoup, Adrien, parce que je vous aime, et je vous félicite sincèrement d'avoir quitté ces allures de dissipation que vous portiez même dans le lieu saint. Ce n'est pas que j'aperçusse sous ces dehors un peu évaporés quelque arrière-pensée mondaine ; mais, croyez-en mon expérience, le reflet d'une pensée pieuse sied toujours mieux au visage du lévite qu'un sourire folâtre, tout innocent qu'il soit. »

Le supérieur s'aperçut que des larmes coulaient sur les joues d'Adrien, et il ajouta :

« Ce n'est point un reproche que je vous fais, mon cher enfant. Votre vie passée, quoique un peu étourdie, est pure ; personne ne le sait mieux que moi, qui ai reçu tous vos aveux au sacré tribunal. En vous louant de vos résolutions présentes, ne croyez pas que j'incrimine votre conduite passée. Je ne vois dans ce changement qui s'est opéré en vous qu'une bonne inspiration venue d'en haut. Vous touchez à cette époque de la vie où vous devez vous dépouiller de tout ce qui reste en vous du levain du vieil homme ; vous vous transformez, parce que vous allez donner à Dieu, sans retour, votre âme et votre corps ; vous avez dignement compris et votre nouvelle position et vos nouveaux devoirs ; j'en rends grâces à Dieu, pour vous et pour moi ; ne pleurez pas, Adrien ; vous êtes pur devant les hommes et devant Dieu. »

Adrien embrassa le supérieur avec effusion, sécha ses larmes, et se dirigea vers la chapelle du parc, en évitant avec soin toute autre rencontre, parce qu'il n'avait à échanger aucune parole qui fût digne de ses chefs, de ses amis et de la sainteté du lieu.

Malgré toutes ces précautions, peut-être même à

cause d'elles, il fut abordé par un joyeux condisciple au retour de la chapelle.

« As-tu reçu tes ornements de Paris? demanda-t-il vivement à Adrien.

— Pas encore, répondit Adrien avec hésitation.

— Mais qu'attendent-ils donc pour te les envoyer? Il faut écrire demain à l'économe de Saint-Sulpice; moi, j'ai reçu les miens; ils sont superbes, trop beaux peut-être pour un sous-diacre. Je viens de les essayer; ma soutane me gêne un peu sous le bras; le drap est magnifique : je voulais la renvoyer à Paris pour faire corriger ce défaut; mais nous n'avons pas de temps à perdre; je souffrirai un peu pendant la cérémonie. Sais-tu qu'elle sera longue la cérémonie! On ordonnera vingt-deux sous-diacres, quatorze diacres, dix-huit prêtres. C'est monseigneur qui officie. Tu ne connais pas mon étole?

— Ton étole? non.

— Superbe, mon ami, superbe, et toute en soie blanche, je te la montrerai demain matin, au jour. C'est ma sœur qui l'a brodée.

— Tu as une sœur?

— Comment!...

— Ah! oui, que dis-je? tu as une sœur; c'est juste : je l'avais oublié.

— Que tu es heureux, toi, Adrien, tu oublies tout ce qui appartient au monde; tu ne songes qu'à Dieu; tu n'auras pas de peine à prononcer tes vœux, n'est-ce pas, dis?

— Oh! grâce à Dieu, j'espère que.... Et toi, regrettes-tu quelque chose dans ce monde que tu quittes jeudi prochain?

— Moi, Adrien.... que te dirais-je?... je ne sais pas....

— Tu regrettes quelque chose, tu n'es pas sincère envers moi ; voyons, parle....

— Pas si haut! on peut nous écouter.... Mon Dieu! comme tu me regardes, Adrien!...

— Voyons, voyons, parle-moi, parle-moi, que regrettes-tu?

— Écoute! je ne puis faire cette confidence qu'à toi. Tu sais que j'aime passionnément la musique ; tu sais que nous exécutions des quatuor, tous les jeudis, chez mon cousin, rue du Pot-de-Fer?

— Oui, oui, après.... Eh bien! chez ton cousin, il y avait....

— Il y avait deux autres de mes amis qui sont au Conservatoire, et aujourd'hui j'ai fait la dernière fois ma partie de violoncelle avec eux. Ah! nous avons bien pleuré en nous quittant!

— C'est là tout ce que tu regrettes?

— Eh! n'est-ce pas assez! Enfin je me suis dit qu'il fallait faire ce sacrifice à Dieu. Jeudi prochain, nous devions exécuter la symphonie en *ut*. Ah! que tu es heureux, Adrien!... »

La nuit tombait : grâce à l'obscurité, le candide jeune homme ne vit pas l'horrible contraction qui défigura tout à coup les joues pâles d'Adrien. Un instant après, les deux abbés étaient entrés dans la salle du jeu de paume, où la récréation était animée. Adrien, à la faveur du tumulte, monta au dortoir pour veiller.

Ce fut encore une de ces nuits brûlantes, comme les connaissent au cloître ces hommes infortunés qui se sont mépris sur la nature de leur organisation, qui d'abord ont déposé, en face de l'autel, la flamme intérieure qui les dévorait, parce qu'ils la croyaient sainte, et qui plus tard l'ont étouffée pour la rallumer dans un foyer profane, emportant toujours avec eux des regrets, des angoisses, des remords, comme le criminel sacrilége qui a éteint la lampe du sanctuaire pour dérober les vases du tabernacle à la faveur de la nuit, et livrer ensuite les calices sacrés aux sensualités d'une lèvre impie, dans ces orgies mondaines dont s'attristent les bienheureux.

La plus fatale de ces nuits couvrit enfin Adrien de ses ténèbres, et faillit l'étouffer sous la double étreinte de la passion et du désespoir. Au pied de son lit, une main amie avait étalé avec une certaine coquetterie séminaristique des vêtements sacrés du sous-diaconat : une belle soutane neuve, objet d'envie pour les jeunes tonsurés ; une ceinture de soie moirée, l'étole, le manipule, ces insignes des plus pures, des plus saintes fonctions.

Adrien regardait tout cela comme l'esclave regarde la chaîne qu'on va river à ses pieds. C'était le lendemain qu'il devait revêtir, à Saint-Sulpice, cet uniforme des soldats de Dieu. Encore quelques heures, et le doigt de l'archevêque posait entre le monde et Adrien une barrière d'airain qu'aucune puissance ne peut renverser sans donner de la joie à l'enfer et contrister les anges.

III

Adrien s'endormit un instant; ce fut le démon sans doute qui lui envoya ce sommeil. Une veille agitée l'eût sauvé peut-être; ce moment de repos le perdit.

Il eut un songe! il lui semblait qu'il était dans le parc de Versailles, sur la pelouse qui mène à la grande pièce d'eau, et il entendit, à sa gauche, à travers le frémissement des feuilles, une voix qui l'appelait par son nom, une voix douce comme la première note d'amour que l'alouette donne à l'aurore, sur la cime d'un peuplier italien. Il s'arrêta devant la statue de Diane, qui le regardait avec des yeux bleus et vivants. Une impression non ressentie encore bouleversa le pauvre Adrien endormi; il eut honte de lui-même; la statue descendit de son piédestal, et jeta autour de son cou ses bras de marbre, polis et veloutés comme l'épiderme d'une vierge de quinze ans. Les fontaines de la rotonde jouaient en petites gerbes mélodieuses; la feuillée retentissait de chants aériens, comme une volière à mille oiseaux; la pelouse était une mosaïque d'héliotropes qui caressaient doucement la plante des pieds nus et embaumaient l'air du plus dangereux des parfums. Adrien tomba de langueur sur le gazon; il n'entendit plus que vaguement le jeu des gerbes et le chant des oiseaux; il essaya de parler, la parole se fondit sur sa lèvre convulsive.... Il se réveilla épouvanté,

A la pâle lueur de sa lampe à demi éteinte, dès qu'il rouvrit les yeux, il aperçut son étole blanche posée en croix au pied de son lit.

« Non, non, s'écria-t-il, jamais! jamais! Puisque Dieu m'abandonne, j'abandonne Dieu! »

C'était le jour des jours, le jour solennel, la fête des élus; aux premières clartés de l'aube, le séminaire entier se réveilla dans l'allégresse. Un bruit joyeux remplissait les corridors du dortoir. On s'embrassait, on se félicitait. Les plus diligents avaient déjà envahi les voitures qui devaient les conduire à Paris.

Adrien, étourdi de ce tumulte inaccoutumé, s'habillait machinalement et ne répondait pas aux accusations de paresse que ses amis lui lançaient à travers la porte et la mince cloison.

Au départ, le silence le plus rigoureux fut recommandé par le supérieur, ce qui mit Adrien un peu plus à l'aise. La sainte caravane traversa Vaugirard et arriva de bonne heure à Saint-Sulpice, déjà tout étincelant de bougies, tout parfumé d'encens.

Une foule immense remplissait l'église; l'autel était paré avec magnificence; un clergé nombreux et brillant entourait le trône où l'archevêque attirait tous les regards. Les abbés admis à l'ordination étaient rangés en demi-cercle dans le sanctuaire; les statues des évangélistes semblaient leur sourire du haut de leurs piédestaux. Adrien laissait tomber sa tête fatiguée sur son sein; il se façonnait à la résignation.

L'archidiacre éleva la voix et dit :

« Que ceux qui doivent être ordonnés sous-diacres s'approchent. »

Et il les appelait chacun par son nom. Le néophyte appelé répondait :

Adsum, je suis présent.

Adrien ne répondit rien. L'archidiacre répéta le nom ; Adrien répondit :

Absum, je suis absent.

Personne n'y prit garde.

Une femme fondait en larmes devant la rampe du sanctuaire ; c'était la mère d'Adrien. Elle était arrivée le matin, à l'aube, de Compiègne, pour jouir du bonheur de son fils ; elle était bien joyeuse aussi, elle, la sainte femme ! Elle ne détachait ses yeux du tabernacle que pour les fixer sur Adrien ; son orgueil maternel aurait voulu mettre tous les assistants dans la confidence de son bonheur : elle plaçait sur ce fils adoré toutes les consolations promises à sa vieillesse ; elle voyait, dans un avenir bien proche, le jour d'ineffable jubilation où la prêtrise serait conférée à Adrien ; elle le suivait à sa première messe, à son premier sermon ; elle regardait avec complaisance l'autel où le fils prierait pour la mère au *Memento* de la consécration, la chaire où Adrien devait monter pour annoncer aux hommes la sainte parole de Dieu.

Le monde profane ne peut comprendre tout le trésor d'allégresse qu'il y a au fond du cœur d'une mère chrétienne qui voit initier son fils aux augustes cérémonies, aux divins mystères de l'autel. La mère d'Adrien expirait de joie à la grille du sanctuaire.

L'archevêque se prosterna sur les marches de l'autel ; le chœur entonna les litanies des saints. C'est le glorieux dénombrement de la milice triomphante; il donne du courage à ceux qui combattent encore dans cette vallée de pleurs.

Adrien prêtait une oreille distraite à ces retentissantes invocations qui font une sainte violence aux bienheureux, afin qu'ils intercèdent pour les vivants. On priait Paul, qui de persécuteur devint martyr ; on priait Jean, qui mourut à la porte Latine ; Étienne, qui fut lapidé ; Laurent, qui louait Dieu sur les tisons ; Cosme et Damien, Gervais et Protais, ces Nisus et Euryale de notre légende ; sainte Thérèse, qui ne consentait à vivre qu'à la condition de souffrir ; Jérôme, qui pensait aux délices de Rome sous le palmier du désert ; Augustin, que sa mère Monique réconciliait avec Dieu....

A ce nom, Adrien leva brusquement la tête et jeta un rapide regard sur la foule ; il vit un visage inondé de pleurs et de joie, un visage bien connu, bien cher, bien vénéré ; il vit sa mère, autre Monique, priant sans doute pour lui, nouvel Augustin. La sainte femme salua son fils en souriant à travers ses larmes ; Adrien ne rendit pas le salut, il attacha longtemps ses yeux sur ce visage, où se peignait tant d'émotion de bonheur, afin d'y puiser un peu de courage pour la terrible épreuve de ce jour. Hélas ! l'enfer veillait !

Les litanies étaient terminées ; un grand silence se fit dans l'église ; puis l'archidiacre conduisit les abbés devant le trône de l'archevêque, et lui dit :

« La sainte mère l'Église catholique demande que vous confé101riez le sous-diaconat à ces ecclésiastiques ici présents.

L'ARCHEVÊQUE. — Savez-vous s'ils en sont dignes ? »

Un soupir étouffé monta vers la voûte.

L'ARCHIDIACRE: « Autant que l'humaine faiblesse le permet, j'affirme qu'ils sont tous dignes de cette fonction.

L'ARCHEVÊQUE : — O vous ! mes enfants bien-aimés, soyez exempts de tous désirs charnels qui combattent contre l'âme ; soyez purs et chastes comme il convient aux ministres du Christ. » *Vos, filii dilectissimi, estote assumpti a carnalibus desideriis, quæ militant adversus animam, estote nitidi, puri, casti, sicut decet ministros Christi.*

Ces paroles roulèrent harmonieusement dans l'église, et la bouche sacrée qui les prononçait leur donnait une onction qui pénétrait les cœurs et les purifiait de tout levain terrestre ; elles manquèrent leur chaste effet sur Adrien ; elles le réveillèrent en sursaut comme des aiguillons. Dans le langage le plus dévot, il y a une volupté mystérieuse qui vous fait songer au monde, si elle ne vous emporte pas soudainement au ciel. Ceux qui ont passé de l'adolescence à la puberté dans les murailles d'un cloître savent seuls quelle indéfinissable émotion vient tout à coup les assaillir lorsque la prière s'échappe en accents passionnés, en paroles d'amour, en versets odorants et suaves, auxquels répondent des voix de jeunes vierges, des voix douces comme le son qui tombe et tremble sur un timbre d'or. L'âme se fond de langueur à ces syllabes latines qui parlent de roses mystiques, de lis de Saron, des tours d'ivoire, du platane au bord des ruisseaux, des vierges belles et brunes, du bien-aimé qui attend la fille de Sion sur une couche de baume et de cinnamome.

A tous ces chastes emblèmes de l'Église et de l'époux, le néophyte se brûle, comme à un foyer profane; il serre ses bras contre le lin blanc, contre l'étoffe bénie dont il est revêtu, et ce lin et cette étoffe donnent la flamme à ses mains qui les touchent; s'il respire, la tentation pénètre en lui avec les parfums des fleurs qui couvrent l'autel, avec l'odeur irritante de la cire et de l'encens; s'il ouvre les yeux, il voit de jeunes femmes à genoux, bien plus dangereuses dans leur pudeur sainte que la courtisane sur son char; s'il écoute, il entend leur voix; s'il se recueille et ferme les yeux, oh! alors l'enfer se charge du tableau : c'est un combat éternel entre une chair toujours faible et une pensée pieuse qui vient d'en haut et ne le sauve jamais.

C'est ainsi que la voix du monde, empruntant une langue mystique, retenait Adrien sur les marches de l'autel. Il n'avait qu'une parole à dire pour être à Dieu, si toutefois l'on peut être à Dieu lorsqu'on porte au fond du cœur une image à laquelle on sacrifie en secret : une parole, et tout était fini sans retour.

Dans ces jours décisifs la pensée est si prompte, qu'elle peut résumer en un instant tous les plaidoyers du monde et de Dieu. Adrien regarda autour de lui, il ne vit qu'une résignation douce et heureuse sur les visages de ses amis; il regarda l'autel et vit un abîme; il se rappela la formule des vœux et recula devant un inévitable parjure. Derrière lui, il vit le monde avec ses séductions, son fracas, ses folies; autre abîme, dit-il, damnation des deux côtés. Entre ces deux précipices, un ange se leva, la blonde vierge de Trianon; gracieuse image, une seule fois entrevue, et jamais présente.

Adrien caressa ce fantôme, même sur le sacré

parvis; il se demanda s'il pouvait l'oublier : non, non, l'apparition radieuse le suivra partout dans sa vie de prêtre, à la chaire, au confessionnal, à la consécration; elle l'enveloppera d'un tissu de sacriléges. En ce moment où il peut encore penser à elle sans crime, que peuvent la voix de l'archevêque, le chant de l'archidiacre, les psalmodies lentes et pieuses de ses amis? Adrien est à Trianon; il foule un gazon de velours; il entend le frôlement d'une robe blanche, le son d'une voix d'ange; il se rappelle le songe délirant de la dernière nuit; il se retrouve sous l'impression de volupté fiévreuse qui mit un crime dans son réveil, et ferme ses yeux pour ne pas voir à la grille du chœur sa mère, sa pauvre mère, toute joyeuse de son fils.

Cependant la cérémonie continue. L'archevêque appelle Adrien par son nom.

« Qui m'appelle? » s'écrie le jeune homme.

Il est pâle et convulsif; ses amis l'entourent et le conduisent au prélat.

« Recevez, lui dit l'archevêque, cette étole blanche de la main de Dieu.

Un grand tumulte se fait dans le sanctuaire; la cérémonie est interrompue; un cri de femme retentit dans l'église; la foule s'émeut, regarde, interroge : Adrien s'était échappé de l'autel, comme un taureau des mains du sacrificateur.

IV

Le lendemain, dans une petite maison de Compiègne, une femme était assise au chevet d'un jeune homme dont la figure pâle et amaigrie révélait une grande souffrance. La mère d'Adrien lui parlait ainsi :

« La miséricorde de Dieu est grande, mon fils ; il t'appelait à lui, tu as résisté à sa voix ; mais il te pardonnera. On se sauve dans le monde comme dans l'Église, pourvu qu'on vive suivant les préceptes de Dieu. Tu peux encore trouver un saint bonheur dans le mariage, avec une femme et des enfants ; c'est aussi une digne vocation que celle de père de famille ; élever des créatures pour aimer et servir Dieu, c'est une mission chrétienne que Dieu récompense quand elle est saintement remplie. Écoute ta mère, Adrien ; prie surtout avec foi, ferveur et confiance, afin que Dieu t'amène par la main l'épouse choisie, comme il fit autrefois pour Rebecca. Oui, tu la trouveras digne de toi, celle qui est dans tes vœux ; vous associerez vos deux âmes ; elle sera la chair de ta chair, les os de tes os ; ne pleure plus, enfant, viens embrasser ta mère, qui ne vit plus que de ta vie, qui souffre de tes douleurs, qui sera si heureuse de ta joie !...

— Tu ne sais pas combien j'ai besoin de tes paroles, ma bonne mère, lui disait Adrien ; oh ! parle-moi toujours ainsi ; répète-moi bien que nous la chercherons, cette femme céleste, que nous la découvrirons dans quelque coin de ce monde, à moins que ce ne soit un de ces anges que Dieu envoyait autrefois aux hommes, lorsqu'ils étaient purs. Ta voix a déjà guéri ma fièvre, rafraîchi mon sang ; je me sens mieux, beaucoup mieux ; je me retrouve fort et serein.... Oh ! quelle horrible scène, hier à l'église ! C'est affreux ! dis, ma mère, quel scandale !

— Ne pensons plus à cela, mon fils....

— Oui, ma mère, tu as raison, n'y pensons plus.... C'est accablant !...

— N'aimes-tu pas mieux être libre aujourd'hui de tout pacte avec l'Église qu'enchaîné par des vœux qui t'auraient rendu peut-être sacrilége ?...

— Oh ! oui ! oui ! ma mère, sacrilége !... Je suis calme maintenant, je suis heureux.... Nous la chercherons, nous la découvrirons, n'est-ce pas ?...

— Qui, mon fils ?

— L'ange....

— Ah ! oui ! Adrien, l'ange de Trianon ; sois tranquille.... Dieu nous aidera : Dieu permet l'amour chaste. Le mariage est un sacrement....

— Sans doute, c'est un sacrement institué par Jésus-Christ, comme l'ordre.... On peut se sanctifier dans tous les états.... Partout on peut faire le bien.... Tout le monde ne peut pas être prêtre....

— Bien, mon fils, tu viens de sourire ; c'est un symptôme de guérison.... Donne-moi ta main, que je tâte ton pouls.... Tu n'as plus qu'une agitation bien légère.... presque rien.... C'est un miracle après la mauvaise nuit que tu as eue....

— Que nous avons eue, ma mère.... Croyez-vous qu'elle habite Versailles ?...

— Qui ?

— La femme....

— Ah!... mais oui, Versailles ou Paris.... Nous la retrouverons, mon ami. Songe à ton rétablissement, c'est le plus pressé.

— Je suis tout à fait bien, ma mère; mes forces reviennent, je puis me lever, je puis marcher, demain je veux aller à Versailles.

— Non, mon ami, attends, tu n'es pas assez fort.

— Eh bien! je partirai après-demain.... Crois-tu qu'elle soit riche?

— N'es-tu pas riche, toi aussi? mon bien est le tien. Tu as vingt mille francs de rente; avec ta fortune, on peut prétendre aujourd'hui à un parti de cour : jeune, riche et beau comme tu es, quelle femme te refuserait pour époux? A moins que....

— A moins que?...

— Si elle était déjà engagée....

— Non, non, c'est impossible! Une jeune personne de seize ans au plus.... O ma mère, que tu es heureuse de ne pas aimer une femme!

— Enfant!... écoute-moi, dors un peu; le sommeil guérit; je ne te quitte pas, moi, je reste à ton chevet; je garderai ton sommeil.

— Ma bonne mère! Oui, tu as raison; je vais dormir une heure. Si mon sommeil était pénible, réveille-moi.... Je crains les songes.... récite, pour moi, pendant que je dors, l'hymne *Te lucis ante terminum :* elle écarte les mauvais rêves.

— Oui, mon enfant, que ton bon ange te couvre de ses ailes! Dors, je prierai. »

Quelque temps après, la ville de Compiègne se pavoisa des toits aux clochers; c'était une grande fête royale; le château resplendissait de toilettes; le parc était tout joyeux de bruit et de foule. Adrien, toujours mélancolique, parce que l'ange de Trianon était remonté aux cieux, comme il le disait à sa mère, Adrien vint se mêler à cette foule pour lui emprunter un peu d'insouciance et de distractions. Mille groupes de curieux s'étaient réunis sur la terrasse du château, et tous les regards paraissaient converger sur un seul point. Adrien se laissa gagner par la contagion de la curiosité; lui aussi regarda dans la même direction : tous ces yeux suivaient avec admiration une dame magnifiquement parée qui montait les degrés du péristyle. A cette vue, Adrien tomba de faiblesse sur ses genoux; ses voisins s'alarmèrent et lui tendirent les mains pour le relever, car il était pâle comme un cadavre.

« La voilà, enfin ! » dit-il.

On le fit asseoir sur un banc de gazon.... Ses deux bras étaient tendus vers l'apparition....

« Savez-vous quelle est cette femme? demanda-t-il à la personne qui l'avait secouru dans sa faiblesse.

— Mais, oui, monsieur, répondit-elle.

— Vous le savez?

— Mais tout le monde le sait, mon bon monsieur.

— L'ange de Trianon! Oh! qu'elle est belle!... Que fait-elle ici?

— Elle vient se marier....

— Se marier!... Et avec qui?

— Mais d'où sortez-vous, mon cher monsieur?

— Avec qui?...

— Avec le roi des Belges. »

Adrien poussa un cri lugubre et tomba la face contre terre.

« Mais il n'en est pas mort? demandâmes-nous au vieillard.

— Dieu et sa mère lui sont venus en aide! » nous répondit-il avec une gravité douce.

Et après une pause :

« Adrien est aujourd'hui un excellent époux, à Batavia; il a épousé la nièce du gouverneur, et il enseigne le catéchisme aux esclaves malais. »

LA SEMIRAMIDE.

Après une représentation des *Puritains*, au King's-Theatre, à Londres, en juillet 1838, je sortis avec le célèbre artiste L*** pour respirer un peu de fraîcheur dans Portland-Place. La journée avait été brûlante et la soirée aussi. Minuit sonnait à Saint-Martin.

Nous entrâmes au parc Saint-James; il y avait beaucoup de monde, mais de ce monde nocturne et fantasque inconnu du soleil. La grande pièce d'eau étincelait de la double lumière de la lune et du gaz. C'était, sous les arbres, une espèce de jour d'un violet clair, comme celui qu'on fait au théâtre avec des verres de couleur. Des Anglais péripatéticiens lisaient les journaux de la nuit, assis sur des banquettes; des sentinelles gardaient je ne sais quoi sur l'escalier de Carlton-House; des ombres blanches de femmes erraient dans les allées comme des tourbillons d'âmes élyséennes au bord du Styx; personne ne parlait dans ce monde vagabond et étrange. On eût dit que tous les somnambules de Londres étaient venus faire leurs exercices de nuit sous les arbres de ce beau jardin.

On sait que L*** est un des premiers artistes de l'Europe, mais ses amis savent qu'il est aussi le causeur et le conteur le plus brillant et le plus gracieux qu'on puisse entendre. L*** a beaucoup voyagé, beaucoup lu, beaucoup observé. Sa mémoire est pleine de délicieuses histoires, son esprit est plein d'idées. On l'écoute avec autant de charme qu'on lit un beau livre. C'est surtout dans ces heures tranquilles où les entretiens ont tant d'attrait que j'aimais à écouter le grand artiste, soit qu'il me parlât de Naples en entremêlant ses récits de quelque cantilène de Chiaïa, soit qu'il me parlât de sa vie d'Angleterre, toute pleine de triomphes, passant ainsi du Midi au Nord, du soleil à la brume, tantôt lazzarone, tantôt philosophe, toujours spirituel et éminemment observateur.

Cette nuit-là, il s'abandonna de verve à cette causerie intime qu'inspire une fraîche promenade d'été. Il me raconta une simple histoire que j'aurais voulu écrire sous sa dictée et peindre avec des couleurs de palette plutôt qu'avec des phrases d'historien, parce que jamais ce papier froid et mort, ces signes conventionnels qui représentent des idées et des sensations, jamais ces plats hiéroglyphes de l'alphabet, enveloppés d'une feuille blanche comme d'un linceul, ne pourront remplacer la voix, les gestes, l'organe passionné, les modulations harmonieuses d'un narrateur éloquent. Il faudrait que chaque ligne de mon livre fût notée comme un *libretto* d'opéra et que le lecteur pût entendre ces récits tels qu'ils ont été chantés par un poëte artiste ; il faudrait que chaque page fût illustrée d'une de ces belles gravures anglaises où le burin colore comme le pinceau, afin que cette histoire conservât encore dans le sépulcre du livre un peu de ces parfums que les fleurs, les arbres, le gazon, nous versaient avec les tièdes rayons de la lune, dans cette nuit de mélodie et d'amour. Telle enfin que mes souvenirs me la rendront, je veux essayer de la redire, cette histoire ; je n'y changerai que quelques noms, parce que mes personnages ne sont pas des héros de roman.

J'écoutais encore le récit du grand artiste, et l'aube d'été blanchissait déjà la statue du duc d'York sur sa colonne et les tours de Westminster aux extrémités opposées du parc. Le soleil montait à l'horizon quand cette histoire fut terminée. Je croyais sortir d'un rêve ; il me semblait que je m'étais endormi sur la grande pelouse devant Carlton-Terrace et que je me réveillais, la tête remplie d'un nouveau monde d'idées, où le gracieux murmure de la mer, au golfe de Naples, chantait un trio avec la vague polaire de l'Océan et la rivière de Mersey, sur les grèves brumeuses de Liverpool. Une nuit de veille ainsi occupée donne à l'esprit l'incohérence de la folie. Cette brusque interruption de nos habitudes bouleverse le cerveau ; tout prend un air étrange au premier rayon du soleil, mais plus étrange encore si l'on se trouve en pays lointain et entouré de monuments qui servent pour la première fois de cadre à nos rêveries. Après avoir quitté le grand artiste qui m'avait conté cette histoire, je le suivis longtemps des yeux dans Regent's-Street, et je le vis disparaître dans la colonnade fantastique du Quadrant, où était sa demeure. Resté seul avec mon rêve, je rentrai dans ma maison de King-William-

Street, pour payer au sommeil l'arriéré de la nuit. A mon lever de midi, je courus au parc Saint-James, que le soleil éclairait à travers une gaze de brume qui jaunissait ses rayons. Je m'assis sur une banquette et j'écrivis, dans toute la fraîcheur de mes souvenirs, les premiers chapitres de cette histoire, comme on écrirait un rêve sous les premières impressions du réveil.

I

Il y a cinq ou six ans (la date exacte importe peu), deux jeunes gens causaient, après souper, dans une chambre de l'*Osteria Nuova*, à Chiaïa, à Naples. L'un, âgé de vingt-cinq ans, se nommait Patrick O*** : c'était un Irlandais voué à l'état ecclésiastique ; son costume était sévère comme sa figure. Il avait des cheveux d'un blond ardent comme de l'or en fusion : ses traits, d'une irrégularité mâle, gardaient cette pâleur nerveuse qui ne vient pas des souffrances du corps, mais des inquiétudes de l'âme. Sur un fond mat d'une figure tourmentée luisaient deux yeux noirs et orageux comme des nuages remplis d'éclairs. La contraction du sourire semblait avoir été oubliée dans le mécanisme de ce visage, qui exprimait tout et à tout instant, excepté le plaisir. L'autre jeune homme était à peu près du même âge : il avait une belle figure brune et des cheveux vagabonds d'un noir d'ébène. C'était le contessino Lorenzo C***, légataire à vingt ans d'une fortune immense, qu'il prodiguait sans l'épuiser. L'opulence rayonnait sur toute sa personne; il étalait avec un orgueilleux dédain une pléiade de diamants à ses doigts annulaires, et la constellation complète d'Orion, en rubis balais, sur son jabot de batiste, toujours prêt à jeter ses étoiles à un ami, à une femme, à un saltimbanque, à un indigent.

L'arrivée d'un domestique suspendit la conversation des deux jeunes gens. On venait leur annoncer que le vaisseau *l'Érinn* allait mettre à la voile, et qu'on n'attendait plus qu'un passager.

Ce passager était Patrick.

Ils se levèrent vivement et se dirigèrent vers le môle. Patrick, un pied sur la terre et l'autre dans le canot, fit ainsi ses adieux à son ami :

« J'ai quitté Rome sans regrets; j'y serais devenu sceptique et j'y aurais exercé, à l'exemple de tant d'autres, un sacerdoce d'habitude comme on fait un métier. J'aime mieux être prêtre dans quelque bourg catholique de mon Irlande. Je prendrai les ordres à Dublin, à la première ordination. Adieu, mon cher Lorenzo; nous nous reverrons quand Dieu le voudra.

— Patrick, répondit le jeune Italien, à quelque position que le ciel te réserve, si jamais mon amitié peut te rendre service, songe à moi, et ne songe à personne qu'à moi. »

Ils se serrèrent énergiquement les mains, et le canot partit.

L'Érinn mit à la voile et cingla vers la haute mer. Patrick contempla longtemps, accoudé sur la dunette, le doux rivage de Naples, et descendit, à l'entrée de la nuit, dans l'entre-pont pour se reposer. La mer était agitée, les vagues houleuses, le vent contraire. Patrick prit le parti de s'endormir pour laisser passer le mauvais temps sans être incommodé par la mer.

A son réveil, il fut bien étonné d'apprendre que l'*Érinn*, n'ayant pu tenir la mer, était rentrée à Naples, et que les passagers avaient la faculté de descendre à terre. Il était alors huit heures du soir.

Patrick usa de la permission avec empressement. Il courut à l'hôtellerie, dans l'espoir d'y trouver Lorenzo ; mais le jeune homme était sorti. Le garçon d'auberge dit à Patrick que son ami avait pris la direction de San-Carlo, et que, fort probablement, il était à l'Opéra.

On jouait, ce soir-là, *Semiramide*.

Patrick hésita quelques instants par scrupule ; puis, se souvenant des facilités profanes que le clergé italien se donne volontiers à l'endroit du théâtre, il courut à San-Carlo, prit un billet de parterre et entra. Patrick avait toujours vécu loin des plaisirs et des spectacles mondains. C'était la première fois qu'il se mêlait à une foule dans une salle de théâtre.

San-Carlo retentissait d'instruments et de voix. On aurait dit que l'harmonieuse salle chantait avec toutes ses loges, car les sons de la scène et de l'orchestre, ne trouvant aucun obstacle dans l'ellipse immense, la remplissaient toute, comme un ouragan de mélodie élancé du golfe de Baïa.

On était arrivé à la scène du sermon et du trône. Le roi des Indes, le pontife, Arsace, les Syriens, le peuple, les mages, juraient fidélité à la reine de Babylone dans une langue d'amour inouïe, et Sémiramis, du haut de son trône, versait à pleine voix sur tout ce monde en délire des torrents de notes mélodieuses comme des perles prodiguées à l'infini. Le chant du cor, tout rempli d'une volupté langoureuse, s'élevait par-dessus toutes ces voix, comme l'écho de l'Euphrate, dans une nuit d'Orient, roule des soupirs ineffables qui montent au sommet de Babel. Le puissant amour, fils des siècles antiques, embrasait le théâtre et semblait avoir enfin trouvé une langue merveilleuse, oubliée dans Babel, pour réveiller un sens inconnu et exciter la terre à des folies sans nom, telles que les anges en accomplirent avec les filles des hommes aux époques antédiluviennes, quand le monde trembla sous les hyménées des géants. Auprès de cette harmonie inconnue, chantée par des voix et des cuivres surhumains, toute parole ressemblait au bégayement de l'enfance ou au vagissement du berceau. C'était comme la révélation de ces hymnes mystérieux qui éclataient, la nuit, dans les profondeurs des pyramides babyloniennes ou dans les chapelles souterraines d'Isis; c'était un écho de ce vent iduméen qui soufflait une volupté sanglante et fatale sur les villes maudites, *changeait la forme des montagnes* dans une nuit de désolation; et toutes ces voix, ces chants, ces stridents accords du cuivre et de la corde, ces élancements de notes sublimes, cette éruption de mélodie incréée, toute cette furie d'amour semblait éclater, par un prodige des mages, sous les pieds divins d'une femme belle comme le soleil d'Orient, embaumée comme l'Arabie Heureuse, vêtue de pourpre et d'or comme les reines d'Ophir et de Saba.

Le jeune ecclésiastique irlandais qui venait d'entrer à San-Carlo pour y chercher un ami oublia cet ami, s'oublia lui-même, et s'arrêta, debout, la main droite incrustée sur la première banquette, immobile comme une statue, sous le saisissement de cette foudroyante révélation. Son âme, subitement envahie par le démon de ces voluptés extérieures, fut vaincue avant la lutte, ainsi qu'il arrive au soldat imprudent qui passe désarmé sur les limites de l'ennemi et succombe avant d'avoir reconnu son erreur. Patrick garda sa position extatique jusqu'à la chute du rideau. Il vit et entendit ce rêve immense que Rossini nous apporta des lagunes de Venise lorsqu'il s'endormit dans la cité mystérieuse, ce sublime évocateur du passé. Le jeune Irlandais, fils de cette terre virginale qui assiste à l'éternelle symphonie de l'Océan et des montagnes, avait une de ces intelligences d'élite qui s'initient du premier coup au secret des grandes créations; il passait sans transition des innocentes harmonies de Palestrina à la furie musicale de la *Semiramide*, de la cascade de Terni à la cataracte de Niagara. Il n'eut pas même le temps d'appeler son ange gardien à son secours, afin d'obtenir la grâce d'une pensée pieuse dans ce déluge de pensées profanes qui pleuvaient dans son cœur. Il fut emporté violemment à travers les cris de cette Babylone ressuscitée pour embrasser Balthazar et repousser Daniel. Tout fut saisi au vol, et recueilli par lui, et deviné d'inspiration dans cette fatale soirée; son oreille, son esprit et son cœur, s'associèrent pour le servir et le faire marcher, sans rien laisser en arrière, à la conquête spontanée de l'inconnu. Mais peut-être encore cette musique, ces voix, ces chœurs, cette pompe, se seraient évanouis avec les ombres de la nuit, si toute cette séduction théâtrale ne s'était pas incarnée dans le corps d'une femme. Désormais, pour Patrick, ce long ravissement d'artiste était inséparable de la cantatrice superbe et rayonnante comme la Sémiramis dont elle portait le nom.

Depuis les jours antiques où les cirques et les amphithéâtres versaient par les vomitoires un monde de spectateurs rassasiés d'un spectacle prodigieux, on n'avait pas vu, en Italie, pareille foule. Le soir de cette représentation de *Semiramide*, la place publique et les rues avoisinant Villa-Réale étaient encombrées à la sortie du théâtre; si bien que Patrick fut roulé comme un brin d'herbe dans une mer orageuse et emporté bien loin de son hôtellerie de Chiaïa. Au reste, cette foule, qui faisait ainsi violence au jeune Irlandais, lui était favorable en ce moment, car elle lui donnait un étourdissement qu'il aurait voulu prolonger à l'infini, ne voyant rien de plus redoutable que le calme et la solitude après cette agitation secourable qui ondoyait autour de lui; mais aucune tempête n'est plus vite apaisée qu'une tempête de foule après un spectacle. Minuit sonne sur le silence et le désert, et de tout ce fracas de multitude folle il ne reste que les sons lents tombés des clochers voisins, symphonie monotone comme le chant qui invite au sommeil. Bientôt, de tout ce monde agité, Patrick seul était debout et veillant. Marchant au hasard, il était arrivé sur les rives du golfe, et là, comme brisé par la fatigue d'un long voyage, il s'assit sur une pierre, et, médecin de lui-même, il se recueillit pour examiner sa blessure intérieure et lui porter un remède immédiat, sans attendre le lendemain.

Patrick était seul en réalité, mais une ombre l'avait suivi, une ombre plus terrible que celle de Ninus!

C'était pour Patrick qu'un poëte italien avait fait cette strophe :

> A Saint-Charles, cirque où l'on chante
> Sous un ciel tiède, au bord de l'eau,
> Quand expire la voix touchante
> Du jeune Arsace ou d'Othello ;
> Quittant Venise ou Babylone,
> On va rêver sous la colonne
> Près de la mer que nous aimons ;
> Et, comme une ouverture immense,
> L'opéra fini recommence
> Chanté par la mer et les monts.

Hélas! elle recommençait pour Patrick, cette soirée d'enivrement, de mystère, d'émotion inconnue, de formidable volupté. Le spectre de Babylone se dressait dans les vapeurs diaphanes de la nuit, sur les flancs de cette montagne qui, elle aussi, a brûlé des villes coupables ensevelies à ses pieds. Le vent nocturne qu'un démon embaume de tous les parfums de Vénus Aphrodite soufflait de l'archipel napolitain, dont les îles sont des cassolettes toujours fumantes ; et cette langueur mystérieuse, qui descendait de partout et conseillait l'adultère, semblait donner un démenti au roi psalmiste, qui, la nuit, demandait à Dieu de le sauver de la flèche volante dans le jour et de l'obsession irrésistible du démon de midi. Patrick était percé de la flèche qui vole à la lueur des constellations de minuit. Arrivé au délire de la pensée, il se persuada que tout ce qu'il avait vu à San-Carlo n'était qu'une vision de l'enfer, un verre d'optique placé par le démon devant ses yeux ; que le monde n'avait pas assez de pouvoir en ses mains pour créer de pareilles réalités de séduction ; que, parmi toutes les filles des hommes, il n'y avait pas une femme comme la puissante artiste, reine à San-Carlo ; que le démon androgyne de la volupté, nommé Astarté dans les lieux profonds et maudits, avait pris un corps humain pour séduire un pauvre chrétien et l'arracher au service des autels.

Patrick fit un signe de croix, et il lui sembla qu'autour de lui toutes les formes se faisaient douces et riantes, et que des anges descendus sur cette terre la purifiaient des émanations infernales de la nuit. Plus tranquille après une courte prière, il appuya sa tête sur un oreiller d'algues sèches, et il s'endormit.

II

Le soleil du printemps était levé depuis quelques heures lorsque le jeune ecclésiastique irlandais se réveilla. Habitué dès son enfance à dormir aux étoiles dans les montagnes de Wicklow, il avait eu pour son repos une nuit aussi bonne qu'à l'hôtellerie de Chiaïa. A genoux sur la pierre du rivage, il fit sa prière du matin dans le plus magnifique oratoire que Dieu ait donné à l'homme pour recevoir ses hommages ; et, trempant ses mains dans le golfe comme dans la conque d'un bénitier naturel, il oignit son front de cette eau sainte qui remonte aux réservoirs du ciel.

Un souvenir vaporeux comme la gaze d'un songe reporta l'Irlandais vers les images sensuelles de la veille, et le jeune chrétien s'indigna de sa faiblesse et fit un énergique appel à ses devoirs pour arracher de son cœur le dernier atome de cette lie impure qu'avait déposée en lui la coupe d'un démon. Les heures matinales sont pieuses : elles prédisposent l'âme à de bonnes résolutions, à de saintes pensées. Patrick écouta dévotement les voix qui parlaient autour de lui sur le golfe, la ville et les montagnes. C'était partout un hymne chaste entonné à la création. Il donna le sourire calme des élus à cette nature tranquille, pleine de son Créateur, et il s'achemina rapidement vers le port, avec l'espoir de prendre son vol vers la douce Irlande, à la faveur de cette sérénité du ciel qui réjouissait les mariniers.

« Oh ! quand je te reverrai, se disait-il mentalement, vieille église de mon saint patron, vénérable métropole de Dublin, je me précipiterai à l'ombre de tes deux nefs, comme la jeune colombe sous les ailes de sa mère, je m'agenouillerai sur tes antiques dalles, et je ne craindrai plus rien de ce monde infâme et tentateur ! »

Comme il arrivait sur le môle, il vit venir à lui un domestique de Lorenzo qui le salua et lui dit :

« Mon maître vous fait chercher partout depuis le lever du soleil ; il a envoyé des cavaliers sur toutes les routes de Naples ; maintenant il n'est plus temps *l'Érinn* a mis à la voile et il est déjà bien loin. »

Et le domestique montrait du doigt la place vide où *l'Érinn* était amarré.

Patrick fit un mouvement nerveux, leva les yeux au ciel et soupira.

Le domestique croisa les bras et regarda le port. Il avait rempli sa mission.

Après une longue pause, Patrick, qui ne savait à quelle résolution s'arrêter, fit cette question au domestique :

« Où est ton maître ?

— Mon maître, répondit celui-ci, n'est plus à la *locanda* de la *Victoire*; il est à la villa de Sorrente, et il m'a chargé de vous y conduire, si c'est le bon plaisir de Votre Seigneurie. Voilà votre canot, là, tout prêt avec quatre rameurs; il n'attend qu'un signe de vous pour partir.

— Eh ! s'écria Patrick, pourquoi ne parlais-tu pas d'abord de ton canot; vite, vite en mer ! Il y a une bonne brise; vite, vite à la voile et à la rame ! avant une heure nous atteindrons l'*Érinn*. »

Et, entraînant avec lui le domestique, il s'élança dans le canot et délia lui-même les cordes de la voile roulée à l'antenne.

Le canot partit comme la flèche, et le visage de Patrick rayonna.

« Croyez-vous, dit Patrick au marinier du timon, qu'en allant de cette vitesse nous pourrions atteindre l'*Érinn* ?

— Atteindre l'*Érinn* ! répondit le timonier avec un éclat de rire goguenard; si vous étiez oiseau, vous ne l'atteindriez pas. Ce n'est pas un bâtiment sicilien, celui-là, c'est un anglais. Comprenez-vous ? c'est un anglais : le vent ne l'atteindrait pas.

— Essayez toujours, dit Patrick.

— Oh ! nous pouvons faire une promenade, dit le marinier en riant; vous prendrez l'appétit en mer. »

Lorsque l'horizon se fut dévoilé dans toute son

immensité, Patrick le mesura d'un œil mélancolique, et il n'aperçut aux limites de la mer que quelques petites voiles latines d'une blancheur éblouissante. C'étaient des bateaux de pêcheurs. *L'Érinn* avait disparu.

« Allons-nous à la villa Sorrentina ? demanda le timonier.

— Allons ! » répondit Patrick d'une voix désespérée.

Et, se laissant tomber sur un banc, il garda un morne silence jusqu'à l'arrivée.

Là, rien ne put le distraire des réflexions pénibles qui l'accablaient en foule : ni la petite baie riante qui servait de débarcadère à la villa Sorrentina, ni les touffes d'orangers suspendues sur une eau calme qui réfléchissait l'or des fruits et l'argent des fleurs, ni l'aspect enchanté de la villa endormie dans les pins, les arbres de Judée, les palmiers et les acacias. Le milieu du jour l'eût trouvé peut-être encore dans cette attitude de désespoir, si la voix d'un ami ne l'eût réveillé comme en sursaut au milieu d'un pénible songe.

« Eh bien, Patrick, s'écria Lorenzo avec une voix joyeuse, tu relâches à Sorrente en allant à Dublin ? »

Patrick se secoua vivement et s'improvisa une assurance par nécessité. Il sauta légèrement sur la rive, serra les mains de Lorenzo, et fit une pantomime qui pouvait signifier :

« Me voilà, je suis résigné à ce contre-temps.

— Je suis enchanté, moi, de ce contre-temps, dit Lorenzo ; j'étais vraiment désolé de n'avoir pu te faire les honneurs de ma charmante villa. Regarde, mon ami, cela vaut bien la baie de Kingstown et le Kippure, n'est-ce pas?

— Cela est beau, dit Patrick, mais cela n'est jamais la patrie.

— Mon ami, souviens-toi de ce que je te disais quand nous étudiions la philosophie au séminaire de la Propagande : il n'y a pas de patrie sans orangers. Cet arbre essaye le climat et semble vous dire : Tu peux vivre ici, car j'y suis.

— Lorenzo, après quatre ans d'exil, je t'avoue que les forces me manquent, si je ne vois pas mon Érinn avant la fin du printemps.

— Enfant! tu la reverras, ton Érinn! mais tu te reposeras un instant ici en passant. Comme j'ai repris ma gaieté rien qu'en te revoyant! J'étais si triste hier soir, à mon arrivée de Rome à Naples! Et moi aussi, je suis exilé ; moi, né à Sinigaglia, sur le bord de la triste Adriatique! Mais j'adopte Naples et Sorrente, deux charmantes filles qui valent mieux que Sinigaglia. Ah çà, dis-moi, où as-tu passé la nuit, si je puis te faire pareille demande sans indiscrétion?

— La nuit! dit Patrick s'efforçant de sourire, j'ai passé la nuit sur le bord de la mer.... pour ne pas manquer le bâtiment.

— A merveille! la précaution était bonne.... Et le bâtiment est parti sans toi? J'admire tes distractions.... Et ton bagage? *L'Érinn* emporte ton bagage en Irlande? »

Patrick fit un signe affirmatif.

« Tu n'as gardé que ce très-modeste habit de voyage.... N'importe! je t'habillerai plus décemment.

— Et pourquoi?

— Voici. J'ai du monde à la villa.... Cela t'étonne?... Oui, je donne à dîner.... à des amis.... des artistes....

— Il y a des femmes! dit Patrick reculant d'un pas.

— Des femmes! non.... non. Quelle peur des femmes! Sois tranquille.... Il y en aura une peut-être.... une.... mais ne t'effraye pas ainsi.... ce n'est pas une femme....

— Et qu'est-ce donc?

— Tu verras, nous serons gais, nous chanterons le *Dies iræ* de Pergolèse.... nous boirons du champagne.... c'est un petit dîner que j'ai improvisé hier soir, dans les coulisses de San-Carlo, avec d'anciennes connaissances.... Ne t'effarouche pas ainsi.... Est-ce que tu n'es pas tolérant, depuis ce matin? Que veux-tu? moi, je suis mondain et un mauvais sujet, comme un échappé du froc.... Aussi, pourquoi mon oncle est-il mort?... je serais diacre comme toi et bon chrétien comme toi. Un héritage et Naples m'ont perdu. Ote Naples et les héritages de ce monde, et je dis la messe à Saint-Jean de Latran. Naples, c'est le démon, et le Vésuve, c'est l'enfer. Voici le paradis terrestre. C'est dans ma villa qu'Ève a tenté Adam.

— Quel langage me tiens-tu là? dit Patrick avec ce ton moitié sévère, moitié amical, que prend un ecclésiastique qui sait compatir aux faiblesses humaines. Vraiment, Lorenzo, tu me scandaliserais si je n'étais pas si fort de la grâce de Dieu. Écoute-moi, je n'accepte pas ton dîner, tu me donneras un appartement solitaire, je m'y cloîtrerai tout le jour; et si vous faites vos saturnales du côté du nord, donne-moi une chambre du côté du midi. Je prierai pour vous tous.

— Écoute-moi, Patrick, nous sommes seuls encore ; ma flottille de canots chargés de convives n'arrivera que dans une heure. Tu as le temps de recevoir ma confession. Je t'ai trouvé hier à la *locanda* de la *Victoire*, en arrivant de Rome ; depuis un an, je ne t'avais pas vu. Bien des choses arrivent dans un an ! Le sage devient fou. Il n'a fallu qu'une minute au saint roi David pour voir Bethsabé au bain et pour aimer la femme d'Uri. Je n'ai pas la prétention d'être aussi expéditif dans mes passions. Il me faut un an pour me corrompre. Que diable ! l'homme n'est pas parfait. J'ai donc quitté Rome après Pâques pour tomber à Naples, hier, à l'ouverture de San-Carlo. On jouait la *Semiramide ;* je suis fou de cet opéra. Si l'on ne joue pas la *Semiramide* au paradis, je refuse la porte à saint Pierre. Tout cela est de l'hébreu pour toi, mon cher ami, mais je suis obligé de te parler hébreu. J'ai une idée dominante dans le cerveau, et je la jetterais à cet arbre s'il me manquait un auditeur. Patrick, récite un *Miserere* à mon intention : je suis amoureux.

— Je ne vois pas de mal à cela, mon fils : l'amour est permis à l'homme, l'amour chrétien. Jésus-Christ a institué le mariage.

— Je respecte infiniment le mariage, mon cher catéchiste, mais je le cultive peu. Le mariage est une chose si sacrée, que je me tiens à distance par respect.

— Si c'est une passion mondaine que tu as au cœur, mon cher Lorenzo, il faut demander à Dieu la grâce de la combattre.

— Écoute, mon cher abbé, nous avons passé trois années ensemble au séminaire, tu t'en souviens ?

J'ai donc entendu trois fois trois cent soixante-cinq discours dans le genre de ceux que tu me fais. Il me semble que c'est suffisant.

— Eh! qu'attends-tu de moi? Crois-tu que je vais oublier mon ministère pour te donner des conseils impies? Si tu persistes dans tes égarements, je me tairai et je ferai à Dieu une sainte violence pour qu'il t'éclaire dans ta nuit et te conduise au chemin de la paix.

— Merci!

— Tu te fais plus libertin que tu ne l'es, mon pauvre Lorenzo!...

— Oh! laissons les sermons à la chaire de Saint-Janvier....

— Comme tu voudras.

— Patrick, donne-moi ton secret; comment diable fais-tu pour être saint?

— Lorenzo, je ne suis qu'un pécheur; le juste pèche sept fois par jour.

— Il est bien heureux, ce juste-là!

— Lorenzo, laisse-moi partir; ma présence ici gênera ta société, qui ne me paraît pas fort dévote, si j'en juge par toi.

— Tu resteras! tu resteras! Partir! y songes-tu? Sais-tu bien ce que tu perdrais en partant! Je veux que tu dises à Dublin que tu as dîné.... devine....

— Avec.... »

Et Patrick trembla.

« Avec notre grand Rossini, l'auteur de la *Semiramide!*... Eh bien! reconnais le pouvoir d'un nom, mon cher Patrick.... te voilà tout bouleversé! tu es pâle d'émotion.... Ah! c'est que tu es artiste, toi, à ton insu. N'est-ce pas toi qui nous a mis en musique, au Vatican, les lamentations de Jérémie ? Je me souviens que ton *Aleph* me donnait des frissons. Tu es un grand musicien, te dis-je, parole d'honneur!... Voyons, as-tu le courage de partir, maintenant?

— L'auteur de la *Semiramide* ne peut être qu'un démon! »

Patrick roula des yeux sinistres, et Lorenzo poussa un grand éclat de rire. Quand le rire fut calmé, il dit à Patrick en l'entraînant vers la maison :

« Si Rossini est un démon, tu feras le signe de la croix à table, et il disparaîtra. Nous dînerons plus à l'aise avec un convive de moins.

— Lorenzo, tout bien réfléchi, je reste.

— J'ai deviné. Tu veux voir Rossini?

— Oui.

— Tu le verras. C'est un bon enfant, et pas plus démon que musicien! un farceur qui rit toujours, qui raconte un tas d'historiettes à mourir de rire, et qui déteste les gens sérieux.

— L'auteur de *Semiramide?*

— Eh oui! l'auteur de *Semiramide*, qui mange admirablement et ne parle jamais musique; le meilleur vivant que l'Italie ait nourri de macaroni. Tu vas le voir dans un instant, ce beau démon! va t'habiller. Tiens, voilà ma clef. Ce domestique t'indiquera mon vestiaire. Tu choisiras dans les nuances, brunes ou gaies. Tous mes habits sortent de l'atelier du monte Citorio; c'est élégant au dernier point. Va, je t'attends; notre flottille ne peut pas tarder.

— Au fond, se dit à lui-même Patrick en montant au vestiaire, au fond, en assistant à cette fête, je ne transgresse aucune loi canonique. Il n'est pas défendu à un sous-diacre de voir Rossini. Qui sait même si Dieu ne m'a pas destiné à le convertir!...»

III

Tous les artistes du théâtre de San-Carlo, chanteurs, choristes et musiciens, garnissent le rivage de la mer, sous la villa Sorrentina. Lorenzo, en habit de gala, est à leur tête, tout prêt à leur donner un ordre que les artistes semblent attendre avec impatience. A côté de Lorenzo, Patrick se fait remarquer par sa contenance équivoque et un costume accusé d'emprunt par la gaucherie avec laquelle il est porté.

On voit à un mille de distance la flottille des canots attendus. Elle est superbement pavoisée aux couleurs de Naples et de Sicile; elle vole sur la surface de l'eau avec l'agilité d'une troupe de goëlands. Encore quelques élans des rameurs, et la colonie est arrivée.

Patrick se pencha mystérieusement à l'oreille de Lorenzo et lui dit d'une voix émue :

« Ou mes yeux me trompent, mon ami, ou quelque chose d'affreux se prépare! Il y a une femme dans le premier canot.

— Je te dis que ce n'est point une femme, dit Lorenzo l'œil en feu; c'est un ange, une divinité, un miracle vivant, un phénomène qui parle, chante et rit, une vision, un songe palpable, un démon du paradis. Mais ce n'est point une femme, Patrick. »

Et il donna un signal aux choristes et aux musiciens.

Aussitôt les oiseaux cessèrent de chanter dans les acacias et la mer fit silence. Le chœur de *Semiramide* : *Fra tanti regi e popoli*, attaqué d'abord par une seule voix de basse, puis répété par la foule, éclata en plein air, libre et joyeux, délivré des coulisses de carton peint et d'un soleil à l'huile, répandant au loin sur la colline, les bois, la mer, un enchantement divin. On aurait dit que les notes rossiniennes, élancées vers le ciel, retombaient en pluie de gouttes d'or sur des lames de cristal, et que toute la campagne se faisait harmonieuse pour saluer le créateur de la *Semiramide*.

Patrick invoquait avec ardeur son patron et désespérait de la grâce. La flottille abordait au rivage, le chœur chantait toujours.

On entendit un long et mélodieux éclat de rire, un éclat de rire admirablement chanté comme un *concerto* de violoncelle, et une jeune femme s'écria :

« Très-bien ! très-bien ! mes amis, superbe ! Seigneur Lorenzo, jamais la reine de Babylone n'a été reçue avec cette pompe ! N'est-ce pas, mon cher *maestro*, qu'on ne chantait pas aussi bien à Babylone, vous qui avez vécu de ce temps-là ?... A mon tour ! »

Et la femme, jetant aux branches d'un oranger son léger chapeau de paille et laissant tomber sur son cou ses beaux cheveux noirs, entonna le *Fra tanti regi* comme à San-Carlo. Rossini cueillit une orange et la mangea.

A la fin du chœur et de la scène, Patrick dit à

Lorenzo d'une voix qui trahissait l'émotion intérieure :

« Ce lieu n'est pas bon pour moi, je vais me jeter dans un canot et rentrer à Naples. »

Et il allongeait le pied déjà lorsque Rossini l'aborda joyeusement et lui dit en lui serrant la main :

« Où allez-vous donc, jeune homme? vous nous quittez? »

Patrick rougit et balbutia quelques paroles décousues.

« Moi, je ne vous quitte pas, dit Rossini. Allons, mon enfant, vous êtes trop timide, prenez mon bras, et *andiamo a cantina*, j'ai faim.:... N'est-ce pas, seigneur Lorenzo, que l'absinthe du golfe de Baïa vaut mieux que celle du café Anglais? Oh! le seigneur Lorenzo est sourd, il s'est emparé de la *diva!* »

Patrick, entraîné par Rossini vers la table du festin, ressemblait à un cadavre attaché à un corps vivant. Il ne sortit de son évanouissement moral que sur son fauteuil de convive et à la voix de Rossini, qui s'extasiait sur l'ordonnance du repas.

Le jeune Irlandais donna un coup d'œil rapide autour de lui, et il faillit succomber cette fois à son émotion, en se trouvant placé en face de Lorenzo et de la redoutable femme de San-Carlo. Il ne distingua que confusément les cinquante personnes qui couronnaient la table; cette foule était comme perdue dans les rayons de Sémiramis. Le voisin de droite, Rossini, restait seulement visible pour Patrick.

Le silence est ordinairement l'ouverture à la sourdine de tout festin d'artistes; mais, la première faim assouvie, un *tutti* de voix éclata avec plus ou moins d'accord. A la faveur du fracas du second service,

Patrick reprit insensiblement ses facultés physiques et morales, et il se recueillit même pour tourner un compliment à ce grand Rossini, son voisin, qui avait eu pour lui tant d'affectueuse politesse sans qu'il le méritât. Raffermissant sa voix avec un verre de *lacryma-Christi*, Patrick se tourna vers le *maestro*, et, s'inclinant sur son assiette, il dit pompeusement :

« Cygne de Pesaro.... »

Rossini l'arrêta brusquement en agitant sa fourchette comme un sceptre.

« Je sais cela, je sais cela, mon cher !...

— Harmonieux fils de l'Ausonie, continua Patrick.

— Oui, oui, touchez-moi la main, mon brave jeune homme, et laissons les cygnes de l'Ausonie en repos. Voulez-vous que je vous apprenne à faire une bonne sauce à votre filet ? C'est bien simple. Coupez une tranche de limon, exprimez le jus dans de la poudre de piment d'Espagne et de bon carick de Java ; délayez le tout dans un anchois fondu à l'huile et vous m'en direz des nouvelles : cette recette vient de M. de Cussi. Inclinez-vous devant ce grand nom. »

Rossini s'aperçut qu'il avait offensé Patrick, et, se penchant à son oreille, il lui dit :

« Est-ce que l'accueil que je vous ai fait ce matin ne vous a pas étonné ?

— Quel accueil m'avez-vous fait? demanda Patrick avec cette dignité que prend subitement un homme fier qui croit avoir reçu une offense.

— Je vous ai abordé comme un ami de vingt ans.

— Un instant je m'en suis enorgueilli. Vous ne me connaissiez pas.

— Je vous connaissais! je vous connaissais! dit Rossini avec une émotion qu'il s'efforçait de déguiser.

— Et où m'avez-vous vu? demanda Patrick d'un ton d'inquiétude.

— Hier soir, dit Rossini à voix très-basse, je cherchais un homme avec la lanterne de Diogène, à San-Carlo, et je vous ai vu.

— Moi? dit Patrick pâlissant.

— Chut!... Oui, vous; j'ai gardé votre visage toute la nuit, là, dans le front. Vous étiez superbe. J'ai fait *Semiramide* pour vous et pour moi.... Maintenant, brisons là. Buvez un verre de champagne avec moi. »

Puis, apostrophant Lorenzo :

« Seigneur Lorenzo, avez-vous dîné quelquefois chez Beffi, rue Richelieu?

— Souvent, seigneur *maestro*.

— On y fait bien les *ravioli*. Savez-vous, Maria, le meilleur faiseur de ravioli à Naples?

— Non, » répondit Maria.

Si Rossini eût noté ce *non*, il ne l'eût pas fait plus harmonieux à l'oreille.

« Maria, poursuivit Rossini, envoyez tous les jours à midi, au coup de l'*Angelus*, votre domestique au traiteur du *Violon d'Apollon*, vis-à-vis Saint-Philippe de Néri. Ravioli première qualité. »

Et Rossini continuait à remplir le verre de Patrick. Le jeune Irlandais, sobre de profession et de pays, buvait imprudemment, par politesse et par distraction, tout ce que lui versait le créateur de la *Semiramide*.

Au dessert, l'exaltation bouillonnait dans sa poitrine, et la moindre cause devait la faire éclater au dehors.

La conversation qui venait de s'établir n'était nullement du goût de Patrick ; il s'attendait à un entretien merveilleux et relevé, que devait faire naître naturellement la présence de Rossini et de la célèbre cantatrice. Au lieu de cela, il assistait à une dissertation sur les *ravioli*, la *pasta-frolla*, les *pickles*, la cuisine de Beffi. Et ensuite, si de la cuisine on daignait s'élever à l'art musical, c'était alors une discussion furieuse sur les airs en *ut*, en *fa*, en *ré*, sur les *strette*, les *scherze*, les *cabalette*, les *accords de tierce*, les *andante*, les *allegro*, les *adagio*, les *majeurs*, les *mineurs*, les *tremolo*, les *sotto voce*, et sur tout cet éternel vocabulaire technique à l'usage des instrumentistes qui se plaisent à noyer la poésie et l'idée dans un dialecte magistral et assommant.

Rossini ne répondait à toutes les interpellations sur les *scherze* et les *cabalette* que par l'éloge du plat qu'il mangeait.

La célèbre cantatrice disait avec une grâce, un sourire divin, en acceptant un verre de punch glacé :

« Mon cher *maestro*, je suis sincère, moi ; je n'aime pas trop mon rôle de *Semiramide*, je n'ai point de cavatine à mon entrée ; c'est affreux ! J'entre au temple de Bélus comme dans ma chambre. Faites-moi une entrée, mon cher Rossini.

— La mode du punch glacé, répondait Rossini, nous vient d'Angleterre ; c'est un existant au rôti. »

Patrick se leva, les yeux étincelants et la joue enflammée, comme un homme arrivé au délire de l'exaltation et à l'oubli de lui-même.

« Rossini ! s'écria-t-il, vous chantez pour des

oreilles de sourds! ces hommes sont trop savants pour vous comprendre Il vous faut à vous, dans vos auditoires, des intelligences simples et naturelles, des imaginations poétiques où les broussailles de la science ne germent pas! Rossini, vous avez bâti une pyramide nommée *Semiramide;* mais, comme l'architecte égyptien, vous avez muré la porte et placé un sphinx devant. »

Un premier violon se leva et apostropha Patrick. Mais l'Irlandais, avec un de ces regards et de ces gestes foudroyants qui suppriment la contradiction, s'écria :

« Silence à l'orchestre! Il y a deux heures que j'écoute vos *bécarres* et vos *bémols*, écoutez-moi à votre tour ou mangez.... Oui, *Semiramide* est une œuvre impérissable et qui ne peut vieillir, parce qu'elle était âgée de quatre mille ans lorsqu'elle naquit. Toute musique a son point de départ terrestre et connu. La religion, la liberté, la mort, et surtout l'amour, sont le point de départ de l'harmonie dramatique. Mais de quelle source est sortie la musique de *Semiramide?* à quelle impression humaine se rattache-t-elle? Il ne s'agit point de la savante combinaison des accords, mais de la pensée dominante qui plane sur cette partition incroyable et impossible. Rossini a dédaigné là tout ce qui fait le triomphe vulgaire et facile. Il n'y a point d'amour, point de passion charnelle, point de liberté qui se révolte contre la tyrannie, point de danse, point d'intérêt bourgeois, rien. C'est une fable renouvelée du déluge, un sceptre dont on peut se moquer si l'on ne croit pas aux sceptres, une mère infâme, un Azur féroce, un grand prêtre stupide, un Arsace efféminé qui joue l'homme avec un contralto. Eh bien! avec ces personnages usés jusqu'aux sandales dans les ornières de l'école, avec ce drame sans vérité, sans nouveauté, sans intérêt, Rossini a créé un monde ; il a pris toutes ces antiquailles et tous ces pantins de la mythologie de Bélus, et il vous à rassasiés d'émotions inconnues qui nous semblent venir d'un sixième sens. Nous n'avons pas vécu à Babylone, nous ignorons absolument quelles mélodies couraient avec les vents dans les palmiers des jardins suspendus, et un mystérieux instinct d'artiste nous dit que toute cette ardente musique est pleine de parfums babyloniens dans ses joies, dans ses fêtes, dans ses triomphes, dans ses terreurs, dans ses remords, dans ses tombeaux. Avant la *Semiramide*, vous ne deviez avoir que des œuvres courtes, belles dans certaines parties, mais expirant faute d'haleine. Dans la *Semiramide*, tout s'élance d'un foyer inépuisable ; l'orchestre est comme un volcan qui prodigue les pierreries, comme le Vésuve les atomes de cendre. C'est une puissance de souffle surhumaine, une aspiration colossale, comme si une pyramide entr'ouvrait ses flancs pour donner passage aux torrents d'air emprisonnés en elle depuis Ninus. Cette une profusion de richesse à épuiser tous les trésors de l'Orient !... Sémiramis, la grande reine, entre comme elle doit entrer, belle, tremblante et muette ; l'hymne éclate autour d'elle, mais la coupable reine se tait. Voici Arsace qui arrive ; écoutez ce qu'il chante et dites si cela vous rappelle un mode connu. Écoutez son duo avec Azur, et dites-moi si jamais la musique, dans des proportions si étroites, a produit quelque chose de plus large, de plus varié, de plus opulent. Écoutez ces airs de volupté orientale que les femmes de la reine chantent dans les jardins, et dites-moi si vous ne respirez pas le doux poison qui circulait dans le gynécée des reines adultères. Écoutez le finale du tombeau, et dites-moi si jamais la métaphysique des terreurs surnaturelles a trouvé une langue plus formidable pour vous donner les frissons de la mort! Après cette lugubre et terrible scène qui vous fait croire à l'incroyable, il semble que le pouvoir de l'artiste créateur ne peut aller au delà. Comptez sur Rossini : vous n'avez vu encore que le péristyle du temple; vous avez fait un pas; entrez. La même énergie de tons, la même vigueur d'haleine, vous jettera d'autres merveilles. Rossini vous fera même assister à une scène qui est le prodige de l'art; il vous attendrira sur une mère couverte du sang de son époux et qui embrasse son fils; Rossini tirera du néant, pour accomplir cette réconciliation impossible, des notes fondues dans le creuset céleste au jour de la clémence de Dieu. Et ne croyez pas que tant de miraculeuses choses soient toutes l'effet des savantes combinaisons de l'art ou même des inspirations solitaires du poëte; il est arrivé à Rossini ce qui ne manque jamais aux génies sublimes, le bonheur! Sous l'obsession de son démon, Rossini obéissait souvent, à son insu, à une loi surnaturelle qui lui dictait les échos d'un monde évanoui. C'était l'association de deux natures, dont une seule se matérialisait et prenait un corps humain, l'autre restait dans ces profondeurs de l'espace où quelque invisible génie garde tous les trésors de joie, de colère, de douleur, d'amour, de flamme, que l'homme a dépensés depuis sa création. »

Patrick se laissa retomber sur son fauteuil; son

visage était écarlate; ses cheveux hérissés s'agitaient comme des flammes. Il jeta sur la femme un regard dévorant, et, fermant les yeux, allongeant les bras sur la table, roulant son visage sur ses mains, il garda l'immobilité de la tombe ou du sommeil.

La stupéfaction était peinte sur tous les convives. Rossini, le plus spirituel des hommes de génie, grimaça le sourire et chercha, pour la première fois, une plaisanterie de circonstance; mais, pour la première fois, il ne trouva rien. La belle Maria, convulsivement agitée, avait allongé ses bras nus et superbes sur la table, et, la poitrine en avant, les tresses déroulées sur les tempes et les épaules, le visage immobile, l'œil fixe et largement ouvert, elle ressemblait à un sphinx de marbre blanc exhumé d'une fouille du temple napolitain d'Isis et Sérapis.

Mais de tous les convives, le plus merveilleux à voir était Lorenzo, le maître du festin et de la villa. Ce qu'il avait entendu, ce qu'il voyait, lui paraissait inexplicable; il continuait à regarder Patrick avec des yeux humides d'émotion et bouleversés par une sorte de terreur. Personne n'osait hasarder une réflexion avant Lorenzo, et lui ne savait quelle tournure donner à cette scène sans nom. Tout à coup il se leva, doubla un des bouts de la table, et, soulevant Patrick, il l'emporta évanoui ou endormi dans l'intérieur de la maison.

Un domestique vint annoncer, de la part de son maître, que le seigneur Lorenzo consacrait le reste de la journée à son ami malade, et que chaque convive était rendu à sa liberté.

Les invités, toujours silencieux, se levèrent et

marchèrent lentement vers le rivage, où les rameurs les attendaient.

Ils étaient déjà bien loin, et la célèbre cantatrice n'avait pas encore quitté sa place.

« Madame, lui dit Rossini, songez que nous avons une répétition à quatre heures. »

Maria fit un mouvement nerveux de la tête et des bras, comme si elle eût dormi éveillée et qu'une voix l'eût arrachée à cet étrange sommeil ; et, se levant avec une vivacité convulsive, elle dit :

« C'est juste, allons à la répétition. »

IV

Le lendemain de ce jour, Patrick se levait avec le premier rayon du soleil dans une chambre de la villa Sorrentina. Il ouvrit la croisée et respira, dans l'air frais du matin, le meilleur remède que la médecine puisse conseiller après une furieuse agitation.

Lorenzo entra, et les deux amis, un peu embarrassés l'un de l'autre, se serrèrent affectueusement la main.

Avec une question banale, on sort facilement d'une position équivoque.

« Comment as-tu passé la nuit ? dit Lorenzo avec une aisance affectée qui voulait ménager son ami.

— Fort bien, dit Patrick, fort bien.... Est-ce que j'ai été malade ?

— Non ; c'est une question d'habitude que je te fais. »

Patrick ferma les yeux comme pour regarder sans distraction en lui-même quelque souvenir confus de la veille, et prenant la main de Lorenzo :

« Mon ami, dit-il, viens à mon aide ; que s'est-il passé hier ? Quelque chose me pèse, là, sur le front.... Ai-je dormi longtemps ?

— Quinze heures, dit Lorenzo en riant.

— Quinze heures ! J'ai fait des rêves étranges.... Attends.... attends.... le brouillard se dissipe.... je commence à voir clair.... O sainte pudeur ! »

Et il jeta son visage dans ses mains.

« Enfant ! dit Lorenzo avec un accent d'affection touchante, enfant, ne prends donc pas la peine de rougir ainsi devant moi.

— Lorenzo, c'est décidé, je pars pour Rome aujourd'hui ; j'irai me jeter aux pieds du saint-père.

— Eh ! quel crime as-tu commis, innocent ?

— Lorenzo !...

— Tu as bu du champagne et du lacryma-Christi : voilà de quoi désespérer de son salut !

— J'ai bu l'enfer ! » s'écria Patrick.

Et il étreignit fortement sa poitrine dans ses bras.

« Mon ami, dit Lorenzo, parle-moi avec franchise, depuis hier, je suis bouleversé. J'ai passé ma nuit sur le seuil de ta porte pour écouter la voix de tes songes et obtenir une confidence de ton sommeil. Que se passe-t-il en toi de mystérieux, d'inexplicable depuis hier ? »

Patrick ne savait ce qu'il allait répondre, lorsqu'un domestique annonça sur l'escalier qu'il avait une lettre à donner à M. Patrick, de Dublin.

Lorenzo prit la lettre et la remit à son ami. Patrick ouvrit et lut :

« My dear sir,

« J'espère que vous serez assez bon pour accepter un déjeuner sans façon et frugal à la villa Barbaïa, au Pausilippe. Nous serons aussi peu de monde que vous voudrez. Je vous ai fait retenir ce soir, à San-Carlo, une loge à côté de la loge du roi. On joue votre *Semiramide*.

« MARIA. »

« Démon ! s'écria Patrick en froissant le billet dans ses mains. Tiens, Lorenzo, lis. Est-ce un tour de l'enfer, celui-là ? »

Lorenzo prit le billet, et sa figure se couvrit d'une pâleur mortelle.

« Est-ce à toi ou à moi que ce billet est adressé ? » demanda-t-il d'une voix éteinte par l'émotion.

Pour toute réponse, Patrick remit l'enveloppe du billet à Lorenzo.

« Oui, dit le jeune Italien, c'est à toi : *M. Patrick O..., de Dublin....* L'adresse est précise, c'est bien à toi qu'on a écrit.... Et comptes-tu aller à cette invitation.... mystérieuse, Patrick ? »

L'Irlandais, les bras croisés sur sa poitrine, se promenait à grands pas et paraissait méditer quelque résolution. Sa bouche était muette.

« Patrick, poursuivit Lorenzo, il paraît que la belle actrice a découvert ton nom à l'hôtel de la Victoire.... du moins je suppose.... Il paraît que cela lui tenait au cœur. »

Patrick ne répondit pas. Lorenzo sortit un instant de la chambre sans être remarqué de son ami, et dit quelques mots à l'oreille du domestique sur l'escalier.

Rentré, il prit vivement le bras de Patrick et lui dit :

« Mon ami, tu es appelé à la villa Barbaïa; le sais-tu? Suis-je indiscret en te demandant si tu me quitteras pour ce déjeuner?

— Eh bien ! s'écria Patrick, puisque l'enfer le veut, l'enfer sera content. Oui, j'irai à la villa Barbaïa !

— Malheureux ! s'écria Lorenzo, tu renies donc tes devoirs?

— J'appelle la grâce à mon secours, et la grâce ne vient pas.

— Patrick, songe à l'habit que tu portes!

— L'habit que je porte est le tien, je ne souille pas l'habit de saint Pierre. A quoi songes-tu, de me donner de si sages conseils aujourd'hui, toi si libertin hier?

— Patrick, tu vas me comprendre. Si j'avais reçu une invitation de cette femme sans y voir figurer ton nom à côté du mien, j'aurais refusé.

— Oui, voilà seulement ce qui te révolte, Lorenzo. Tu es sincère.

— Très-sincère.

— Eh bien! ce billet m'autorise à choisir ma société. Je t'invite.

— Quelle étrange plaisanterie me fais-tu là?

— Je parle sérieusement. Accompagne-moi à la villa Barbaïa.

— Non, mille fois non; je reste, je n'accepte pas

ton invitation. Il n'y a pas un souvenir d'une ligne pour Lorenzo dans ce billet.... L'intention de celle qui écrit est évidente.... on veut être seule avec toi.

— Adieu, Lorenzo; ma tête brûle; la volonté manque à mon âme; je suis sur une pente horrible : l'abîme appelle l'abîme; il faut aller au fond du gouffre.

— Adieu, Patrick.

— Où te reverrai-je, Lorenzo?

— A San-Carlo, ce soir.

— A San-Carlo! Mon Dieu! mon Dieu! pourquoi m'abandonnez-vous? Ce fut le cri du Fils de l'homme sur le Calvaire!... Oui, Lorenzo, je sens sur mon front le sceau de la réprobation.... A San-Carlo! »

Et il fit un pas vers la porte pour sortir. Lorenzo, au comble de l'agitation, courut à lui, et prenant ses deux mains et mettant sa figure à deux doigts de la sienne, il lui dit d'une voix effrayante :

« Patrick, tu l'aimes donc, cette femme? »

L'Irlandais jeta sur Lorenzo un regard mélancolique et dit :

« Adieu! adieu! »

Et il sortit de la chambre avec une précipitation qui ressemblait à la folie.

Lorenzo s'assit et le suivit quelque temps de l'œil avec un sourire où perçait la malignité. Puis il appela son domestique et lui demanda si ses ordres avaient été suivis. Celui-ci répondit que tous les canots de la villa étaient déjà bien loin, qu'il ne restait dans la baie qu'un batelet plat, sans rames et à demi submergé.

« C'est bien, dit Lorenzo, je vais voir bientôt rentrer mon Patrick, que j'ai fait prisonnier de guerre. On pourra l'attendre longtemps à la villa Barbaïa ce matin et à San-Carlo ce soir. »

Une demi-heure s'étant écoulée, Lorenzo conçut quelque inquiétude, et il se leva pour jeter un coup d'œil sur le rivage. Sous les arbres, dans les allées, sur la grève, tout était désert et silence. Il appela son ami à haute voix et à plusieurs reprises. La réponse attendue ne résonna pas dans l'air. La solitude resta muette. L'anxiété de Lorenzo augmentait à chaque instant.

« Mais cet homme est un démon incarné! disait-il à un interlocuteur absent, comme on parle dans le jardin de l'hospice des fous; cet homme est un démon!... Où diable a-t-il vu la *Semiramide?* où s'est-il rendu amoureux de cette femme? et maintenant quel chemin a-t-il pris pour aller à la villa du Pausilippe? Et il est aimé! il est aimé!... aimé de cette femme!... Et pour un mauvais feuilleton sur *Semiramide* qu'il a prêché hier entre deux flacons de lacryma-Christi! Oh! ma position est intolérable! Il faut que j'en sorte à tout prix! »

Le jardinier de la villa revenait de la pêche en ce moment et passait, les lignes sur l'épaule, devant Lorenzo. A la première question que lui fit son maître, la vérité se révéla. Le jardinier avait vu un jeune homme accourir sur le rivage, et lançant des regards inquiets autour de lui comme pour chercher un canot. Puis, ce même jeune homme apercevant une barque de pêcheur qui cinglait dans la direction de Naples, à peu de distance de la côte, il s'était jeté bravement à la mer et avait atteint la barque en quelques élans.

« Mais cet ange d'hier est donc un démon aujourd'hui ! » s'écria Lorenzo.

Puis, s'adressant au jardinier, il lui dit :

« C'est l'heure du retour de la pêche; reste ici, attache tes yeux sur la mer, et ne manque pas de héler le premier bateau qui passera à la portée de ta voix. Il y a cinq ducats à gagner pour le patron. Je t'attends à la maison, et si tu m'amènes une barque, il y a cinq ducats encore pour toi.

— Je promets à Votre Seigneurie un patron dans un quart d'heure, » dit le jardinier en s'inclinant.

Et Lorenzo reprit le chemin de la villa, répétant à haute voix son éternel monologue :

« Cet ange est un démon ! »

V

La villa Barbaïa est une résidence délicieuse ; elle est suspendue au flanc du Pausilippe comme un blanc et frais nourrisson au sein de sa mère. Il y a des treilles charmantes, de doux abris, de ravissantes échappées de mer et de montagnes, des bois recueillis où l'on entend des murmures pleins de grâce, de mélodie, de volupté, d'amour.

Patrick se promène sous les arbres qui couronnent la villa bien avant l'heure convenue de l'invitation ; il porte un costume élégant, au suprême goût de la fashion ; c'est dans la rue de Tolède qu'il s'est habillé mondainement de pied en cap, plus heureux que Léandre qui ne trouvait pas de tailleur quand il arrivait au pied de la tour d'Héro. Un domestique a promis de le prévenir quand sonnera l'heure de la réception. Le jeune novice irlandais est charmé de ce retard, qu'il emploie à préparer des questions et des réponses. Mais, à chaque instant, il ouvre le précieux billet et tâche de découvrir, sous le voile des expressions, la véritable et occulte pensée de la femme artiste. Quel admirable plan de vie il s'organise à loisir! Sans doute cette villa charmante appartient à la célèbre cantatrice, ce sont bien là les jardins suspendus de *Semiramide*. Oh! que l'existence doit être douce entre l'azur de ce ciel et l'azur de ce golfe! Quel ravissement d'être le maître, le favori ou l'esclave de cette reine superbe, et de la recevoir là, toute palpitante des caresses de San-Carlo, et de dire à tout ce monde en délire et brûlé d'inutiles désirs : « Oui, cette femme.... » Patrick n'osait achever son idée ; mais, si quelque témoin de son agitation eût passé, il aurait vu que le jeune homme était partagé entre les sentiments les plus opposés, la joie et le désespoir, l'extase et le remords, la honte et l'orgueil.

A l'heure annoncée, Maria se leva comme une étoile entre deux colonnes de marbre de la villa. Elle portait, comme toujours, une simple robe blanche, virginalement agrafée à la racine d'un cou pur et blanc comme l'ivoire. Sur sa belle tête nue, l'ébène fluide des cheveux se divisait mollement et roulait en bandelettes égales sur ses épaules. Au premier sourire qu'elle laissa tomber de ses yeux veloutés et limpides, cette création immense et sublime sembla sortir du chaos et tressaillir de joie comme l'Éden à la naissance d'Ève. Le plus beau paysage, sans la femme, n'est que la silhouette du néant!

Patrick la vit, et son regard expira d'amour. Il se raffermit sur ses pieds et marcha lentement vers la maison. En cet instant décisif, toutes les belles choses qu'il avait préparées s'évanouirent dans sa mémoire. Il ne trouva sur ses lèvres convulsives que des phrases obscures et bégayées. Maria, avec cette noble familiarité des grands artistes, lui tendit gracieusement la main, comme à une ancienne connaissance, et lui dit :

« Vous êtes exact comme un gentilhomme anglais, mon cher monsieur Patrick. Êtes-vous seul?

— Oh! seul! répondit Patrick avec une expression de mystère qui fit sourire la belle dame.

— C'est que votre ami aurait été de trop ce matin.

— J'ai laissé mon ami à la villa Sorrentina.

— Très-bien! sir Patrick. Votre indisposition d'hier n'a pas eu de suites?

— Pas eu de suites, répondit Patrick en écho.

— Permettez-moi de vous introduire et de vous présenter à mon cher *impressario*. »

Patrick n'entendit pas la fin de cette phrase. En ce moment toutes les cloches de Naples sonnèrent l'*Angelus*, et cette harmonie aérienne et religieuse fit tressaillir le jeune chrétien, comme si sa mère l'Église lui eût envoyé un reproche et un conseil par toutes les saintes voix de l'air. Quelques larmes de remords tombèrent de ses yeux, mais elles furent bientôt dévorées par la flamme de passion qui brûlait son visage et changées en un sourire par les sons d'un cor qui jouait un air de la *Dame du lac*.

Attiré par le geste d'une femme comme le fer par

l'aimant, Patrick se trouva, sans y songer, dans une salle charmante, peinte à fresque et toute remplie d'images païennes comme un triclinium de Pompeïa.

Patrick s'inclina devant un étranger d'un âge déjà mûr, qu'il supposa être le père de Maria, ce qui donna soudainement à sa position un caractère moral dont il s'estima heureux de s'applaudir.

Il n'y avait que trois couverts. On se mit à table. Patrick, feignant de se retourner pour regarder une Danaé sous sa pluie d'or, peinte à fresque, dissimula un *Benedicite* et deux rapides signes de croix....

« Lâche déserteur que je suis ! » se dit-il dans une réflexion mentale. Et, sous les plis de sa serviette, qu'il déroulait, il frappa sa poitrine trois fois.

Au premier service, il eut l'air d'excuser son silence par son appétit. La conversation d'ailleurs n'était pas effrayante pour lui. On parlait des recettes de San-Carlo, du prochain *gala*, d'un bon mot du prince de Syracuse, de la fuite d'une choriste qui s'était enlevée avec une contre-basse, de l'arrivée d'un jeune peintre décorateur qui devait effacer San-Quirico ; enfin d'une foule de ces riens qui défrayent les conversations des artistes et des directeurs.

Insensiblement Patrick reprenait sa tranquillité. Mais, au milieu de tous ces petits propos sans consistance et sans but, Maria laissa tomber une phrase qui replongea l'Irlandais dans un trouble alarmant. Cette phrase fut prononcée lentement et d'un ton si affecté, que Patrick ne put s'empêcher d'y attacher une intention.

« Moi, avait dit la jeune actrice, ma liberté m'est

douce, et, si je la perds, ce ne sera qu'en épousant un grand artiste. J'ai refusé des princes, c'est connu. »

Patrick fut surtout bouleversé par le regard qui accompagnait ces paroles.

Au dessert, l'*impressario*, qui était plus que jamais pour Patrick le père de Maria, prit un air solennel, et, regardant fixement le jeune Irlandais, il lui dit :

« Sir Patrick, vous allez connaître maintenant quelle a été notre intention en vous priant de vous rendre seul à ce déjeuner. »

Voilà la proposition de mariage qui arrive, pensa l'Irlandais. Et il passa vingt fois dans une minute de l'enfer au paradis. L'*impressario* continua :

« J'espère que vous me répondrez franchement, sir Patrick. (Patrick fit un signe affirmatif.) Hier soir, Mme notre divine *prima donna* est revenue de la villa Sorrentina tout enchantée de votre mérite, et le *maestro* Rossini lui-même exécutait avec madame, à votre sujet, un véritable duo d'éloges; à tel point que vous avez forcé Rossini à se prendre au sérieux. Un miracle! on a dit que vous aviez parlé de l'art en artiste, mais en artiste hors ligne, et qu'il n'y avait en Irlande qu'un seul homme de cette puissance musicale, le célèbre ténor Patrick, qui a débuté à *Royal-Theatre*, à Dublin, en 183..., ainsi que ma correspondance me l'annonça dans le temps. J'ai su depuis que le célèbre ténor est venu se perfectionner incognito à Milan et à Bologne, et qu'il a chanté, à la *Loggia*, chez Mme de Valabrègue, avec Mme Duvivier, *soprano* et *contralto*, un duo d'*Armida* de manière à enlever les applaudissements.

Le chevalier Sampierri, qui est le premier accompagnateur de la Toscane, m'a confirmé tout cela. Sir Patrick, il nous manque un ténor à San-Carlo pour faire notre saison. Nous en avons un qui, par malheur, est un ténor *sfogato*. Ce n'est pas mon affaire. Dans la *Semiramide*, nous pouvons à la rigueur nous passer d'un premier ténor; dans cet opéra, Rossini n'a sérieusement écrit que la *basse*, le *contralto* et le *soprano*. Le ténor y est accessoire. Mais, si nous voulons monter *Otello*, par exemple, qui fait toujours *fanatisma*, nous sommes sans ténor. Comprenez-vous ma position, sir Patrick? »

L'Irlandais écoutait ce discours si étrange pour lui plutôt avec ses yeux qu'avec ses oreilles ; il regarda l'*impressario* d'un air effaré, qui pouvait passer pour l'expression du vif intérêt que lui inspirait ce préambule. L'*impressario*, augurant bien de l'attention muette de son convive, continua ainsi :

« La saison s'annonce bien à San-Carlo. Nous avons cent quarante familles anglaises à Naples, onze princes russes avec leur suite, et nombre de riches Espagnols. Ce n'est pas le bon public qui manque, c'est un ténor. Aussi je suis prêt à faire tous les sacrifices possibles pour avoir un ténor *assoluto* comme vous, monsieur (Patrick bondit), oui, comme vous, monsieur ; l'incognito est désormais impossible, et je vous offre mille livres et une représentation à bénéfice qui vous vaudra bien autant. »

Il n'y a pas une tête, dans tous les tableaux des musées d'Italie, qui puisse donner idée du sentiment indéfinissable qui contractait le visage de Patrick. Ses traits semblaient avoir changé de place : il regardait l'*impressario* de l'air d'un homme qui, réveillé en sursaut d'un profond sommeil, serait obligé de faire une réponse à une question inconnue.

L'*impressario*, habitué à voir autour de lui les visages les plus extravagants de la terre, crut voir, au silence de Patrick, que ses propositions n'avaient point paru assez avantageuses, et il offrit deux cents livres en sus des mille.

« C'est juste ce que je gagne! dit la *prima donna*. M. Patrick ne peut plus hésiter.

— Vous ne pouvez plus hésiter, dit l'*impressario*.

— Cet *Erinn!* cet *Erinn!* ce maudit vaisseau qui a été obligé de rentrer dans le port! » s'écria Patrick.

Et il cacha son visage avec ses mains....

Après une pause, il ajouta:

« Fatalité! fatalité! la damnation d'un homme est attachée à un coup de vent! »

Cette fois, ce fut l'*impressario* qui ouvrit des yeux démesurés. La *prima donna*, les deux coudes sur la table, les mains jointes, avait repris sa position de la veille, et regardait Patrick avec une inquiétude mêlée d'effroi.

Patrick saisit au vol un moment lucide de bonne inspiration, et dit à l'*impressario*:

« Monsieur, vous m'avez pris au dépourvu; je ne suis pas prêt à vous répondre. Donnez-moi un jour de réflexion.

— Excusez, monsieur Patrick, l'indiscrétion que nous avons commise en trahissant votre incognito. N'attribuez ce procédé, peu convenable, j'en conviens, qu'au désir de mettre en relief votre talent sur le premier théâtre du monde, et aux nécessités urgentes de service lyrique où je me trouve en ce moment. Vous excuserez un véritable *impressario in angustic.*

— Maintenant, parlons d'autre chose, s'il vous plaît, dit Patrick.

— Soit, » dit l'*impressario.*

Et jusqu'à la fin du repas il se fit un échange de mots insignifiants, comme il arrive après une conversation ardente qui a mis tous les interlocuteurs dans l'embarras. Chacun avait hâte de finir le déjeuner.

En se levant de table, l'*impressario* dit à Patrick :

« Nous avons quelques petites affaires au théâtre pour la représentation de ce soir; vous nous permettrez de vous accompagner à la ville, dans une heure. Moi, j'ai quelques ordres à donner ici. Mais je vous laisse en bonne compagnie.

— Je suis à vos ordres, » dit Patrick.

Lorsque Maria et l'Irlandais se trouvèrent seuls sur la terrasse, la conversation ne tarda pas de s'établir. La *prima donna* regarda fixement Patrick et lui dit :

« Douze cents livres et un bénéfice! Il n'y a pas de quoi demander vingt-quatre heures de réflexion!

— Madame, dit vivement Patrick, je suis de race montagnarde et je ne sais pas garder mes sentiments. Si vous m'offriez les trois plus belles choses de ce monde, votre main, votre fortune, votre amour, je vous demanderais un jour de réflexion.

— Ah! dit l'actrice avec un sourire charmant, il paraît que vous êtes habitué au bonheur! Vous le marchandez quand on vous le donne gratis.

— Oh! ne me raillez pas, madame ; plaignez-moi! Vous voyez devant vous un homme qui, depuis trois jours, doute de son existence, un homme qui fait un rêve pénible et qui ronge ses poings sans pouvoir se réveiller.

— Expliquez-vous, monsieur, dit l'actrice avec émotion, et si l'intérêt que vous m'avez inspiré….

— Madame, n'achevez pas! n'achevez pas! Il m'est aussi impossible de connaître mon bonheur que mon malheur. Entre vous et moi, il y a un abîme! Je devrais vous fuir, et ma vie s'éteint loin de vous. Je voudrais rester là sur cette place, et la plus impérieuse des voix me dit de m'éloigner. L'air que je respire ici me tue et me ressuscite ; je sens sous mes pieds le feu de l'enfer et dans mon cœur les extases du paradis. Il y a deux êtres en moi : l'un blasphème, l'autre prie ; et, si cette lutte se prolonge, je sens que ma raison y périra !

— Revenez à vous, monsieur, dit Maria d'une voix mélodieuse et pleine d'affection. Je pourrais m'assurer de vos paroles, mais vous êtes si sincère dans l'expression de vos sentiments, que je vous accorde, avant tout, mon estime et mon amitié.

— Eh! madame, quand vous m'offririez votre amour, je vous répète qu'il me serait impossible de l'accepter.

— Alors, quel est votre but, monsieur, qu'exigez-vous?

— Rien! je me plains, je ne puis faire autre chose. Me refuserez-vous la plainte? la plainte, seule consolation que Dieu ait donnée à l'homme!

— En vérité, monsieur, je ne sais si je dois plus longtemps entendre….

— C'est bien, madame, je me tairai.

— Surtout réfléchissez, monsieur, à ma position :

elle est fort délicate. Je ne suis nullement préparée à une confidence qui me paraît inopportune aujourd'hui, mais qui plus tard.... »

La subite arrivée de l'*impressario* coupa sur ce mot la phrase la plus intéressante de l'entretien. Patrick s'éloigna de quelques pas pour dissimuler à l'*impressario* l'horrible trouble qui l'agitait. Celui-ci profita de l'instant pour dire à Maria :

« Eh bien! l'avez-vous décidé? accepte-t-il? débutera-t-il dans *Otello* ?

— C'est possible, » répondit au hasard l'actrice, trop préoccupée de la situation pour écouter l'*impressario*.

La voiture attendait au bas de la rampe. Patrick refusa d'y monter, pour se ménager le plaisir, disait-il, d'aller à Naples en se promenant.

« A ce soir donc, à San-Carlo! dit l'*impressario*.

— A ce soir! » dit Maria.

L'*impressario* était déjà dans la voiture. L'actrice tendit la main à Patrick.

« A ce soir! lui dit l'Irlandais; et quand vous serez délivrée à San-Carlo, je vous donne rendez-vous au pied des autels. »

Patrick avait cru se réconcilier avec lui-même en légitimant son amour par cette promesse sainte. Mais, bien qu'il n'eût pas été encore consacré par le sacerdoce, il avait fait d'irrévocables vœux, et chacune de ses pensées était déjà un sacrilége et un parjure devant Dieu.

S'entretenant avec ses réflexions, il se promène sur le bord de la mer, en attendant l'heure du spectacle. On jouait l'ouverture lorsqu'il entra dans la loge de San-Carlo. Plusieurs convives de la villa Sorrentina y avaient déjà pris place, et Lorenzo était du nombre.

Patrick serra la main de son ami et ne remarqua pas l'horrible pâleur qui couvrait le visage livide du jeune Italien.

Lorenzo fit un sourire forcé, et, se penchant à l'oreille de Patrick, il lui dit :

« Que de choses tu dois avoir à me conter, heureux Patrick !

— Silence ! répondit l'Irlandais, je veux écouter l'ouverture.

— Encore un mot, mon cher Patrick ; où diable as-tu vu jouer la *Semiramide* dans ta vie ?

— Ici.

— Patrick, tu es damné ! »

Le jeune diacre tressaillit ; mais le rideau se leva, emportant avec lui dans ses plis les terreurs religieuses de Patrick.

La salle entière attendait Semiramide. Quand elle parut, les cinq rangs de loges éclatèrent, comme un vaisseau à cinq ponts qui ferait feu de tous ses sabords. Deux hommes seuls n'applaudirent pas, Lorenzo et Patrick.

Au moment où le grand prêtre entonnait le *Fra tanti regi e popoli*, la cantatrice lança vers la loge de Patrick un de ces regards rapides et lumineux que les actrices savent si bien adresser à un seul visage et dissimuler à toute une multitude. Patrick vit le ciel s'entr'ouvrir, et toutes les joies de la vie entrèrent dans son cœur.

Alors une voix dit au fond de la loge :

« On demande M. Patrick O....

— Qui m'appelle ? dit le jeune Irlandais.

— Vous êtes prié de descendre au péristyle, dit la voix.

— Je garde ta place, » dit Lorenzo ; et un sourire infernal contracta sa figure.

Patrick descendit.

Un domestique lui remit une lettre scellée des armes épiscopales.

Il ouvrit et lut.

Le prélat napolitain menaçait Patrick des foudres de l'excommunication, s'il n'allait à l'heure même s'enfermer au couvent des Camaldules pour y faire une retraite d'un an.

En ce moment, une porte s'ouvrit dans les corridors, et le mot *spavento* tomba, comme un coup de foudre, sur la tête de Patrick.

Patrick releva fièrement le front vers le ciel comme pour invoquer Dieu, et il dit :

« Aux Camaldules ! »

Et il sortit du théâtre d'un pas ferme et résolu.

VI

Quinze mois environ après cette scène, par un beau soir d'été, un jeune prêtre se promenait en récitant son bréviaire sur les rives du lac de Killarney, dans le comté de Kerry, en Irlande. Il eût été difficile de reconnaître dans cet ecclésiastique le fougueux Patrick de la villa Sorrentina, tant il avait été miné par les jeûnes, les veilles ardentes de la prière, les austérités du cénobite, la méditation et le repentir !

Ordonné prêtre, depuis un mois, dans l'église de Saint-Patrick, à Dublin, il avait été envoyé à la petite ville de Killarney pour y remplir les fonctions de vicaire, et il s'était enseveli avec joie dans ce recoin de l'Irlande comme dans un tombeau.

Après la scène de San-Carlo, il avait embrassé aux Camaldules la vie muette et contemplative des trappistes, il n'avait parlé qu'à son âme, il n'avait écouté d'autre parole que l'incessante voix de la prière, qui roule nuit et jour dans l'église, le cloître, le dortoir d'un couvent. Mais après son ordination, lorsqu'il eut élevé entre le monde et lui une barrière insurmontable, il crut devoir écrire à son ami de séminaire, Lorenzo, une lettre dans laquelle il se révélait à lui dans la pensée de sa nouvelle position, afin que d'anciens scandales fussent effacés de la mémoire de tout le monde. Voici cette lettre, qui fit une vive impression sur Lorenzo :

« Au presbytère de Killarney.... 183..

« Mon cher Lorenzo,

« Si je suis mort au monde, je veux au moins être vivant aujourd'hui pour mon unique ami. Ce soir, je rentrerai dans mon tombeau.

« J'ai fait trois jours la vie du monde, et ces trois jours ont été brûlants et longs comme trois siècles de l'enfer. Voilà donc ce que le monde peut donner à ses élus ! Ceux qui peuvent y vivre sont plus forts que ceux qui renoncent à lui : j'ai fait une chose très-facile en le quittant.

« Me voilà relégué dans un pays bien favorable aux méditations, c'est le coin du globe qu'il me faut. Dieu l'a créé pour moi. L'Océan n'est pas loin, et je me plais à m'entretenir avec lui des mystères sublimes de la création ; ma pensée l'interroge, et son immensité répond à l'atome.

« J'ai un autre océan dans mon voisinage, le beau lac de Killarney ; c'est le portrait en miniature de l'infini dans un cadre de montagnes. Les nuages passent et boivent dans le lac comme dans une coupe taillée dans le roc. C'est là que je viens m'asseoir pour penser et prier. Il n'y a pas, sous le ciel, un oratoire plus religieux. Là, si je pousse un seul cri vers Dieu, ce cri est répété mille fois par l'écho inextinguible des roches circulaires qui couronnent le lac. Le prêtre entonne le verset, et toute la nature répond et prie avec lui.

« Cette terre est une communication éternelle avec le ciel ; les plus hautes montagnes s'y élèvent comme d'impérissables pensées, qui parlent de près à Dieu par la voix de la foudre et du vent. Quelquefois je me figure que je suis dans une église immense, dont la voûte est le firmament, et qui a pour piliers les pics sublimes de Mangerton et de Bantry, les montagnes de Galty et de Naples. Sous le péristyle de ce temple infini, le lac de Killarney n'a que les proportions d'un bénitier ordinaire. Saint-Pierre de Rome n'est qu'un grain de marbre devant cette basilique bâtie par la main de Dieu.

« Oh ! lorsqu'on regarde le monde du haut de cette création, le monde est un atome qui ne vaut pas la peine qu'on se damne pour lui. Un jour,

Lorenzo, tu reconnaîtras la vérité des plaisirs de la terre, et tu te souviendras que dans un coin de l'Irlande il te reste un frère et un ami.

« Patrick O. »

VII

Le jeune prêtre, ayant terminé son office du soir, s'assit et déposa son bréviaire à côté de lui. Le dernier rayon du soleil avait disparu.

Il avait fini la prière écrite, il commençait la prière mentale, qui n'a pas besoin d'être formulée pour être comprise de Celui qu'on prie avec le cœur bien mieux qu'avec les lèvres.

Un grand bruit de voix éclata soudainement dans les solitudes, toujours silencieuses. Au milieu de ces voix, on distinguait les sons du cor qui jouait un air de la *Dame du lac*. Patrick se leva, et tressaillit comme si un volcan eût éclaté sous ses pieds.

Il prit son bréviaire et le serra sur sa poitrine, comme un soldat fait de son bouclier en entendant le clairon de l'ennemi.

Ce fut un terrible moment d'apparition surnaturelle, un mirage d'êtres vivants. Six hommes et une jeune femme se révélèrent soudainement sur un plateau de rochers comme un groupe sur un piédestal. Patrick reconnut distinctement deux de ces personnes, Lorenzo et Maria : les autres il ne les vit pas !

Maria se détachait sur un fond de ciel d'une transparence si lumineuse, qu'elle lui servait d'auréole.

L'œil le moins exercé l'aurait, du premier coup, reconnue dans cette favorable position d'optique. Il fut donc impossible à Patrick de croire que son œil l'avait trompé aux approches de la nuit.

Trois fois il regarda l'apparition, et trois fois sa tête retomba sur son épaule ; il s'appuya, de faiblesse, sur un rocher et resta immobile comme lui. Puis un long gémissement sortit de la poitrine du prêtre, et ce bruit, qui dans tout autre endroit eût passé inentendu, circula d'écho en écho le long du lac, comme la dernière plainte d'un homme au désespoir, qui se noie et meurt avec le dernier rayon du jour.

Tout à coup le cor poussa une note aiguë comme l'invisible lame d'acier qui jaillit du tam-tam, et le formidable finale de *Semiramide*, QUAL MESTO GEMITO ! éclata sur les eaux endormies de Killarney.

Le chœur était chanté à sept voix, et le cor l'accompagnait avec des notes stridentes qui roulaient sur l'épiderme comme une lime d'acier. Dans cette solitude pleine d'échos et retentissante comme l'orgue de Dieu, cet incroyable *septuor*, entonné par d'habiles voix, semblait être chanté par un monde de choristes, et accompagné par un orchestre puissant.

Une voix, une voix bien connue, un *soprano* merveilleux, planant sur le lac et les montagnes, les fit tressaillir avec ces paroles sinistres qui semblaient évoquer l'enfer :

> Qual mesto gemito da quella tomba !
> Qual grido funebre cupo ribomba !

Oh ! le grand Rossini avait travaillé pour cette nature et pour cette nuit! Elle était arrivée, cette nuit sombre et mystérieuse ; une seule constellation luisait au ciel, la *Grande Ourse*, magnifique fauteuil d'étoiles renversé à demi, comme si le Dieu du ciel venait d'être détrôné par Satan. Les montagnes ouvrirent leurs oreilles caverneuses, et le souffle de l'air anima le clavier de leurs échos infinis. Les sapins parlèrent aux mousses des pics, les collines aux herbes de la plaine, les ruisseaux d'eau vive aux cailloux polis, les grillons aux chênes, les bruyères aux lacs, les vagues de l'Océan aux tristes écueils, et tous ces murmures, toutes ces plaintes, toutes ces voix de la nuit, emportaient au ciel l'infernale harmonie du maître.

Le lamentable cri de Ninus sortit de la montagne comme des flancs de Babel. Toutes les impressions de terreur ressenties depuis le meurtre d'Abel coururent dans l'air. C'était une véritable nuit de Babylone. Les roches saillantes, les pics gigantesques, les montagnes amoncelées, les immenses arceaux granitiques, tout ce paysage grandiose, éclairé fantastiquement aux étoiles, ressemblait à cette architecture infinie, créée par Martyn, le Byron de la peinture ; et aux massifs de sapins élevés aux nues par les montagnes insurgées, on aurait cru voir les jardins suspendus de Sémiramis. Alors il y eut encore une sorte de prodige qui ne pouvait éclater qu'à cette heure et dans ce lieu ; car il y a des moments et des sites où la grande énigme de la musique dit son mot secret, où nous comprenons, claire et sans voile, cette langue insaisissable de notes fugitives, cette langue qui ne dit rien et dit tout, et dont les villes évaporées ne connaissent que l'alphabet. Le chœur babylonien était terminé, et les vallées le chantaient encore. Les mille échos, pris au dépourvu par la rapidité du chant final, avaient des flots de notes en réserve à rendre aux sept musiciens. La montagne, les bois, les pics, les cavernes, les arceaux granitiques, ces puissants choristes, continuaient l'hymne que les faibles voix humaines avaient achevé. Jamais Rossini n'eut des interprètes plus grands, plus dignes de lui ! Et ces voix surnaturelles, cet orchestre inouï des échos, semblaient sortir et s'élever du lac circulaire comme d'un soupirail de l'enfer, regorgeant des larmes des damnés.

Le silence qui retomba quelques instants après fut encore plus terrible que le fracas du chant et des échos. Patrick regarda de tous côtés, prêta l'oreille ; il ne vit plus rien, il n'entendit plus rien.

« C'est une vision que le démon m'a envoyée, se dit-il ; ce lieu n'est pas bon pour moi. Ceignons mes reins et partons. Dieu peut-être a permis que je fusse ainsi troublé dans ma retraite, afin de me rappeler mes premières études et mes premiers vœux. J'ai voué ma vie à la propagation de la foi : j'appartiens à la milice glorieuse de ces martyrs et confesseurs qui partent de Rome pour aller chez les gentils. Levons-nous et allons ! »

Il s'achemina lentement vers la ville de Killarney, et s'efforça d'oublier l'apparition du lac en méditant sur de saints projets de pèlerinage et sur la mission qui lui avait été autrefois imposée au séminaire de la Propagande.

L'insomnie dévora sa nuit ; il eut recours à la prière, et il s'aperçut avec effroi que sa vieille blessure du cœur n'était pas cicatrisée et se rouvrait avec des douleurs poignantes qui lui rappelaient d'autres temps, d'autres cieux, d'autres rivages, et des combats suivis de la défaite et du désespoir.

Aux premiers rayons du jour, il ouvrit l'Évangile, et un hasard qu'il regarda comme providentiel fit tomber ses yeux sur ces paroles : *Surgam et ibo;* « je me lèverai et j'irai. »

Il crut entendre la voix de Dieu même, et il arrêta irrévocablement son départ.

« Tout ce qui m'arrive, dit-il, est un avertissement non équivoque du ciel. Le but de mon pèlerinage apostolique m'est indiqué. J'irai prêcher la foi aux peuples nomades qui campent sur les rives de l'Euphrate et dans les solitudes de Balbek. »

Et plein de ces pieuses idées, Patrick s'achemina quelques jours après vers Dublin, pour se jeter aux pieds du chef apostolique de cette capitale de l'Irlande et recevoir sa bénédiction et ses conseils.

Ses derniers préparatifs de voyage furent bientôt terminés ; comme le premier apôtre, il partit à pied et le bâton à la main, sans regarder derrière lui, les yeux fixés sur l'étoile de l'Orient.

Comme il traversait *Phœnix-Park* de ce pas résolu que prend le piéton partant pour un long voyage, il s'arrêta subitement pour entendre une dernière fois le chant mélancolique d'un pauvre Irlandais qui avait attiré quelques curieux autour de lui : c'était un chant bien connu, et qui avait souvent réjoui et attendri son enfance : *Grand, glorieux et libre Dublin, première fleur de la terre, première perle de la mer* [1] *!*

---

[1]. Great, glorious and free; first flower of the earth; first gem of the sea.

Il tira de sa bourse une pièce d'or et la mit furtivement dans la main du pauvre chanteur. En même temps une autre main faisait une largesse si magnifique au mendiant irlandais, que Patrick tourna involontairement la tête pour voir quel charitable catholique enrichissait d'un coup son indigent compatriote. Deux cris de surprise, suivis d'un énergique serrement de mains, attestèrent aux témoins de cette scène que deux amis se retrouvaient après une longue absence :

« Patrick !

— Lorenzo !

— Je t'ai vu, dit Patrick, j'ai serré ta main, Lorenzo : maintenant, je n'ai plus rien à demander à ce monde. Adieu, au revoir dans le ciel !

— Oh ! je ne te quitte pas, dit Lorenzo en retenant avec vigueur la main de Patrick. Il faut au moins que tu répondes à ma question. Où vas-tu ?

— Je vais où Dieu m'appelle.

— Eh bien ! je te suis.

— Toi, me suivre ! Tu n'y penses pas ! toi, enlacé par le monde, toi, plein de passions incurables ! Non, Lorenzo, laisse-moi partir.

— Laisse-moi te suivre, te dis-je ; notre rencontre est trop miraculeuse, vraiment. L'autre jour, j'ai fait une promenade avec quelques artistes et *elle* du côté de Killarney ; c'est moi qui avais entraîné tout ce monde dans le comté de Kerry, dans l'espoir de t'y rencontrer. Aujourd'hui j'ai quitté Dublin, seul et sans faire mes adieux à personne, après avoir usé quatre ans de ma vie à poursuivre une chimère. Enfin le dénoûment est arrivé : je suis libre depuis ce matin. »

Patrick regarda Lorenzo avec des yeux qui semblaient provoquer de nouvelles explications que sa bouche, pudiquement muette, n'osait demander.

« Veux-tu en savoir davantage? » dit Lorenzo.

Le prêtre ne répondit pas, mais il appuya ses deux mains sur son bâton.

« Écoute et plains-moi.... Elle se marie!... elle se marie!... Ce matin, nous avons appris cette nouvelle de sa bouche, à son petit lever.... Tous ses adorateurs sont consternés.... Mais nous n'avons aucun reproche à lui faire : elle n'a trompé personne, elle n'a écouté personne. Elle s'est laissé adorer : c'est permis à une femme; nous sommes des imbéciles, voilà tout.... Je vois que cette nouvelle te fait du bien, à toi; ton visage est rayonnant. On dirait que cela te met à ton aise. Dieu soit béni!

— Voilà trois derniers mots bien placés, Lorenzo.

— Je ne t'ai pas dit, je crois, le nom du bienheureux époux!...

— Oh! cela m'est indifférent, Lorenzo!

— C'est juste. Qu'importe le nom! c'est un époux. La cérémonie du mariage se fera dans un mois, bien loin d'ici, à la ville de ***. Demain elle finit ses représentations à Dublin par la *Dame du lac*. Il faut te dire qu'elle a la passion des lacs. L'autre soir, il y a huit jours, nous avons chanté le finale....

— Assez, assez, Lorenzo; regarde mon habit et respecte-le. Plus de langage mondain entre nous.... Maintenant, je ne voudrais la voir qu'une fois, prier pour elle et la bénir!

— C'est fort aisé; elle loge à *Gream's-Hotel, Sackwille-Street*, vis-à-vis la....

— Lorenzo! Lorenzo! je pars, adieu....

— Au nom du ciel! Patrick, ne m'abandonne pas : il m'est impossible de te suivre en ce moment, mais promets-moi de m'attendre deux heures à Kingstown.

— Je t'attendrai.... mais tu viendras seul....

— Seul!... et nous ne parlerons plus d'elle.

— Plus! plus! dit Patrick, qu'une fois.

— Sans adieu.... Retiens-moi une place au paquebot de Liverpool.... Patrick, prie Dieu pour moi.... Je te dis tranquillement que je suis au désespoir! »

VIII

Dans la sacristie de l'église métropolitaine de ***, Patrick exhibait ses lettres de prêtrise au curé, en répondant par intervalles aux questions qui lui étaient adressées. Le curé témoignait par ses gestes, ses paroles, son sourire, qu'il était satisfait de toutes les explications données, et qu'il admettait le prêtre étranger au service temporaire de son église. D'ailleurs Patrick était muni d'une lettre épiscopale qui le recommandait spécialement à tous les chefs ecclésiastiques de la chrétienté; c'était comme le passeport évangélique délivré à ses missionnaires par le prélat de Dublin.

Installé depuis quelques jours dans l'exercice de ses fonctions Patrick demanda, comme une insigne faveur, qu'il lui fût permis de célébrer la cérémonie d'un mariage dont les derniers bans venaient d'être publiés, ce qui lui fut aisément accordé.

A minuit, l'église alluma les flambeaux du maître

autel. Le sanctuaire rayonnait de clarté, mais les nefs restaient dans les ténèbres. Les deux époux entrèrent, suivis de leurs familles et de leurs amis, et tout ce monde s'agenouilla.

Un jeune homme, qui ne paraissait pas appartenir à cette société, se glissa dans une des nefs latérales, et, seul, resta debout, appuyé contre un pilier, dans une de ces poses qui affectent l'indifférence, mais qui, aux yeux des observateurs clairvoyants, trahissent une terrible agitation.

Un prêtre, revêtu de ses habits sacerdotaux, monta lentement les degrés de l'autel et pria quelque temps avec ferveur.

Puis il descendit les marches de l'autel et imposa les mains sur les deux époux ; ces mains tremblaient comme celles d'un centenaire agonisant qui invoque Dieu pour la première fois.

Tous les yeux étaient fixés sur la jeune épouse ; elle ressemblait au chérubin prosterné devant l'arche et qui a replié ses ailes dans un frisson de sainte terreur.

Lorsqu'elle entendit la voix du prêtre qui lui demandait si *elle acceptait pour époux....* sa tête courbée se releva vivement, et jamais ce visage, qui a tout exprimé dans les jeux de la scène, ne fut contracté par une semblable émotion. La jeune épouse regarda le prêtre, et elle crut voir le fantôme pâle de Patrick, sorti du sépulcre pour la voir une dernière fois.

En même temps un cri effrayant retentit dans la nef ténébreuse. Lorenzo avait reconnu Patrick, qu'il avait quitté depuis quinze jours, et il ne put retenir une vive exclamation de surprise, malgré la sainteté du lieu.

Le oui de l'épouse passa dans ce cri ; les assistants se retournèrent et ne virent plus que des nefs désertes.

Il y avait dans cette cérémonie quelque chose de mystérieux et de fatal, qui faisait présager un triste avenir.

Quelques minutes après, Patrick était resté seul en prière devant l'autel, et, malgré lui, il prêtait l'oreille au bruit sourd des voitures qui emportaient à la fête mondaine les époux et leurs amis.

Une main frappa l'épaule du prêtre, qui se retourna et vit Lorenzo derrière lui.

« Cette fois nous ne nous quitterons plus, » dit le jeune Italien à Patrick.

Le prêtre ne répondit pas ; il se leva péniblement et marcha vers la sacristie. Lorenzo le suivit.

Lorsque Patrick eut déposé ses habits, il dit à Lorenzo, en lui montrant une étoile à travers un vitrail :

« Voilà l'étoile des mages qui se lève à l'Orient.

— Partons ! » dit Lorenzo.

FIN.

TABLE.

Lettre a M. Georges Bell...	1
Infortunes amoureuses des Éléphants...	5
Un Amour au sérail...	23
Une Soirée a Frascati...	57
Ulric d'Anduze...	111
Ponce Pilate a Vienne...	175
Un Dieu de mes amis...	205
Le Frère de Bertram. — Histoire de minuit...	216
Un Amour de séminaire...	235
La Semiramide...	263

FIN DE LA TABLE.

Paris. — Imprimerie de Ch. Lahure et Cie, rue de Fleurus, 9.

www.ingramcontent.com/pod-product-compliance
Lightning Source LLC
Chambersburg PA
CBHW060414170426
43199CB00013B/2138